KB049024

도로
이야기

한국도로학회 지음

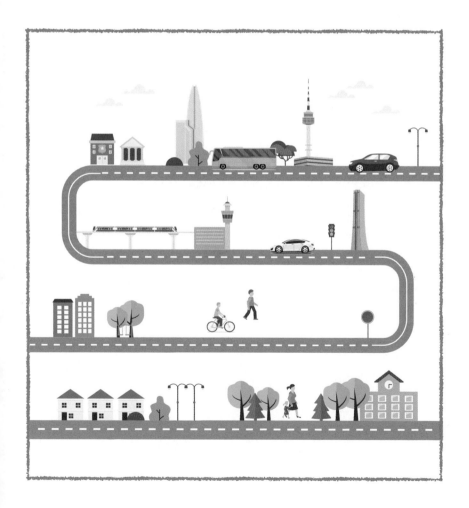

박영사

발간사

    도로는 우리의 삶에 있어 가장 중요한 시설의 하나입니다. 이동의 기본을 마련해 주는 길, 도로가 없으면 생활이 안 되기 때문입니다. 도로는 인류의 탄생부터, 바퀴와 자동차의 등장으로 현대에 이르기까지 오랫동안 우리의 생활과 매우 밀접하게 발전해 온 유용한 교통시설입니다.

    한국도로학회는 1999년에 출범하여 우리나라 도로분야의 발전을 위해 노력해왔으며, 약 23년의 그리 길지 않은 역사를 지니고 있으나 현재는 회원수 4천여 명의 중견학회로 자리매김을 하였습니다. 우리학회는 학회지 '도로'를 연간 4회 발간하고, 논문집 'International Journal of Highway Engineering'을 연간 6회 출판하여 도로분야의 다양한 기술정보 제공과 학문 발전에 기여하고 있습니다. 또한 도로정책 포럼을 매월 개최하여 도로분야의 정책 발전에도 이바지하고 있습니다.

이에 더해 우리학회는 도로분야의 다양하고 유익한 정보를 회원님들과 국민들에게 지속적으로 제공하기 위해 노력하고 있습니다. 이의 일환으로 도로의 과거, 현재, 미래와 도로 정책과 기술 그리고 문화를 아우르는 '도로 이야기'를 마련하였습니다. 이 책을 통하여 도로에 관심이 있으신 분들이 도로에 대해 보다 많은 이해를 하실 수 있기를 바랍니다.

'도로 이야기'가 발간되기까지는 여러 분들의 노력이 있었습니다. 특히 발간을 시작하신 권수안 전임 회장님, 발간위원장님이신 노관섭 전임 부회장님을 비롯하여 모든 집필위원님께 깊이 감사드립니다. 마지막으로 독자님들 모두 건강하시고 도로에서 즐겁고 가치 있는 이동이 이루어지길 기원합니다. 감사합니다.

2022. 10.

한국도로학회 회장 김성민

차례

1부_ 도로사와 정책 이야기

1장

**도로의 역사를
살펴본다.**

길에서 도로로 ……………………………………………… 4

세상의 길은 로마로 통한다 ……………………………… 10

동양과 서양을 잇는 실크로드 …………………………… 14

지금은 흔적만 남은 우리나라의 옛길 ………………… 19

한국 근대 도로사를 살펴본다 ………………………… 24

한국 현대 도로의 발달 ………………………………… 30

우리나라 고속도로가 달려온 길 ……………………… 35

도시민의 삶과 도로 ……………………………………… 40

북한의 도로를 들여다 본다 …………………………… 46

아시아로 뻗어가는 아시안 하이웨이 ……………… 51

유럽 도로의 역사 ………………………………………… 56

2장

도로는 어떻게
만들고 관리되나요

도로를 만들고 관리하는 근거는 무엇인가요 ·················· 66

도로를 건설하고 관리하는 예산 ······························· 71

도로를 따라 길 찾는 방법은 무엇인가요 ····················· 76

일반도로의 노선번호와 도로명 ································· 81

고속도로의 노선번호와 도로이름을 알아봅시다 ············· 86

도시지역도로의 노선번호와 도로명 ·························· 91

3장

도로는 앞으로
어떻게 변할까요

미래의 도로망을 그리다 ······································· 100

4차산업혁명시대 교통수단과 도로의 공생 ·················· 104

도로 정보화와 똑똑한 스마트도로의 탄생 ·················· 109

도시지역도로의 입체화와 스마트화 ························· 114

친환경 에너지를 사용하는 도로교통 ······················· 119

사람중심의 도로시스템 ·· 124

휴식과 즐거움이 있는 휴게소는 어디에 ····················· 129

차례

2부_ 도로 이야기

1장

도로의 형태와
만남

도로는 선이다 ··· 142
도로의 기능을 고려한 설계 ······························· 147
도로의 갈등, 시간과 공간으로 분리한다 ·············· 151
도로에서는 자동차가 우선인가 보행자가 우선인가 ······· 156
도로 공간의 공유와 공존 ································· 161
도로 포장은 어떻게 생겼을까 ··························· 166
아스팔트 포장인가 콘크리트 포장인가 ················· 170
도로포장에 구멍이 나는 이유 ··························· 175
비포장도로란 무엇인가요 ································· 180
도로포장면 아래는 어떻게 생겼나요 ··················· 185
'여기서부터 연약지반입니다' 어떻게 운전해야 할까요 ·· 190
산이 많은 지형에서 도로는 어떻게 만들어지나요 ········ 195
도로 공간의 조력자, 숨은 서포터스 ··················· 200
연도교와 연륙교는 무엇인가요 ························· 205
터널이란 무엇인가요 ······································ 210

2장

안전하고 편리한
도로 만들기

도로 위에 그어진 선들의 의미 ······························ 218

교통안전표지는 유용한가 ································· 224

자동차 차도이탈사고 피해를 줄이는 시설 ··············· 229

정면충돌사고를 예방하는 시설은 무엇인가요 ············· 235

과속을 억제하는 시설은 무엇인가요 ···················· 240

야간에 중요한 조명시설은 무엇인가요 ·················· 245

현대식 회전교차로란 무엇인가요 ······················· 250

교차로에도 섬이 있다 ································· 255

교통사고 많이 나는 곳에 대한 이해 ···················· 260

악천후 시의 도로교통안전 ····························· 266

3장

사람에게도
자연에도
좋은 도로

도로건설에 따른 환경문제는 어떻게 처리하나요 ········· 274

생태통로란 무엇인가요 ································· 280

비점오염원과 비오톱, 생소한 단어들 ···················· 285

도로에서 소음을 줄이는 방법이 있나요 ·················· 289

가로경관과 도로경관은 어떻게 다른가요 ················· 294

경관도로는 어떤 도로인가요 ··························· 299

차례

3부_ 도로 인문과 사회

1장

도로와 인문

도道를 아시나요 ·· 308

도로의 문화사를 들여다보다 ····················· 313

도로는 어떤 기능을 수행할까 ····················· 318

도로는 국토 공간에 어떤 영향을 미치는가 ·········· 323

유명한 드라이브 코스를 달려요 ·················· 328

걷기 좋은 길을 찾아서 ····························· 333

도로의 생로병사 ···································· 338

도로는 왜 변화하는가 ······························ 343

현대 도로를 만든 사람들 ··························· 348

2장

도로와 예술

도로를 다룬 소설과 기행문학 ····················· 356

길을 노래한 시와 가곡 ····························· 363

예술가들의 이름을 붙인 도로명 ·················· 368

길을 노래한 대중가요 ······························ 373

도로에 들어온 미술 ································· 378

길과 다리를 그린 외국 그림 ······················ 383

그림에 나타난 우리 옛길 ·· 390

영화로 보는 길과 도로 ·· 395

로드 무비 따라가기 ·· 402

우표로 본 한국의 도로 ·· 407

우표로 본 해외의 도로 ·· 412

3장

도로와 사회

도로의 입체화 ·· 418

도로와 도시성장의 관계 ·· 423

도로 형태와 정치구조 ·· 428

좌로 가는 나라 우로 가는 나라 ··································· 433

도로 공급 비용을 낮출 수는 없는가 ·························· 438

도로와 토지 비용 ·· 443

도로를 이용하는데 통행료를 내야 하나 ···················· 448

도로가 만들어낸 일자리 ·· 453

국가유산으로 지정된 도로와 시설 ······························· 458

도로에서 벌어지는 스포츠 이벤트 ······························· 463

마무리 글 ·· 470

부록 ·· 473

1부

도로사와 정책
이야기

01장 도로의 역사를 살펴본다
02장 도로는 어떻게 만들고 관리되나요
03장 도로는 앞으로 어떻게 변할까요

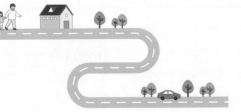

1장

도로의 역사를
살펴본다

길에서 도로로 노관섭

세상의 길은 로마로 통한다 백승걸

동양과 서양을 잇는 실크로드 장영수

지금은 흔적만 남은 우리나라의 옛길 장영수

한국의 근대 도로사를 살펴본다 장영수

한국 현대 도로의 발달 장영수

우리나라 고속도로가 달려온 길 백승걸

도시민의 삶과 도로 이유화

북한의 도로를 들여다본다 백승걸

아시아로 뻗어가는 아시안 하이웨이 권영인

유럽 도로의 역사 백승걸

길에서 도로로

길과 도로

길이란 사람이 걸어가거나 차를 타고 다니는 이동 목적의 공간이다. 인간의 생존에는 의·식·주가 필수 기본 요건인데, 이를 구하기 위한 활동의 통로가 길이다. 길은 인류의 생존사와 함께 생성·발달되어 왔다.

도로道路는 사람이나 자전거, 자동차 등이 출발지에서 목적지까지 편히 다닐 수 있도록 만든 비교적 큰 길이다.

길이라 하면 보통 자연스럽거나 폭이 좁은 통로를 말한다. 이에 비해 도로라 하면 폭이 넓고 인공적으로 계획되고 만들어진 통로를 말한다.

한편 이들 모든 통로를 총칭하여 길이라고도 한다.

사람과 교통수단이 편리하게 이용할 수 있도록 만든 인위적인 시설은 길보다는 도로라는 용어로 사용한다. 도로를 만드는 데 인문사회학적인 개념과 공학적 기술이 접목된다.

도로와 관계 법

도로는 공공시설이자 국가 기간시설이어서 정부 주도로 건설되고 관리된다. 국민이 안전하고 편리하게 이용할 수 있는 도로의 건설과 공공복리의 향상에 이바지할 수 있도록 만들어진 법이 '도로법'이다. 이 법은 도로망의 계획수립, 도로 노선의 지정, 도로공사의 시행과 도로의 시설 기준, 도로의 관리·보전 및 비용 부담 등에 관한 사항을 규정하고 있다.

법령체계는 일반법으로서의 도로법 및 같은 법 시행령, 시행규칙과 함께 지방자치단체에 의한 조례인 자치법규가 다수 제정되어 시행되고 있다.

한편, 도로는 도로법 이외에 국토, 환경, 물류, 교통안전 관련한 법령과 다양한 요소로 연결되어 관련성을 가지게 된다. 따라서 도로를 건설하고 관리하는 데는 다양한 관계 법령을 이해하고 적용해야 한다.

도로이용자가 도로를 이용할 때 지켜야 하는 법으로 '도로교통법'이 있다. 이 법은 도로에서 일어나는 교통상의 모든 위험과 장해를 방지하고 제거하여 안전하고 원활한 교통을 확보함을 목적으로 만들어진 것이다.

도로법은 도로 그 자체에 대해 다루는 법으로 국토교통부의 소관이며, 도로교통법은 그 도로 위에서 이루어지는 각종 교통행위에 대해 다루는 법으로 경찰청 소관의 법률이다.

도로의 종류

도로법에서는 도로를 고속국도, 일반국도, 특별·광역시도, 지방도, 시도, 군도, 구도 등 7종으로 구분하고 있다. 도로관리청은 각 등급의 도로에 관한 계획, 건설, 관리의 주체이다. 도로관리청은 국토교통부장관, 특별시장·광역시장·특별자치시장, 도지사·특별자치도지사, 시장, 군수, 자치구의 구청장이다.

고속국도와 함께 국가간선도로망을 이루는 일반국도는 주요 도시, 지정항만, 주요 공항, 국가산업단지 또는 관광지 등을 연결하는 도로로 관리청은 국토교통부장관이다.

국토교통부장관은 고속국도를 지정·고시하고 한국도로공사로 하여금 업무를 대행하게 하고 있다. 일반적으로 고속도로라고 불리는 고속국도의 도로관리청은 한국도로공사라 할 수 있다.

국토교통부장관은 주요 교통유발시설을 연결하고 국가간선도로망을 보조하기 위하여 필요한 경우에는 지방도 중에서 도로 노선을 정하여 국가지원지방도를 지정·고시할 수 있다.

도로관리청은 도로에 관한 계획을 수립하거나 도로를 건설 또는 관리할 때에 여러 가지를 고려한다. (1) 사회적 갈등을 예방하기 위하여 주민, 관계 전문가, 이해관계인 등의 의견을 충분히 반영 (2) 환경에 미치는 영향을 최소화 (3) 도로의 상태가 적정하게 유지되도록 할 것 (4) 도로 기능과 주변지역의 토지 이용이 조화를 이루도록 하여 도로의 지속가능성 확보 (5) 지역공동체를 최대한 보전 (6) 안전하고 편리한 도로 이용을 위한 도로교통정보체계 구축 등이다.

도로시설

도로는 차도, 보도, 자전거도로, 측도, 터널, 교량, 육교, 다양한 도로 부속물 등의 시설로 구성되며 도로관리청에 의해서 관리된다. 도로의 구조 및 시설, 도로의 안전점검, 보수 및 유지·관리의 기준은 국토교통 부령으로 정하되, 도로공사에 따르는 자연생태계의 훼손 및 인근 주민 등의 환경피해를 최소화하고 도로구조나 교통의 안전을 확보하도록 한다. 도로설계에 적용되는 규칙은 '도로의 구조·시설 기준에 관한 규칙'이다.

도로는 사람이나 물자를 이동시키는 교통기능과 가로형성, 방재, 채광, 공급처리시설 등의 설치공간을 제공하는 공간기능을 갖는다. 도로의 주 기능인 교통기능은 도로의 시점과 종점을 얼마나 빨리 연계시킬 수 있느냐 하는 이동성과 토지이용시설물까지 얼마나 접근시킬 수 있느냐 하는 접근성의 기능을 가진다. 어떠한 경우든 도로는 이용자의 안전성이 확보되어야 하고 쾌적하고 신뢰성 있는 시설물이 되어야 한다. 또한 환경친화적이며, 도로건설에 있어서 경제성과 효율성을 가져야 한다.

최근 도로건설에 있어서 안전과 환경, 특히 지속가능성, 4차산업혁명에 부응하는 도로의 건설이 요구되고 있다.

진화하는 도로

그동안 도로는 양적 확충을 위한 건설 위주의 사업이 추진되어 왔다. 이제는 기존 도로의 효율적 운영과 관리, 특히 포장, 교량, 터널 등의 주요시설물에 대한 유지관리의 중요성이 강조된다. 도로시설의 수명연장과 안전성 확보를 위한 유지관리의 과학화·첨단화가 추진되고 있다. 즉, 포장관리시스템(PMS), 교량관리시스템(BMS) 등 다양한 관리시스템과 이들을 묶어서 연계할 수 있는 도로관리시스템(HMS)이 운영된다. 특히 수명주기 비용분석(LCCA) 및 자산관리(asset management) 개념의 도로시설관리를 시행한다.

교통 관리 및 안내 등 도로운영 효율을 높이기 위한 지능형 교통시스템(ITS)이 확대되고 있으며, 지구도로 등 저속도로 구간에서는 안전성을 확보할 수 있는 다양한 교통정온화(traffic calming) 기법이 적용된다.

교통수단으로 무인 자율주행자동차가 안전하게 도로를 주행하고, 탑승자들은 주변 경관을 즐길 수 있는 환경조성이 필요하다. 또한 날아다니는 이동물체인 도심항공교통(UAM, Urban Air Mobility)이 등장함에 따라 도로의 기능과 모습도 일정 부분은 달라질 것이다.

급변하는 사회여건의 변화에 대응하고 다양한 도로이용자의 요구에 부응할 수 있는 도로교통시설의 시스템화를 위해 첨단기술의 접목과 다양한 공학과 심리학, 사회학 등 다학제적 협업을 통한 기술 개발이 요구된다.

도로에서의 소통, 안전, 환경 등의 도로문제를 여러 가지 방법으로 해결하고 미래지향적인 도로를 위해서는 도로관리기관, 산업계, 연구기관 등 다양한 곳에서 다양한 전문가들에 의한 도로시설의 효율적 건설과 관리가 이루어지도록 하는 데 많은 관심을 기울여야 한다.

문경 옛길, 문경새재

2차로 도로, 문경

2차로 도로, 서울

4차로 국도 38호선, 제천

©노관섭

세상의 길은 로마로 통한다

아피아가도

그리스인들이 신전 건축에 열심이었다면 로마인들은 공공시설의 확충에 열중하였다. 17세기 프랑스의 시인 라퐁넨이 시에서 표현한 '모든 길은 로마로 통한다'는 역사 속에서 최대의 번영을 누렸던 국가 중 하나인 로마가 도로의 장점을 최대한 살린 제국이라는 것을 보여준다. 도로 덕분에 로마사람들은 군대 이동과 물자 교역, 소식 전달을 용이하게 할 수 있었다.

로마 최초의 포장도로는 기원전 312년, 아피우스 클라우디우스 카에쿠스가 조성하였다. 그가 구상한 것은 남쪽으로 향하는 로마 군대의 이동로였다. 그는 로마의 첫 수로인 아피아수로도 건설했는데, 새로운 도로의 명칭을 자기 이름을 따서 아피아가도(Via Appia)로 불렀다. 본래 의도와 달리 군인들뿐만 아니라 사절단, 공무원, 시민, 노예, 그리고 다양한 상품들이 아피아가도를 이용하였다. 이 길의 군사적, 경제적 중요성 덕분에 아피아가도는 '길의 여왕'(regina viarum)이라는 칭호까지 얻었다(빌레메인 판 데이크, 2019).

아피아가도

출처: 건설컨설턴츠 협회(2012)

로마의 도로

로마의 도로는 372개의 연결도로에 길이가 포장도로만 무려 8만km이고, 유럽 전역으로 연결되는 방대한 도로망이었다. 로마 도로는 자갈, 흙, 시멘트와 같은 결합재 등으로 구성된 층 위에 깎아서 반듯하게 만든 돌들을 배치하여 비나 눈 등에도 견딜 수 있는 포장도로였다. 도로 양쪽 끝에 빗물이 흐를 수 있는 배수로를 만들어 비로 인한 도로 훼손을 방지하였으며, 도로 위에 물이 고이지 않도록 경사면을 만들었다. 로마는 이러한 과학적 설계로 도로를 건설했으며, 이는 수천 년이 지난 지금도 일부분이 남아 있다(대한교통학회, 2018, 재작성).

로마 도로로부터 생긴 어원과 규정

도로와 관련한 최초의 규정은 기원전 450년경에 만들어져 로마 최초의 성문법이라고 할 수 있는 12표법에 등장한다. 도로의 너비는 직선 구간에서는 2.1m 이상, 곡선 구간에서는 4.2m 이상을 유지하라는 규정과 함께, 도로 사용에 대한 권리와 제한 사항들을 규정하고 있다. 도로 양측의 보도는 노면보다 45cm 정도 높게 만들어졌는데, 이는 마차가 보도를 넘어 보행 중인 사람을 치는 사고를 방지하기 위한 것이었다. 또한 도로에는 징검다리 돌을 설치하여 말과 마차의 속도를 제한하고 우천 시에 사람이 도로를 편리하게 횡단하도록 하였다. 이처럼 충분한 보도를 갖춘 것은 물론이고, 도로를 걷는 사람들의 안전을 해칠 수 있는 마차의 주행방향을 규제하는 등 엄격한 법규가 제정되어 있었다.

로마 도로의 폭은 당시 로마군의 주력 부대인 두 마리 말이 이끄는 쌍두마차가 달릴 수 있는 폭을 기준으로 하여 만든 것이다. 이는 말 두 마리의 엉덩이 폭을 기준으로 두고 마차의 폭(1,435mm)을 정한 것이다. 재미있는 사실은 이것이 근대 영국에서 증기 기관차를 발명하였을 때 철로 폭의 기준이 되었고, 오늘날 대부분의 나라에서 이 폭을 기차 선로의 표준으로 사용하고 있다는 것이다.

로마 도로에는 일정한 구간마다 밀리아리움(miliarium)이라는 돌기둥이 있었는데, 로마 혹은 가까운 도시에서부터의 거리를 표시하는 일종의 도로 표지판 같은 것이었다. 이러한 돌기둥은 로마 성인의 1,000보에 해당하는 1마일 거리인 약 1,480m 마다 설치되었으며, 밀리아리움은 훗날 서양에서 사용하는 마일(mile)의 어원이 되었다. 또한 로마 도로에는 대략 20km 마다 오늘날의 고속도로 휴게소와 같은 공간인 맨션(mansiones)이 설치되었으며, 이는 오늘날 맨션의 어원이 되었다.

로마 도로의 의의

로마인들은 자유시민, 민주주의, 도시국가를 추구하는 개방적인 민족이었다. 이러한 이유로 언제든지 외세의 침략 통로가 될 수도 있는 도로를 적극적으로 건설하였다. 로마의 도로망은 역사상 그 유래를 찾아볼 수 없는 대제국의 형성과 안정을 가져왔고, 정치, 군사, 경제적 번영뿐만 아니라 문화와 사상 그리고 종교에 이르기까지 서양 역사와 문화발전에 결정적인 역할을 하였다. 이렇게 로마 도로는 전 유럽에 2천 년 동안 문명의 자양분을 공급하는 대동맥이었으며, 오늘날 유럽을 만든 기반이라 할 수 있다.

하드리아누스시대(기원후 117~138년) 로마제국의 도로망
출처: 위키피디아

동양과 서양을 잇는 실크로드

실크로드의 기원

1877년 독일의 지리학자 페르디난트 폰 리히트호펜(Ferdinand von Richthofen)이 '실크로드'라는 단어를 처음으로 사용하였다. 그가 사용한 개념은 기원전 1세기 중반부터 10세기 초엽 중국 당나라가 멸망하기까지 대상隊商들이 비단이나 철·청동 제품, 가죽 등을 동쪽에서 서쪽으로 나르기 위해 지났던 길의 주변 지역을 통틀어 일컬었다.

'실크로드'라는 말의 유래가 된 신비의 천 '비단'은 중국인들의 발명품이었다. 중국은 비단을 발명한 이후 수천 년 동안 비단 제조 기술의 비밀을 엄격하게 지켜왔고, 이로써 세계 무역 역사상 유래를 찾아보기 힘들 정도로 비단 무역에서 독보적인 우위를 차지하였다. 고대 그리스·로마인들에게 비단은 최고의 가치를 가진 사치품으로 알려져 있었지만, 그들은 비단이 정확하게 어디서 기원했고, 그것이 어떻게 만들어지는지 전혀 알지 못했다.

북방 유목민족이 개척한 교역로를 통해서만 연결되었던 동·서양은 기원전 139년 중국 서북방에서 한나라를 괴롭히는 흉노에 대항하기 위해 장건(?~기원전 114년)이 대월지와 동맹을 맺기 위해 100명의 수행원을 거느리고 출발하여 13년 만에 돌아와 서역에 대한 정보가 알려졌다. 이로써 나중에 실크로드의 교차점이었던 사마르칸트에서 중국과 페르시아, 로마에 대한 교역이 이루어지게 되었다.

실크로드의 변천

실크로드는 '오아시스길'이라 불리는 비단길로 중국 시안에서 중앙아시아의 건조지대에 흩어져 있는 오아시스를 연결하여 동서로 뻗은 길을 말한다. 사막을 비롯한 건조지대의 군데군데에 항상 물이 고여 있어 수목이 자라고 인간이 생활할 수 있는 곳이 바로 오아시스다. 오아시스는 사막 유목민들의 생활의 보금자리일 뿐만 아니라, 교역의 중심지로서 거기에서 문물이 집산되고 교통이 발달되어 왔다.

1~6세기경 실크로드 교역망의 분포도

비단길 중에서 심장부에 위치한 오아시스길은 가장 중요한 역할을 수행하였다. 기원전 6세기부터 서아시아 지대에는 이미 상당히 발달된 교통로가 만들어졌으나, 파미르 고원이 장애가 되어 완성되지 못했다. 기원전 138~126년 전한의 장건이 사절단으로 파견됐을 때 파미르 고원을 지나 대월지에 이르는 오아시스길을 이용했다고 한다.

그러나 비단길이 통과하는 타클라마칸 사막은 '타클라마칸'이라는 말이 '한번 발을 들여놓으면 다시는 살아서 나가지 못한다'라는 뜻이 있을 정도로 힘든 길이었다. 카라반이 이 지역을 통과하기 위해서는 주변 산맥의 비탈길을 따라 타클라마칸을 우회하는 도리밖에 없었다. 남쪽의 우회로인 서역남로에 의하여 호탄과 야르칸드를 지나 카슈가르로 이어졌고, 북쪽의 우회로인 천산남로로 불리워지는 서역북로에 의하여 투르판, 쿠얼러, 쿠차, 아커쑤를 거쳐 카슈가르로 이어졌다.

몽골제국의 확장과 실크로드

12세기 중엽 몽골 각지에서 유목생활을 하며 할거하고 있던 몽골 씨족 출신의 칭기즈칸은 주변의 타타르·메르키트·케레이트 등 부족들을 정복하여 복속시키고, 또한 서방의 알타이 방면에 근거지를 두고 대항하던 투르크계의 나이만 부족을 멸망시키고 세력을 확대하여 몽골고원을 통일하는 데 성공하였다.

칭기즈칸은 국가의 재정적 기초를 견고하게 하기 위해 금나라·서하 등 남쪽방면의 농경지역에 침입하여 말·낙타·재물 등을 약탈하고, 그

곳의 기술자나 농민들을 잡아 유목지대로 강제 이주시켜 촌락을 이루었다. 이어 40년간(1219~1260) 세 차례의 서역원정을 통해 서요, 호라즘 샤왕조를 멸망시키고 유라시아 대륙을 통하는 동서무역로를 확보하였다.

몽골, 즉 원나라가 남긴 주요한 업적 가운데 역참제도가 있다. 역참은 몽골어로 잠(jam)이라고 불리었다. 약 40km마다 세워진 역에는 숙박시설과 말, 수레 등의 교통편과 식량이 마련되어 있었다. 역참은 공무 또는 외국의 사신 및 허가를 받은 상인이 사용 가능했고, 몽골이 제국 유지를 가능하게 했던 탁월한 통신·교통·물류시스템이다.

몽골제국에 정복된 민족들에게는 끔찍하고 두려운 것이지만 상업에서는 비단길이 몽골제국의 보호 아래 안정되어 대상들은 안심하고 비단길을 오갈 수 있었다.

동서양 문명 교류와 실크로드의 역할

칭기즈칸의 아들인 오고타이 칸의 죽음을 계기로 몽골의 유럽 침략이 멈추었을 때 가톨릭 교회에서는 당시 점점 세력을 넓혀가던 이슬람권의 위험에 공동으로 대처할 연합군으로 몽골과 화친을 도모하기 시작했다.

이런 분위기에서 마르코폴로는 실크로드를 따라 쿠빌라이 칸의 원나라로 가서 관리로 17년 동안 중국의 여러 도시와 지방을 비롯하여 몽골·베트남까지 다녀왔다. 이후 마르코폴로는 고향인 베네치아에 돌아와서 중국 지역의 방위와 거리, 주민의 언어, 종교, 산물 등을 기록한 ≪동방견문록≫을 남겼다.

또한 신라 고승 혜초는 남해의 바닷길로 인도에 가서, 불교 성지를 참배하고 페르시아까지 갔다가 중앙아시아 파미르, 카슈가르, 쿠차 등 실크로드를 따라 중국에 돌아왔다.

이탈리아 출신의 프란체스코회 탁발수도사인 오도릭은 1318년 베네치아를 떠나 이란, 인도, 스리랑카, 인도네시아 등 동남아시아 해로를 통해 중국에 와서 6년간 머물렀다. 귀로에는 티베트와 중앙아시아를 거쳐 1330년 고향에 돌아왔다.

이렇듯 교역로인 실크로드는 예로부터 이 길을 따라 동서양의 문물이 오갔을 뿐 아니라 이를 통해 불교, 기독교, 이슬람 등이 전파되어 우리 문명 발달의 중요한 축이 되었다.

오랫동안 실크로드를 연구한 정수일 선생은 ≪고대문명교류사≫에서 '문명의 탄생은 교통의 발달과 불가분의 관계가 있고, 교통의 발달 없이 문명의 향상이나 전파란 상상할 수 없다'고 설명했다. 또한 '고대 오리엔트 문명을 비롯해 황하 문명, 인더스 문명, 유목기마민족 문명, 불교 문명, 페르시아 문명, 이슬람 문명 등 동서고금의 주요 문명은 모두 이 실크로드 지역을 따라 싹튼 다음, 이 길을 오가며 꽃피고 열매를 맺었다'고 인류문명 발달에 실크로드가 기여한 역할을 강조했다.

지금은 흔적만 남은 우리나라의 옛길

고려의 도로

고려의 지방도로는 삼국시대의 교통로에 기반을 두고 있다. 건국 초
에는 호족 세력이 강하여 효율적인 지방통치가 어려웠다. 이후 중앙집
권체제 강화로 지방제도가 5도 양계로 정비되어 성종 때 처음으로 12목
에 지방관이 파견되고 일반행정구역인 도에는 안찰사가 파견되는 지방
행정 제도 정비 과정에서 관련 도로망도 체계적으로 발달하였다.

개경과 도·부·목·군·현의 관청 소재지 간에 중앙과 지방 사이의 왕
명이나 군령의 전달, 조세의 수송, 관리 및 사신의 왕래와 같은 목적에
따라서 삼국시대에 조성된 교통로가 점차 확대·발전된 것이다. 특히 국
왕의 서경西京 및 남경南京 지방 순행에 따라 간선도로가 크게 발달하였다.

선조들의 도로에 관한 생각

도로에 대하여 본격적이고 체계적으로 인식한 학자는 조선 영·정조
시대의 여암 신경준(1712~1781)이다. 신경준은 전북 순창 출생으로 영

조 46년인 1770년, 당시에 길이라고 부를 수 있는 도로에 대한 모든 정보를 계통적으로 정리한 ≪도로고道路考≫를 저술하였다.

특히 이 책 서문에서 맹자의 글을 인용하여 '무릇 사람에게는 그침이 있고 행함이 있다. 그침은 집에서 이루어지고 행함은 길에서 이루어진다'라고 하였다. 또한 맹자는 말하기를 '인仁은 집안을 편안케 하고 의義는 길을 바르게 한다고 하였으니 집과 길은 그 중요성이 같은 것이다'라고 하면서 '길은 원래 주인이 없고 오직 그 위를 가는 사람이 주인이다'라고 주장하였다.

한 지역의 자연적 · 역사적 · 경제적 배경은 도로의 입지를 결정짓는 요인이 될 수 있으며, 반대로 완성된 도로는 기존의 문화 · 사회 · 경제구조에 영향을 미친다. 조선후기에 이르면 상업의 발달로 전국적인 규모의 유통망이 개척되고, 산업과 문화에 관한 관심이 반영된 지리지와 지도도 많이 편찬되었다. 이 시기에 저술된 이중환의 ≪택리지≫는 각 지방의 자연환경, 풍속, 인물 등을 자세히 수록하였다.

조선시대 도로의 위계

조선시대 도로의 중요도에서 가장 위에는 왕의 행차 길, 각 지방을 연결하는 간선도로가 위치하였다. 여기에서 봉로, 즉 통신도 도로에 포함하여 사람, 화물, 정보의 교류를 뜻하는 현대 교통과 도로를 같은 개념으로 본 것을 알 수 있다. 이외에도 해로, 기상, 각 지방의 오일장의 내용도 담아 단순히 사람과 화물이 다니는 물리적인 길뿐만 아니라 다양한 교통 여건도 언급하였다.

(1) 왕의 능원묘陵園墓, 온천 행궁 어로御路, 6대로(의주, 경흥, 평해, 동래, 제주, 강화)

(2) 8도 각 읍에서 사방 경계와 감영·병영·수영까지 거리

(3) 4연로四沿路(백두산로, 압록강연로, 두만강연로, 팔도해연로), 역로驛路, 파발로, 봉로烽路

(4) 해로, 사행지로使行之路, 조석潮汐, 풍우風雨, 개시開市

신경준의 ≪도로고≫에서는 8도 333개 군현을 6대로에 포함해 구분하고 있다. 6대로는 한양을 중심으로 전국 6개 방면의 대로와 대로 주변에 있는 군현까지의 방통지로旁通之路를 모두 포함하고 있다. 즉, 6대로는 전국의 행정·군사 중심지를 연결하는 간선 도로망이다.

선조들의 삶이 담긴 옛길

우리나라는 일찍부터 역원제驛院制가 발달하였으며, 조선시대에는 서울 중심으로 전국 각지를 연결하는 간선 도로망이 발달하였다. 역참은 전국의 주요 도로에 500여 개 설치되었고, 역참에는 역마를 두고 관청의 공문 전달과 공물 수송을 담당하게 하였다.

조선시대 한양 4대문 안의 도로 기점은 창덕궁 돈화문이고, 전국 도로는 한양의 4대문에서 시작하였다. 전국 간선 도로는 초기 6대로에서 9대로, 후기에는 10대로로 구분하여 운영하였다. ≪대동여지도≫와 ≪대동지지≫에서는 당시의 도로를 10개의 대로로 구분하였다.

10대로 중에서 남한에 있는 큰길은 서울에서 영남지방으로 가는 영남

대로, 서울에서 충청도, 전라도를 거쳐 제주에 다다르는 삼남대로, 서울에서 원주, 강릉을 거쳐 평해까지 이어지는 관동대로 등 3개를 들 수 있다.

그동안 옛길은 국토 개발과 도시화 등으로 지형이 변하고 신작로, 고속도로, 철도 건설 등으로 그 흔적이 많이 사라졌다. 지금 남아 있는 옛길은 단순히 시간과 공간의 의미만이 아닌 인간과 자연의 부단한 교감의 결과이자, 나아가서는 길에서 오랜 시간 축적되어온 문화, 역사, 전통 등을 모두 포함하는 정신적 가치를 담고 있어 선조들의 생활상을 이해하는 데 중요한 의미를 지닌다.

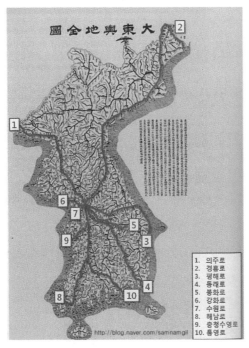

대동여지도와 10대 간선도로

영남대로嶺南大路는 역사의 흐름, 주민의 관념과 가치관의 변화, 전략적 개념의 변화, 이질 문화의 전래 등 여러 요인에 의해 변화해 왔다. 조선 시대 옛사람들이 부산에서 서울로 가는 길은 여러 갈래가 있지만, 대구를 거쳐 문경새재를 넘고 충주, 용인을 지나 달이내 고개를 넘어 서울로 가는 영남대로를 주로 이용하였다.

삼남대로三南大路는 조선에서 영남과 더불어 큰 문화권을 형성하고 있는 전라도를 거쳐 제주로 가는 길로, 여기서 삼남은 충청 · 전라 · 경상도를 말한다. 이 길은 전라도 땅의 수많은 선비가 과거를 보러 걸었던 길이고, 우암 송시열, 추사 김정희, 다산 정약용이 유배를 가며 걸었던 영광과 고난의 길이었다.

관동대로關東大路는 평해로라고 불리기도 하며, 조선시대에 강원도를 지칭하는 관동지방으로 향하는 도로라는 데에서 관동대로라고 불렸다. 현재 관동대로 노선은 국도 6호선~영동고속도로~국도 7호선의 구간이다.

한국 근대 도로사를 살펴본다

개화기 도로

조선은 도로망 개발에 소극적이거나 비관적이었다. 많은 이민족의 침입과 상업을 천시하는 농본사회, 그리고 조공으로 인한 수레를 끌 말과 소의 부족으로 도로 발전을 등한시하고 사람이 드는 가마를 주로 이용했다고 전해진다.

개화기 외국인의 시선에서 바라본 조선의 도로는 매우 열악하다고 표현되어 있다. 그 예로 영국 왕립지리학회 회원 자격으로 우리나라를 4차례나 방문했던 이사벨라 버드 비숍 여사는 그녀의 저서에서 '조선시대의 길은 계획되거나 정비되지 않은 도로'라고 기술하고 있고, 육영공원 교사 헐버트도 '조선의 도로 사정은 매우 엉망이다'라고 언급하고 있다.

그러나 개화사상으로 잘 알려진 김옥균은 '나라를 부강시키려면 산업을 개발해야 하고, 산업을 개발하려면 치도治道를 먼저 해야 한다'라고 주장하였다. 당시 한성부윤으로 있던 박영효는 그러한 주장을 긍정적으로 받아들여 1883년에 도로관리기구를 설치했다.

일제강점 초기 도로

19세기 후반부터 20세기 초반은 일제의 조선 침탈이 본격화된 시기이며, 이 과정에서 일제는 조선에 대한 정치·경제적인 진출을 보다 원활히 할 필요가 있었다. 이를 위해 일제가 우선적으로 추진한 일은 철도와 도로 건설을 통한 근대적인 교통시설을 확보하는 것이었다. 철도 건설과 함께 일제는 도로 건설에도 전력을 기울였다. 철도역이 설치된 지역과 그 주변 지역을 도로를 통해 연결함으로써 철도 부설의 효과를 극대화하기 위한 개발이라고 볼 수 있다.

일제는 1911년 4월 도로규칙을 공표하였고, 그 내용은 도로의 종류, 관리 및 예산 부담에 관한 11조로 규정되었다. 전국 도로를 1등, 2등, 3등, 등외도로로 구분하고, 1등·2등도로는 조선총독부, 3등도로는 도지사, 등외도로는 부윤·군수가 관리하게 하였다. 특히 일제는 군사기지가 위치한 곳을 연결하는 주요 노선을 1등도로로 지정하여 당시 도로 개량이 군사 목적이었음을 여실히 보여주고 있다.

▼ 한일강제병합 초기의 간선도로 현황

등급	노선수	총연장	폭원
1등도로	16	313km	7.3m
2등도로	73	9,270km	5.5m
3등도로	486	12,841km	3.6m

일제강점기 도로 개량 사업

　일제가 한반도를 강점하는 동안 도로·항만·치수 등 사회간접자본을 확충한 목적은 대륙 진출, 군사활동 지원, 경제적 수탈의 세 가지 특징으로 볼 수 있다. 일제의 도로 사업을 단적으로 말하자면, 국토의 균형개발이나 국민생활 편익과 직결된 것이 아니라 수탈과 침략 정책에 바탕을 둔 개발이었다.

　일제강점기에는 큰 강을 건너는 교량 건설이 많이 이루어졌다. 먼저, 한강인도교는 1917년에 폭 6.5m로 개통한 기존 교량이 1925년 을축년 대홍수 피해를 입은 상태로 임시복구하여 사용하다가, 1936년 교통량 증가로 폭 18.6m, 6경간 아치교량으로 다시 건설하였다.

　낙동강교는 1931년 9월에 착공하여 1933년 3월에 준공한 길이 1,063m의 장대교량이다. 낙동강 상류 왜관에 건설된 이 교량은 연장에서 압록강교(944m), 한강인도교(381m)보다 긴 당시로서는 국내 최장 교량이었다.

　대동교는 서울~의주선이 대동강을 횡단하는 평양에 위치한 교량으로 1917년에 조사 및 설계에 착수하여 1924년 완공되었으며, 총연장은 616m로 차도폭은 7.26m, 양쪽 보도폭 각 1.92m이었으며 교량 노면에는 단선 전차선이 부설되었다.

일제 패망과 미군정기 도로

1945년 8월 광복 당시의 전국 도로는 국도 5,263km, 지방도 9,997km, 시읍면도 8,771km로서 총연장 24,031km였다. 이 도로의 대부분은 자갈길 砂利道이었고, 포장률은 0.026%이었으며 도로 폭원도 국도가 6~7m, 지방도가 4~4.5m로 아주 빈약한 상태였다.

또한 도로망도 일제의 식민지 정책의 기반 구축과 경제적 수탈 정책, 한반도를 대륙 침략의 교두보로 삼으려는 목적으로 대부분 도로가 거점 지역간 또는 한반도 종단이거나 만주, 러시아를 연결하는 국경도로였다. 이들 노선은 연장이 3,500km나 되어 일제 말기 국내 1등도로 대부분을 차지하는 실정이었다.

미군정 3년 동안 도로 사업은 실업자 구호사업의 일환으로 일제강점기 동안 개수·신설된 신작로의 재정비였다. 1946년 8월 착공한 국도 1호선(시흥~부산) 포장공사는 우리나라 최초의 아스팔트 포장공사로 두께 15cm의 침투식 마카담공법이 적용되었다. 미군정 주도의 도로건설사업은 동원 인력의 기술 부족으로 미군이 직접 포장기술의 전수 및 공사를 진행하기도 했다.

6·25전쟁과 도로시설 파괴

광복 이후 우리나라는 미군정, 대한민국 정부 수립, 6·25 전쟁으로 이어지는 과도기적 과정을 거치면서 사회·경제적으로 매우 혼란스러운 시기였다. 경제·사회활동에 동력이 되는 교통·물류 기간시설이 제대로 갖추어지지 못한 상황에서 6·25 전쟁을 맞게 되어 경제성장과 사회발전의 기틀을 마련하는 데 매우 큰 어려움을 겪었다.

정부 수립 1년 10개월 만에 발발한 6·25 전쟁은 우리 사회의 모든 부분에 걸쳐 역사상 유례가 없는 막심한 피해를 가져왔다. 특히 도로망은 군사보급로인 관계로 주요 공격 목표가 되어 간선도로와 대부분 교량 피해는 막대하였다. 전쟁으로 교량 1,466개소가 파괴되어 군에서는 이를 가복구 또는 응급복구하여 작전을 수행하였다.

6·25 전쟁 당시 육군은 군 작전의 원활한 수행을 위해 주보급로인 4대 간선도로 1,309km의 확장 보수 공사를 불과 6개월(1951년 7~12월)만에 완공하였다. 또한 UN군은 작전, 병참을 위하여 국토의 남북 및 동서 방향 도로 등을 최신 장비와 기술을 이용하여 신속하게 건설하였는데 이들 도로가 현재 국도 및 지방도의 기본 골격을 형성하게 되었다.

전후 도로 복구 사업

민족 비극인 6·25 전쟁이 우리나라 사회간접자본의 막대한 파괴를 불러왔지만, 건설기술 측면에서 볼 때, 아이러니하게도 선진국들의 도로건설 기술을 통해 우리나라 도로, 토목 건설기술에 새로운 지평을 여는 계기가 되었다. 3년 동안 전쟁이 휴전으로 마무리되었으나 그 피해는 사회·경제적으로 이루 말할 수 없었다. 도로 부문에서는 6·25 전쟁으로 도로 연장의 약 60%와 교량 대부분이 파괴되어 거의 폐허에 가까워서 정부는 휴전 후 우방국들에게 전후 복구를 요청하였다.

그 결과 1954년부터 미국 국제협조처(ICA)의 원조가 실현되어 국제연합한국재건단(UNKRA) 등으로부터 1955년에 2억 3,670만 달러, 1956년에 3억 2,670만 달러, 1957년에 3억 8,280만 달러를 지원받았고 이는 1962년까지 계속되었다. 이와 같은 원조자금으로 도로 및 교량 복구 사업을 진행한 결과 1958년 한강 인도교 복구 사업을 완공하였고, 1957년부터 복구 사업과 동시에 서울~부산 국도 포장공사를 서울, 대전, 대구, 부산 등지에서 착공하였다. 또한 서울~인천, 부산~마산 등의 확장 공사를 실시하였다.

한국 현대 도로의 발달

경제개발 5개년 계획의 착수

1960년대 초반부터 시작된 경제개발 5개년 계획은 교통·물류 부문을 포함한 사회간접자본시설 건설의 토대를 마련하는 기초가 되었고, 이후 계속된 경제개발 5개년 계획은 도로 등 사회간접자본 시설을 비약적으로 확충시켜 고도 경제성장의 발판을 마련하였다.

1차 경제개발 5개년 계획(1962~1966)에서 도로 부문은 교량 건설, 주요도로 포장, 도로시설 개량, 산업도로 건설, 도로 유지보수, 도로계획조사의 여섯 부문으로 나눌 수 있다. 대도시 지역의 도로포장 사업, 지역 간 도로의 선형 개량사업 등은 우선하여 집중적으로 추진되었다. 이 기간 중 시작된 고속도로 건설은 이후 우리나라 도로망의 골격을 형성하는 토대가 되었다. 1967년 3월에 우리나라 최초의 고속도로인 경인고속도로가 착공되어 1968년 12월 개통되었고, 1970년 7월에는 경부고속도로가 완공되었다.

도로 교통량 증가와 도로시설 확충

1960년대가 도로망의 토대를 구축한 시기였다면, 1970년대는 도로망의 골격을 형성한 시기로 국도 포장사업이 확대되고 고속도로 주요노선이 완성되었다.

1970년대 후반기에 들어오면서 고속도로망이 어느 정도 갖추어지자 도로정책은 고속도로 건설보다는 중·단거리 구간의 수송시설 확보로 방향을 바꾸었다. 산업지원도로와 고속도로의 건설사업도 주변 산업·공업단지를 연결하는 산업연계형 도로 건설에 치중하였고, 통행량 증가에 대비하여 국도의 포장사업과 확장사업을 강화하였다.

1980년대는 도로가 크게 성장하고 확충된 시기였다. 급증하는 통행수요와 화물운송 수요를 흡수하기 위해 도로 시설의 지속적 확충과 함께 상호연계성을 강화하여 수송효율을 향상시키고 투자사업의 효율성을 증대시키려 노력하였다.

경부고속도로는 1980년대에 들어오면서 극심한 교통혼잡 구간이 발생하기 시작하였다. 특히 그 정도가 매우 심각한 서울~대전 구간 교통량 분산을 위해 중부고속도로가 건설되고, 남부 내륙지역의 연결망 개선을 위해서는 광주~대구를 연결하는 88올림픽고속도로가 1984년 6월 개통되었다. 이 밖에 신갈~안산 고속도로와 판교~구리 고속도로가 1991년 12월에 완공하였고, 제2경인고속도로 및 서해안 고속도로를 건설하는 등 고속도로망을 확충하여 1991년 말에는 고속도로 총연장이 1,597km로 늘어났다. 또한 국도의 92%, 지방도의 72.6%가 포장되어 도로 포장률은 1986년 54.2%에서 1991년에 76.4%로 높아졌다.

마이카 시대와 함께 자동차 대수의 급격한 증가로 교통 혼잡이 극심해졌다. 1988년에 부족한 도로시설 투자재원 마련을 위해 휘발유, 대체유류의 특별소비세 등을 재원으로 '도로사업특별회계법'이 제정되었다.

1990년대의 도로정책 기조는 전국 반나절 생활권을 형성하는 것이었다. 또한 지방 분산형 국토 골격 형성을 통해 국토의 균형발전을 촉진하고, 지속적인 경제성장을 할 수 있도록 시설 확충을 통한 교통애로 구간 해소가 핵심 사항이었다.

이러한 정책을 구체화하기 위해 제3차 국토종합개발계획에서는 전 국토를 남북 방향 7개 축과 동서 방향 9개 축으로 나누어 고속도로간선망 체계를 구축하는 이른바 '7×9'이라는 전국 격자형 국가간선도로망 체계를 수립하고, 대도시 권역에 방사·순환형 간선도로망을 계획하였다.

본격적인 유지관리 시대 돌입

2000년대에 들어와서 사회·경제가 다변화되고 이용자들의 요구가 다양해져 이용자 중심의 효율적 도로망 체계구축이 필요하게 되었다. '국민 삶의 질적 향상'이라는 정책목표를 달성하기 위해 1990년대 말 수립되었던 도로정비기본계획 및 국가기간교통망계획을 수정하여, 투자규모를 축소하고 수송 수단간 투자 비율을 재조정하였다. 수정계획에서는 양적 시설 확충과 함께 질적 수준 향상도 꾀하였다. 도로 전체 연장은 1980년 46,950km에서 2020년 112,977km로 2.4배 늘어났고, 특히 고속도로는 1980년 1,224km에서 2020년 4,848km로 3.9배 증가하였다.

▼ 도로연장 변화(km)

구분	1980년	1990년	2000년	2010년	2020년
합계	46,950	56,714	88,775	105,565	112,977
고속국도	1,224	1,551	2,131	3,860	4,848
일반국도	8,232	12,161	12,414	13,812	14,098
특별 · 광역시도	7,939	12,298	17,839	18,878	21,675
지방도	11,020	10,671	17,151	18,180	18,201
시 · 군도	18,535	20,033	39,240	50,835	54,155

도로의 운영 효율성을 향상시키기 위한 지능형교통체계(Intelligent Transport System)가 1997년 9월 국가ITS기본계획으로 확정되었다. 이 계획에 따라 서울을 비롯한 대도시는 물론이고 전국의 주요 지방자치단체도 ITS 구축사업에 나서게 되어 다양한 ITS 구축기반 조성 사업이 활성화되었다.

지능형교통체계는 교통량 급증에 따른 교통 수요·공급의 불균형과 교통혼잡비용 증가에 따라 교통체계를 교통량 급증에 따라 시설 확충과 수요관리, 운영 효율화를 위해 도입되었다. 기존 도로에 대해서도 이용 효율이 높아지고 교통혼잡 완화 및 교통이용 편의 증진, 교통사고 예방, 교통 안전성 향상, 교통체계의 효율적 운영 및 관리, 환경보전 및 에너지 절감을 목적으로 과학적인 교통정책을 추진하였다.

▼ 2000년대 도로정책 목표 및 내용

정책목표	빠르고 튼튼하고 편리한 인간중심의 도로건설을 통한 국민 삶의 질 향상			
정책방향	빠른 도로	튼튼한 도로	편리한 도로	인간중심 도로
정책결과	생산도로	안전도로	생활도로	환경도로
정책내용	• 간선도로망 구축 (7×9 간선망) • 도시순환/ 우회도로 건설 • 도로등급 간 연계성 • 투자우선순위 확립	• 도로기술 개발 • 유지관리 선진화 • 위험도로 정비 • 교량과 터널의 과학적인 관리	• ITS 조기구축 • 도로 표지관리 선진화 • 고속도로 요금 징수체계 선진화	• 환경친화적 도로건설 • 교통사고 저감대책 수립 • 인간중심적 도로 설계
정책형성 및 사후평가	국민참여 및 평가시스템의 도입			

현재 도로 투자는 계속사업을 중심으로 집중 투자되고 있으며, 교량 등 도로구조물 기능개선, 위험도로 개선, 도로 유지보수 등 안전분야의 투자를 대폭 확대하고 있다. 도로 계획시 우선 기존 도로의 운영 효율화를 먼저 검토하고 불가피한 경우에 신설·확장을 추진하도록 우선순위를 개편하였다. 또한 건설 중인 도로는 준공사업, 혼잡개선, 주요 국책사업 위주로 집중 투자하고, 단계적으로 건설을 추진하고 있다.

또한 이용자가 만족하는 도로 서비스를 제공하기 위해 쾌적하고 편리한 도로 환경을 조성하고, 도로운영을 개선하여 병목구간을 해소하는 정책을 추진하고 있다. 교통사고 사망자를 줄이기 위하여 도로 안전 종합대책을 마련하고, 도로 안전시설과 재난 대비 도로 안전체계를 강화하고 있다.

우리나라 고속도로가 달려온 길

경부고속도로의 출범

지금은 고속도로가 근대화와 경제개발의 상징으로 여겨지고 있지만 1960년대 초만해도 우리나라에는 고속도로가 존재하지도 않았다. 우리나라 고속도로의 역사는 1967년 국가기간고속도로 계획조사단 출범으로 시작되었다. 1968년 경부고속도로 착공에 이어 1969년 고속도로 건설을 주관하기 위한 전담기관으로 한국도로공사가 설립되었다. '건국 이래 최

경부고속도로의 주요 역사

출처: 백승걸 등(2016)

대 토목공사'라는 경부고속도로가 1970년 7월 완공되면서 고속도로는 우리 생활과 밀접하게 되었고, '전국 1일 생활권 시대'가 시작되었다.

경부고속도로에 대한 평가

착공 당시 국가 예산의 1/4인 429억 원의 거대한 예산이 투입된 경부고속도로의 건설은 부족한 건설인력·장비, 토목기술, 지역균형발전의 왜곡을 주장하는 여론 등 열악한 환경 속에서 추진되었다.

결과적으로 경부고속도로는 우리나라 고속도로망의 시작 역할을 하였으며, 이제는 국가대동맥으로서의 역할을 하고 있다. 경부고속도로로 인해 통행시간과 물류비용이 획기적으로 감소하였으며, 이른바 1일 생활권으로 공간적 접근성을 개선하여 경제발전뿐만 아니라, 국민들의 생활패턴 및 여가활동에 큰 영향을 미쳤다. 이를 통해 경부고속도로는 단순한 토목 구조물이 아닌 한국 경제성장의 상징으로 자리매김하였다.

경부고속도로는 우리나라의 산업화, 도시화에도 직간접적인 영향을 주었다. 경공업 위주에서 중화학공업과 수출 중심으로 국내 산업구조 변화에 기여하였다. 또한 고속도로 축을 중심으로 인구가 증가하여 대도시 광역화 및 신도시 건설에 영향을 주었으며, 국가 주력 운송수단을 철도 중심에서 도로 중심으로 바꾸었다.

고속도로 건설정책의 변화

1970년에 서울―부산 간 고속도로가 건설되어 경부축의 수송력이 크게 증가하였으나, 이로 인한 지역불균형 문제가 대두되었다. 1980년대에는 국토균형 발전을 위해 호남, 영동, 남해, 동해 고속도로가 건설되었다. 1990년대에는 산업의 경쟁력 강화, 사회적 형평성과 지역균형 발전을 위해 전국 어디서나 쉽게 접근할 수 있도록 남북 7개축, 동서 9개축의 7×9 국가간선도로망계획이 제시되었다.

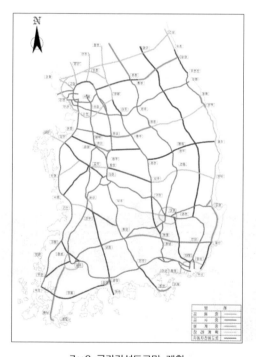

7×9 국가간선도로망 계획

출처: 건설교통부, 제4차 국토종합계획, 2005

2000년대에는 전국 어디서나 30분 내 접근할 수 있는 기간교통망으로 고속도로 외에 도로망이 확충되었다. 2010년대에는 행정중심복합도시 건설 등으로 인한 국토 공간구조의 변화와 남북 교류협력 확대 등에 대응하기 위해 전국 7×9 도로망계획과 수도권도로망이 통합되고 부산순환, 대구순환 등 전국 대도시권 순환도로가 추진되었다.

고속도로의 사회문화적 영향

고속도로는 사회문화적으로도 우리사회에 많은 변화를 주었다. 전국이 일일생활권으로 연결됨에 따라 시공간이 축소되었으며, 고속버스와 톨게이트 등이 처음으로 만들어졌다. 아울러 경제성장에 따른 소득수준의 향상으로 고속도로를 이용한 바캉스 문화가 등장하였다.

1980년대 양재동 서울톨게이트 전경

출처: 연합 Imazine, 2010. 9

전국 고속도로망은 국토의 불균등 발전과 한국 사회 전반의 압축적 근대화에 대한 촉매제로도 작동했다. 고속도로의 건설은 대도시의 인구 집중과 광역화 현상을 초래하여 도시회랑의 형성을 촉진하였으며, 도시화가 전국으로 확산하는데도 큰 영향을 주었다. 20세기 후반 한국의 초고속 경제성장은 고속도로를 중심으로 한 도로교통의 발전과 불가분의 관계를 갖는다. 지금도 고속도로는 교통, 운송 및 물류뿐만 아니라 자율주행, 스마트도로 등 첨단기술이 접목되는 SOC 인프라로써 시대적 요구에 따른 역할을 하고 있는 중이다.

도시민의 삶과 도로

경제성장과 인구·자동차의 급증, 그리고 수도권 도로 확충

　1968년 건설부 도로과는 도로국으로 승격, 도로건설 시대의 본격적인 막을 올렸다. 전국 자동차 등록대수는 1969년 1십만 대를 돌파하였고, 서울특별시 인구수는 5백만 명을 넘어 6백만 명을 향해 가고 있던 시점이었다. 당시 특별·광역시의 전체 인구는 약 1천만 명에 도달하였다. 이 기세를 이어 제3~7차 경제개발 5개년 계획('72~'96)을 거치면서 고속국도와 국도가 지속적으로 신설되고, 도시로의 인구 집중은 보다 가속화되었다. 올림픽을 준비하면서 제5차 계획('82~'86) 시기에 수도권 지역의 도로의 수송능력 확충과 불량 도로시설 개량 등 도로 공급 중심의 정책이 한창 꽃을 피우기 시작하였다. 서울시는 강변북도와 올림픽도로 개보수와 한강 교량 신규 건설을 통해 동서간, 남북간의 도로 연결성을 확보하였다. 제7차 계획('92~'96) 시기에는 국토간선도로망과 지역 간 연결도로 확충을 통해 1997년에 자동차 1천만 대 시대의 문을 열었다. 또한 수도권 제1순환·제2경인 고속국도 건설은 수도권 교통난 해소와 지역균형발전을 위한 커다란 획을 그었다.

서울시 강변도로와 올림픽도로

　1967년 건설된 강변도로는 강변제방도로라는 이름으로 시작하였다. 1972년 이후 서울시는 한강 양쪽 강변도로를 강변북로와 강변남로로 구분하고 가로명을 강변로(1로~5로)로 변경하였고, 이후 강변대로, 강변북로, 강북강변로, 강변도시고속도로로 혼용하여 부르다가 1997년 10월 서울시 지명위원회에서 강변북로로 명칭을 결정하여 정착하였다.

　올림픽대로는 한강종합개발사업의 일환으로 강남로(1로~5로)로 불리던 도로로서 1982년 기공 후 1986년 4월 개명되었으며 5월 준공 · 개통되었다. 당시 1986년 아시안게임과 1988년 하계 올림픽게임에서의 외국인 수송을 담당하고자 하는 목적이 있어 올림픽대로로 명명되었으며, 1993년 6월 화곡~반포대교 구간 등이 확장 완공되었다.

서울 강변도로 좌: 서울 강변1로('67.9.23., 제1한강교~여의도 공항입구)
우: 서울 강변1호(현 노들로)
출처: 경향신문 '67. 9. 23. 국가기록원 사진

수도권 외곽순환도로와 부산 · 대구 외곽순환도로

1990년대 초 제1기 신도시 건설 이후 서울시와 수도권으로의 인구 집중, 그리고 교통량 증가로 인하여 서울시 내부 교통혼잡은 큰 이슈가 되었다. 수도권 주요 도시들 간의 인적 · 물적 수송이 대부분 서울 시내 도로를 통해 이루어졌기 때문에 교통 수요를 외곽으로 분산시켜서 서울시내의 교통문제를 해결하고, 일산, 평촌, 산본 등 1기 신도시로의 교통 접근성을 향상시키기 위함이었다. 그리하여 경기도에 환상형으로 위치하는 2개의 순환고속도로를 계획하였는데, 이는 수도권 주요 도시들의 경쟁력 향상과 함께 민자고속도로사업의 큰 획을 그은 대형 프로젝트였다.

수도권 제1순환고속도로인 고속국도 제100호선은 경기도 성남시 판교분기점을 기종점으로 하여 경기도 일대를 순환하는 고속도로로서 2020년 9월 서울외곽순환고속도로에서 개명되었다. 수도권 제2순환고속도로인 고속국도 제400호선은 경기도 화성시를 기준으로 인천광역시와 경기도를 순환하여 돌아오는 도로로서 수도권 제1순환고속도로의 바깥쪽으로 순환하는 형태로 건설되고 있다. 부산광역시와 대구광역시에서도 수도권과 동일 목적으로 부산외곽순환고속도로인 고속국도 제600호선이 2019년 12월 개통되었고, 대구외곽순환고속도로인 고속국도 제700호선이 2022년 3월 개통되었다.

성수대교 붕괴와 도로시설물 안전

　공급 위주의 도로정책에서 시설물 유지관리 정책으로의 전환을 위한
신호탄을 쏜 사건은 성수대교 붕괴 사건이다. 1994년 10월 21일 오전 7
시 38분경 성수대교 제10·11번 교각 사이 상부 트러스 약 50m가 붕괴
되면서 버스 등 6대가 추락하는 참사가 발생하였다. 해당 사고로 부상
자 포함 총 49명의 인명 피해가 발생했으며, 이를 계기로 도로교량 안
전관리체계가 강화되었고, 성수대교 복구 공사에 신중을 기하여 2004년
12월이 되어서야 확장교량 건설이 완공되었다. 이 사건을 계기로 교량
뿐 아니라 도로시설물의 급속한 노후화에 대비해 지속적으로 안전 관리
를 시행하게 되었다.

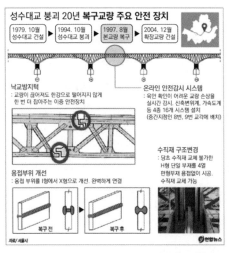

성수대교 참사 20년 후

출처: 연합뉴스 '14.10.15일자

도시민이 원하는 사람 중심 도시지역도로

2000년대 들어 우리나라 도시화율은 급속도로 증가하였으며, 수도권 중심으로 진행되어 왔던 도시화율은 전국으로 확산되었다. 밀레니엄 시대 초반부터 한국은 '살고 싶은 도시 만들기', '걷고 싶은 도시 만들기' 컨셉의 보행자 중심 도시부 도로 조성에 대한 필요성이 대두되었고, 도로 공간기능에 대한 편입이 각광받기 시작하였다. 그 전까지 도로의 기능은 자동차의 '이동성'과 '접근성'만 강조해 왔다면, 이때부터 '공간' 기능에 대한 활성화를 적극 검토해야 한다는 목소리가 높아졌다. 1990년대 유럽에서 시작된 공간기능 활성화 정책은 미국으로 이어졌으며, 우리나라에서도 '사람 중심'의 도로 만들기에 동참하게 되었다. 2007년에는 자동차에게 빼앗겼던 도로 공간을 지역주민과 이용자에게 되돌려주고 대중교통과 보행환경 개선에 머물지 말고, 지역 특성을 살리고 아름다운 도시 가꾸기를 위한 새로운 시도가 대두되었으며, 2009년 발간된 도로계획지침에는 체류 기능과 공간 기능이 추가되었다.

2011년 도시부 도로 설계 지침 제정을 위한 연구를 발판으로, 2014년 ≪고령자를 위한 도로설계 가이드라인≫ 발간, 2019년 ≪도시지역도로 설계지침≫으로 개편되었으나 이후 폐지되었다. 이후 2021년 안전속도 5030 등 개정된 도로교통법 시행규칙에 따라 속도별로 차로의 최소 폭 등 도로의 설계방법에 대한 기준을 마련하여 ≪사람중심도로 설계지침≫으로 개정되었다. 도시지역도로의 설계속도는 지역 특성과 교통 특성을 20~60㎞/h 범위에서 도로관리청이 결정하게 하고, 도심 내 차량 속도를 낮추어 보행자, 고령자의 안전 최우선 환경 조성에 앞장 서오고 있다. 이에 따라 보행자용 ITS 솔루션에 대한 상용화와 확산 적용을 통해 도시민에게 안전하고 편안한 도로를 첨단 IT기술을 활용하여 제공하도록 지원하고 있다.

북한의 도로를 들여다 본다

북한 교통체계와 도로

도로는 통행시간과 물류비용을 획기적으로 감소시켜, 경제발전뿐만 아니라 국토의 공간구조, 그리고 국민들의 생활패턴 및 여가활동에 큰 영향을 준다. 그러나 우리나라는 남북한의 분단과 북한의 폐쇄성으로 인해 섬 아닌 섬나라로 지정학적 제약과 함께 도로의 역할도 제약받고 있다.

북한의 면적은 남한보다 20% 크지만 인구수는 약 2,450만 명으로 남한(약 5천만 명)의 절반 수준이다. 북한의 자동차 등록대수는 약 28만 대로 남한(약 24백만 대)의 약 1/83에 머무르고 있다. 북한의 총 도로연장은 29,196km로서 남한(111,314km)의 약 1/4에 불과하며, 고속도로 연장은 658km로서 남한(4,767km)의 약 1/7에 불과한 실정이다.

북한은 도로가 철도의 보조적 역할을 하는 주철종도主鐵從道의 교통체계를 가지고 있었다. 철도가 주운송수단으로 자리 잡은 이유는 산악지형에 유리하고, 대량수송과 저렴한 장거리 수송원가가 가능하여 자원의 반출과 개발, 대륙침략을 목적으로 일제가 철도를 적극적으로 건설하였으며, 이후 사회주의체제에서 주민을 통제하기 위한 교통수단으로 적합했기 때문이다(한국도로공사, 2017). 그러나 최근에는 시장의 등장과 물류수송의 필요성 등으로 인해 도로의 역할이 커지고 있다.

북한의 간선도로망은 서해축과 동해축을 평양~원산축이 잇는 H자 형태로 구축되어 있다. 서해축은 신의주~단둥~심양으로, 동해축은 청진~라선~투먼·블라디보스톡으로 연계가 가능하며, 아시안하이웨이의 AH1, AH6 노선으로 지정되어 있다. 북한에는 평양을 중심으로 방사형으로 이루어진 5개 노선 등 600여 km의 고속도로가 건설되어 있다. 하지만 양적, 질적 수준이 열악하고 이용차량도 매우 적어 고속도로로서의 역할을 못 하고 있다. 특히 대부분의 도로가 포장구간과 비포장구간이 혼재되어 있고 노폭이 협소하며, 굴곡이 심하고 교량 및 터널의 노후화가 심각한 상태이다(백승걸 등, 2019).

북한의 도로망도

출처: 백승걸 등, 2019

남북한 도로교통규정의 차이는?

　남북 교류가 활성화되고 도로통행이 본격화되기 전에 남북한의 도로교통 관련 규정의 차이를 인식하고 서로 개선하는 노력이 필요하다. 합리적인 도로교통규칙은 단순히 남북한의 규정 통합을 넘어 지속가능하고 경쟁력 있는 한반도 도로교통체계를 가능하게 할 것이다.

　남북한 도로교통 관련 규정 중 특히, 운전자의 안전과 관련이 높은 사항을 비교하면 남한은 남북방향은 홀수, 동서방향은 짝수로 구분하여 노선번호를 부여하지만, 북한은 노선번호 없이 도로 명칭(평양개성고속도로 등)만을 사용한다. 남한은 도로기능과 차로수에 따라, 북한은 차로별로 속도를 제한한다. 감속규정의 경우 북한은 차종별로 특정속도로 제한하나 남한은 최고속도 대비 감속 비율로 제한한다. 남북의 일부 교통안전표지도 유형, 모양, 정보 등에서 상당한 차이가 있다(백승걸 등, 2021).

　운전자의 안전성 및 편의성과 직접적으로 관련되는 규정에 대해서는 남북한 간 통합 또는 표준화에 대한 검토가 필요하다. 교통안전표지 등 교통안전과 관련성이 높은 사항은 통합하는 방향으로, 도로노선번호체계 등 편의성을 위한 규정은 남북한 간 상호 논의가 필요하다.

북한 도로의 건설효과는?

　남한에서 고속도로가 경제발전과 관광 활성화 등에 크게 기여하였듯이, 간선도로망은 북한의 사회경제적인 발전뿐만 아니라 한반도와 동북아지역의 교류 및 경제 활성화에도 중요한 역할을 할 것이다. 북한 도로의 건설 효과는 다음과 같이 제시할 수 있다(한국도로공사, 2017).

첫째, 동북아 물류수송의 기반 역할을 할 것이다. 아시아태평양지역의 교통·물류시장 규모가 유럽, 북·남미를 추월하여 세계 교통물류시장의 중심으로 변화하고 있으며, 특히 동북아 국가들 간의 경제교류가 더욱 커질 전망이기 때문이다.

둘째, 북한의 경제개발을 촉진시킬 것이다. 남한에서 도로가 생산비와 물류비를 절감시키고, 시장 접근성을 개선하였듯이 북한 경제개발의 핵심 역할도 도로인프라가 촉진시킬 것이다.

북한의 경제특구 및 경제개발구

출처: 통일부 북한정보포털

셋째, 통행시간비용을 단축시켜 '한반도 1일 생활권'이 가능하게 할 것이다. 남북한의 활동공간이 한반도 전체로 넓어지면 교통수단의 이동성과 효율성이 더욱 중요해질 것이다. 간선도로는 단기적으로 북한의, 장기적으로 한반도의 '1일 생활권화'를 위한 교통체계의 골격 역할을 할 것이다.

넷째, 북한의 도로교통수요 증가에 대응할 수 있다. 우리나라도 1970년에 13만 대에 불과했던 자동차대수가 1980년대부터 급격하게 증가하여 2014년 2천만 대를 넘어선 바 있다.

다섯째, 남북한의 일자리를 만드는 데도 기여할 것이다. 자동차산업은 전후방 연관효과가 큰 고용창출산업으로, 북한에서도 도로는 자동차 및 도로교통 관련 일자리를 만드는 데 상당한 역할을 할 것이며, 이는 남북한 모두에게 중요한 기회를 줄 것이다.

여섯째, 고속도로 주변 신도시 및 택지 개발에 기여할 것이다. 우리나라의 수도권은 고속도로를 따라 신도시 등이 연담화되어 있는데, 북한에서도 평양 등 대도시 고속도로 주변은 대규모 택지로 개발되며, 특히 남북한 수도권간을 연결하는 지역은 회랑도시화 될 가능성이 높다.

마지막으로 남북한의 관광 활성화에 기여할 것이다. 도로는 관광지까지의 거리 및 시간의 단축과 편리성으로 관광수요의 증가에 크게 기여하였다. 장래 남북교류가 활성화되면 간선도로망은 북한뿐만 아니라 남한의 관광 활성화에도 크게 기여할 것이다.

아시아로 뻗어가는 아시안 하이웨이

아시안 하이웨이의 정부 간 협정

'팬아메리칸 하이웨이', '유럽고속도로' 등에 대응하는 아시안 하이웨이는 1960년 아시아극동경제위원회(ECAFE) 15차 회의에서 15개국의 국제도로망으로 구축을 제안하여 현대판 실크로드를 구축하는 사업으로 추진된 이래 지난 60년 동안 다양한 성과를 이루었다. 그후 유엔 아시아태평양경제사회위원회(UNESCAP)의 주도하에 32개국 14.5만km의 노선이 지정되어, 정부 간 협정이 조인되어 2005년에 발효하게 되었다. 현재 24개국의 정부가 협정에 서명하는 성과를 이루었으나, 북한은 방글라데시, 투르크메니스탄, 싱가포르와 함께 아직까지 협정에 서명하지 않고 있는 상태이다. 북한의 서명 미참가로 우리나라는 중국 및 러시아의 대륙과 연결되는 아시안 하이웨이 이용 활성화의 장애요인으로 작용하고 있다. 이는 아시안 하이웨이의 노선과 우리나라를 고립시키는 원인이 되고 있어서 조속히 해결해야 될 것이다. 북한은 아시안 하이웨이 사업을 주관하고 있는 UNESCAP의 조사와 전문가 회의참석 등 관련활동에도 소극적으로 대응하고 있으므로 적극적인 참여가 이루어질 수 있도록 우리나라 정부와 국제기구의 협조요청이 강력히 이루어져야 할 것이다.

아시안 하이웨이의 목표와 비전

아시안 하이웨이는 2004년 4월 협정서에 서명이 된 이후 본격적인 네트워크 구축이 시작되었다. 협정서에는 19개 조항과 3개 부속서로 구성되어 있는데, 이에는 아시안 하이웨이의 정의와 노선, 표지, 설계기준과 부속서로서 '노선망과 경유지', '설계기준', '표시·표지' 등이 포함되어 있다. 우리나라의 경우 AH1과 AH6의 2개 노선이 통과하고 있는데 이 2개 노선은 북한을 통과하여 중국과 러시아 등을 경유하여 터키의 이스탄불과 벨로루시까지 연결하고 있으며, 이는 동북아 경제발전의 초석이 될 것으로 기대되고 있다.

아시안 하이웨이 노선도와 경부고속도로의 아시안 하이웨이 도로표지

한반도를 통과하는 아시안 하이웨이 AH1과 AH6번 노선도

아시안 하이웨이의 재정 조달

아시안 하이웨이는 국가에 따라 고속도로 등급의 고규격 도로는 12%에 불과하며, 많은 국가의 경우 3등급의 2차로 이하의 구간도 28%에 달하고 있다. 아시안 하이웨이의 사업비 조달을 위하여 현재까지 약 260억US\$ 규모의 투자가 이루어졌으나, UNESCAP은 2007년의 민자유치포럼에서 아시안 하이웨이의 최저등급구간 개선사업을 위하여 12,000km, 180억US\$의 추가 투자규모 필요성이 제시되었고 회원국의 조달가능재원확보를 위한 기금모집 등 다양한 활동을 펼치고 있다.

그러나 북한지역 아시안하이웨이는 AH1의 안주~신의주 구간(북한 1급 도로, 약 140km)에 대해서는 고속화도로의 신설이 필요한 상태이고, AH6 지선인 평양~원산 구간 역시 새로운 도로의 건설이 필요하며, 본격적인 시설 개보수 작업이 이루어져야 한다. 이러한 구간에 대해서는 남북협력사업 혹은 국제기구의 지원을 받아 신속하게 시설을 확충하는 것이 동북아 경제발전 및 남북교류협력 활성화의 기반이 될 것이지만,

북한의 비협조로 쉽게 이루어지지 못하고 있다. 우리나라가 북한과의 협력사업으로 활용하고 있는 남북협력기금으로 막대한 도로사업의 소요재원을 충당하기에는 미약한 실정이다.

북한지역 아시안 하이웨이 투자재원의 원활한 확보를 위하여는 사업규모를 감안한 남북협력자금의 점진적 확대방안과 동북아개발은행 설립 등 새로운 국제기금의 설치 및 활용방안, 광산개발권 등 부대사업을 통한 투자재원의 회수방안 등이 있을 수 있다.

아시안 하이웨이의 국경 통과

아시안 하이웨이는 아시아지역 회원국가들을 연결하는 도로망으로서 국가 간의 국경연결이 원활하여야 하지만, 아시아지역 국가들은 상호협약 등의 미비로 자동차의 국경통과가 매우 불편하고, 제한되어 있다. 특히, 북한구간의 통과는 북한의 폐쇄성으로 인하여 거의 불가능에 가까운 것이 현실이다. 북한은 남북 간의 경협으로 인한 지원활동을 제외하고는 현재까지 거의 국경을 개방하지 않고 있으며, 앞으로도 당분간 북한지역 아시안 하이웨이의 통과를 위하여 국경을 개방하지는 않을 것으로 보인다.

그러나 국경통과의 개선은 남북한 간의 활발한 경제, 사회, 문화교류를 가능하게 하여 실질적인 통일의 초석이 될 수 있는 만큼 점진적으로 이루어야 할 과제이며, 좀 더 적극적으로 추진되어야 할 사안이다.

아시안 하이웨이의 국제적 협력체계 구축

아시안 하이웨이는 국제협약인 만큼 국제차원의 협력체계구축이 무엇보다도 중요한 사안이다. 아직까지 서명과 인준을 하지 않은 국가들의 조속한 참여가 필요하며, 사업전반에 대하여 UNESCAP의 주도에 의하여 추진되고는 있지만, 재원조달측면에서는 아시아개발은행(ADB), 세계은행(World Bank) 등의 적극적인 협력이 필요하다.

아울러, 민간 및 학술차원의 협력체계구축도 활성화되어야 한다. 아시안 하이웨이가 국가간 협약이긴 하지만 이에 못지 않게 민간 및 학술차원의 다양한 협조 및 활성화가 필요한데, 아시아지역의 국가간 간선교통수단인 만큼 아시아 지역 국가간의 물적, 인적교류확대를 위한 매개체 역할은 물론 향후 남북간의 정치, 경제, 문화교류협력증진에 큰 역할을 할 수도 있을 것이다.

유럽 도로의 역사

로마 도로부터 중세까지의 도로

시오노 나나미는 ≪로마인 이야기≫에서 '인류가 고대 로마 도로에서의 이동속도를 넘어설 수 있게 된 것은 철도가 발달하기 시작한 19세기 중엽부터 자동차가 보급되기 시작한 20세기 무렵이었다'라고 하였다. 이는 로마의 도로가 어느 정도 수준이었는지를 보여주는 말이다.

로마 도로는 서구 문명의 대동맥 역할을 하였다. 단순히 영토적 의미에서의 통합이라면 로마제국 붕괴 뒤 유럽은 동일한 정체성을 가질 수 없었을 것이다. 그러나 제국의 가도를 통해 문자와 종교, 로마법, 통화, 건축술, 과학, 예술, 의술, 패션, 사상, 발명품 등 최고급의 문명이 거의 그대로 전 지역에 동일하게 전파될 수 있었다. 문명적 동질성이 유지된 것이다. 로마제국 이후로도 이 로마 가도를 따라 서구 문명의 갖가지 요소가 활발하게 지속적으로 교류하고 경합하면서 서구 문명은 동질적 발전 단계를 밟아나갈 수 있었다(오귀환, 2004).

그러나 소국가로 분리된 중세의 유럽에서 고대 로마 도로에 대한 전통은 점차 잊혀졌다. 도로의 건설과 보수 책임을 지역주민과 지주가 부담하여 매우 부실하게 되었으며, 교회 건설을 위하여 도로 포장석이 제거되는 등 전 유럽의 도로건설 의지는 붕괴되었다. 중세 이후 오랜 기간 길은 사람과 짐을 실은 마차가 지나갈 정도면 된다는 시대가 계속되었다. 즉 도로의 암흑시대였으며, 특히 도시부에서는 도로 폭이 1~2m에 사람과 마차가 통행해야 하는 등 도로사정은 아주 좋지 못하였다.

길은 도시의 형태와 밀접한 관계가 있다. 유럽은 성을 중심으로 도시가 발전하였으며, 도시를 보호하기 위한 성곽 내부에는 주로 귀족이, 성곽 외부에는 평민 이하의 계급이 살았다. 산업혁명 이후 도시의 급속한 팽창으로 성곽은 자연스럽게 없어지고 그 자리에는 대부분 도로가 대신 들어서게 되었다. 성곽 대신 들어선 도로는 도시 중심부를 둘러싼 순환도로 형태를 가지게 되었다(대한교통학회, 2018).

자동차의 탄생과 아우토반

18세기 영국의 산업혁명 이후 산업의 발달과 함께 사람과 물자의 이동이 급격히 증가하였다. 자동차는 도로의 새로운 주인이 되었다. 자동차의 빠른 속도는 사람과 마차의 안전을 위협하였고 성곽이 있었던 순환도로도 자동차만의 공간이 되었다.

1930년대 독일은 로마와 비슷한 이유로 빠른 속도로 달릴 수 있는 도로망을 건설하고자 하였다. 독일의 전 국토를 빠른 속도로 연결하면서 독일의 기갑부대를 유럽 전역으로 신속하게 이동시키는 한편, 비행기 활주로와 대피공간으로 고속도로와 터널을 이용하고자 했다. 운전자의 인간적 특성을 고려한 도로선형과 주변환경을 고려한 도로설계, 장거리 운전자들을 위한 휴게소 등 새로운 도로설계기술을 적용하였다(대한교통학회, 2018).

유럽의 고속도로하면 가장 먼저 떠오르는 독일 아우토반은 차를 뜻하는 아우토(auto)와, 길을 뜻하는 반(bahn)으로 이루어진 명칭이다. 아우토반은 모든 고속도로의 모범으로 불릴 만큼 합리적이고 체계적인 교통질서를 자랑한다. 아우토반의 가장 큰 특징은 상당수 구간에서 속도제한이 없다는 것과 일부 화물차를 제외하면 통행료가 무료라는 것이다.

독일의 아우토반
출처: global auto news, 2016.12.06

유럽통합과 도로

유럽여행의 묘미는 단연코 국경 넘기이다. 차를 타고 조금만 가면 다른 국가이니, 섬 아닌 섬에 사는 우리로서는 꽤 매력적이다. 국경을 아무런 통제없이 넘는 것은 유럽 각국의 국경검문을 철폐하여 사람과 물자의 자유로운 이동을 협조하자는 셍겐조약(Schengen Agreement) 덕분이다.

셍겐조약은 유럽연합과 밀접한 관련이 있다. 1980년대 유럽연합의 전신인 유럽공동체에서 유럽을 하나로 통합하기 위해 모든 회원국이 국경개방을 해야 한다는 제안이 이루어졌는데, 서독, 프랑스, 네덜란드, 벨기에, 룩셈부르크가 1985년에 상호국경개방조약을 체결한 것으로부터 시작되었다. 소련 연방의 붕괴에 따른 국제 질서의 변동은 유럽공동체가 경제적 통합에서 정치적 통합으로 탈바꿈하는 계기가 되어, 1991년 마스트리히트 조약이 서명되고 1993년 유럽연합(EU)이 출범하였다. 유럽연합 출범 이후 1997년에 셍겐조약이 유럽연합의 법률로써 추가됨에 따라 회원국은 셍겐조약에도 서명하게 되었다.

유럽의 국제도로망(international E-road network)
출처: 위키피디아

유럽 통합은 회원국 사이의 교류를 활성화하여 도로망체계의 형성에 결정적으로 기여했다. 전후 1950년부터 1970년까지는 유럽에서 자동차 문명이 본격적으로 뿌리 내린 시기로 유럽 도로망이 형성되었다(통합유럽연구회, 2013). E-로드 네트워크(International E-road network)는 유럽 경제위원회(UNECE)에 소속된 국가의 기간 도로망을 잇는 도로망으로, 보통은 유럽 고속도로(European Highway)라고 부른다.

참고문헌(1부 1장)

[단행본]

건설컨설턴츠 협회 지음, 김정환 옮김, ≪사진과 함께하는 세계의 토목유산≫, 시그마 북스, 2012.

국토교통부, ≪2020 도로업무편람≫, 2020.

권영인, <아시안 하이웨이의 해결해야 할 과제>, 한국교통연구원, 2015.

권영인, <아시안하이웨이와 북한도로 프로젝트의 연계>, 남북물류포럼, 2010.

김호동 역주, ≪마르코 폴로의 동방견문록≫, 사계절, 2000.

대한교통학회, ≪시간과 공간의 연결 교통이야기≫, 2018.

도도로키 히로시, ≪일본인의 영남대로 답사기 – 옛지도 따라 옛길 걷기≫, 한울, 2000.

도도로키 히로시, ≪도도로키의 삼남대로 답사기≫, 성지문화사, 2002.

류명환, ≪여암 신경준과 도로고≫, 역사문화, 2014.

브루노 바우만 외 지음, 박종대 역, ≪실크로드 견문록≫, 다른우리, 2001.

빌레메인 판 데이크 지음, 별보배 옮김, ≪비아로마≫, Mindcube, 2019.

손정목, ≪서울 도시계획 이야기 1-5≫, 한울, 2019.

시오노 나나미, ≪로마인 이야기 10: 모든 길은 로마로 통한다≫, 한길사, 2002.

오귀환, <[로마 가도] 현대 유럽을 탄생시킨 로드무비>, 한겨레21, 2004. 11.

정수일, ≪고대문명교류사≫, 사계절, 2001.

정수일 역주, ≪오도릭의 동방기행≫, 문학동네, 2012.

최선웅, ≪한글 대동여지도≫, 진선출판사, 2017.

쿠르트 뫼저 지음, 김태희, 추금환 옮김, ≪자동차의 역사−시간과 공간을
바꿔놓은 120년의 이동혁명≫, 뿌리와 이파리, 2007.

통합유럽연구회, ≪도시로 보는 유럽 통합사≫, 책과함께, 2013.

한국경제 60년사 편찬위원회, ≪한국경제 60년사≫, 한국개발연구원, 2010.

한국도로사 편찬위원회, ≪한국도로사≫, 한국도로공사, 1981.

[논문 및 보고서]

국토연구원, <도로공간의 복합적 기능 활성화방안 연구: 도시 내 도로를
중심으로>, 2007.

백승걸, 강정규, 정소영, 홍상연, 소재훈, <경부고속도로 건설효과와 북한
교통망에서의 시사점>, 한국도로공사 도로교통연구원, 2016. 11.

백승걸, 서종원, 양하은, 최성원, <남북한 도로교통규정 비교 및 협력방
안>, 대한교통학회 학술발표, 2021. 10.

백승걸, 최윤혁, 정소영, 이찬복, 이승배, 김현정, <도로인프라 협력방안 및
현대화 지원연구>, 한국도로공사 도로교통연구원, 2019.

이승배, 박고은, <경부고속도로의 사회경제적 효과 연구>, 한국도로공사
도로교통연구원, 2020.

이창림, 노관섭, 권영인, <도로이야기(2)−사람의 이동에서 마차까지>, 한
국도로학회, 2005. 6.

최윤혁, 정소영, <경부고속도로의 수송 및 물류 기여효과 고찰>, 한국도로
공사 도로교통연구원, 2020.

한국교통연구원, <교통발전의 발자취>, 한국교통연구원 개원 20주년 특별
기획, 2006.

한국도로공사 도로교통연구원, <북한교통망에서 고속도로의 역할 및 구축
효과 산정>, 2017.

[전자문헌]

국토교통부 통계누리, http://stat.molit.go.kr/

뉴스핌 (2018. 2. 6.)
    https://www.newspim.com/news/view/20180206000060

머니투데이기사 (2020. 8. 31.)
    https://news.mt.co.kr/mtview.php?no = 2020083119058220762

문화재청 국가문화유산포털 https://www.heritage.go.kr/

이탈리안 TV, <모든 길은 로마로 통한다－고대 로마시대의 도로>, 2021. 4. 26.

정보통신신문 (2021. 2. 22.)
    https://www.koit.co.kr/news/articleView.html?idxno = 80934

통일부, http://www.unikorea.go.kr

한국일보 (2019. 9. 23.)
    https://m.hankookilbo.com/News/Read/201909161193097552

[국외문헌]

일본 국토교통성, ≪아시안 하이웨이 50주년 기념세미나 자료집≫, 2010.

일본 국토교통성, ≪아시안 하이웨이 핸드북≫, 2009.

Report of the Asian Highway Investment Forum, UNESCAP, 2007.

2장

도로는 어떻게
만들고 관리되나요

도로를 만들고 관리하는 근거는 무엇인가요 김호정

도로를 건설하고 관리하는 예산 김호정

도로를 따라 길 찾는 방법은 무엇인가요 이유화

일반도로의 노선번호와 도로명 노관섭

고속도로 노선번호와 도로이름을 알아봅시다 백승걸

도시지역도로의 노선번호와 도로명 이유화

도로를 만들고 관리하는 근거는 무엇인가요

도로의 지정

'도로법'은 공공시설로서의 '도로'에 관한 기본법으로 도로계획 수립, 도로의 종류와 관리청 지정, 도로구역 및 도로의 사용과 관리, 도로 점용, 도로의 보전, 비용과 수익 등의 내용을 규정하고 있다.

도로법 제3장(도로의 종류 및 도로관리청)에서 고속국도 등 7개의 도로로 구분하였고, 각급도로의 지정기준을 규정하였다.

먼저 고속국도는 도로교통망의 중요한 축軸을 이루며 주요 도시를 연결하는 도로로서 해당되는 도로 노선을 정하여 고속국도를 지정·고시하도록 하였다. 일반국도는 주요 도시, 지정항만, 주요 공항, 국가산업단지 또는 관광지 등을 연결하여 고속국도와 함께 국가간선도로망을 이루는 도로 노선을 정하여 지정·고시한다. 고속국도와 일반국도의 경우 해당 노선의 관리주체인 국토교통부장관이 지정 및 고시를 할 수 있다.

특별·광역시도의 경우 특별시장 또는 광역시장은 해당 특별시 또는 광역시의 관할구역에 있는 도로 중 주요 도로망을 형성하거나 관할구역의 주요 지역과 인근 도시·항만·산업단지·물류시설 등을 연결하는 도로 노선을 정하여 지정·고시할 수 있다.

지방도는 도지사 또는 특별자치도지사는 도道 또는 특별자치도의 관할구역에 있는 도로 중 해당 지역의 도청 및 군청소재지를 연결하는 도로, 도 또는 특별자치도와 밀접한 관계에 있는 공항·항만·역을 연결하는 도로, 상위도로인 고속국도, 일반국도 등을 연결하는 도로 등에 해당하는 중요 도로 노선을 정하여 지방도로 지정·고시할 수 있다.

지방도 가운데 국토교통부장관이 주요 도시, 공항, 항만, 산업단지, 주요 도서島嶼, 관광지 등 주요 교통유발시설을 연결하고 국가간선도로망을 보조하기 위하여 필요한 경우에는 해당하는 도로 노선을 정하여 국가지원지방도를 지정·고시할 수 있다.

시도는 시장·도지사가 특별자치시, 시 또는 행정시의 관할구역에 있는 도로 노선을 정하여 지정·고시할 수 있다. 군도는 해당 군의 군수가 관할구역에 있는 도로중 군청 소재지에서 읍사무소 또는 면사무소 소재지를 연결하는 도로 노선을 정하여 군도를 지정·고시한다. 구도는 구청장이 관할구역에 있는 특별시도 또는 광역시도가 아닌 도로중 동지역을 연결하는 도로 노선을 정하여 지정·고시할 수 있다.

이와 같이 각급 도로에 대한 도로 관리권자가 해당 도로의 특성, 필요성, 연계되는 시설 등을 고려하여 도로를 지정·고시하고 있으며, 도로 지정 이후 일부 도로교통여건의 변화, 기존 도로의 수행기능 등을 고려하여 도로의 승격, 신규 지정 등을 국토교통부장관에게 요청할 수 있고, 필요시 국토교통부장관은 해당노선의 지정과 승격 등을 검토하여 노선조정, 승격 등에 대한 지정·고시를 할 수 있다.

그리고 법정도로 또는 준용되는 이외의 도로로서 사도법에 의한 사도, 농어촌도로정비법에 의하여 군수가 설치하고 관리하는 농어촌도로 등도 있다.

도로를 건설하고 관리하는 조직

도로에 관한 계획, 설계, 건설 및 유지관리 업무는 국토교통부장관이 총괄하며, 시와 도 등 지방자치단체의 장은 국토교통부장관의 관할하에 특별시도, 지방도, 시도 및 군도 등 관할 도로를 관리한다. 도로등급별로 고속국도는 국토부장관이 도로관리청이나 한국도로공사에 건설과 관리를 위탁하여 운영중에 있다. 일반국도는 국토교통부장관이 관리를 하나 시구역을 통과하는 일반국도의 경우 관할 시장이 건설, 관리를 책임지고 있다. 특별·광역시도는 특별시장과 광역시장이 건설과 관리를 담당하며 지방도의 경우 해당도의 도지사가 건설 및 관리를 담당하나, 국가지원지방도의 경우 노선의 지정 및 계획·건설은 국토교통부장관이 수행하고 이후 도로의 관리의 책임은 해당 지자체장이 책임을 담당한다.

도로 계획

도로관련 계획은 도로법 제2장 도로에 관한 계획의 수립에서 규정하고 있는 사항으로 제5조(국가도로망종합계획 수립), 제6조(도로건설·관리계획의 수립등), 제8조(대도시권 교통혼잡도로 개선) 등에서 계획의 목적과 계획의 내용을 규정하고 있다.

먼저, 국가도로망종합계획은 도로부문의 최상위계획으로 도로망의 건설 및 효율적 관리를 위해 10년 단위로 수립되는 종합계획이다. 도로 정책의 기본 목표와 추진 방향, 환경친화적 도로건설, 도로자산의 효율적 활용을 통한 도로의 가치 제고 방안을 수립한다. 특히 국가가 관리하는 고속국도와 일반국도를 포함하는 국가간선도로망에 대한 건설 및 관리, 재원 확보방안 등의 계획내용을 포함하고 있다.

도로법 제6조에 근거한 도로건설·관리계획은 도로관리청이 도로의

▼ 도로부문 국가 법정계획과 주요내용

제2차 국가도로망종합계획 (2021~2030)	• 도로의 현황 및 도로교통 여건 변화 전망에 관한 사항 • 도로 정책의 기본 목표 및 추진 방향 • 도로의 환경친화적 건설 및 지속가능성 확보에 관한 사항 • 사회적 갈등의 발생을 예방하기 위한 주민 참여에 관한 사항 • 도로 자산의 효율적 활용을 통한 도로의 가치 제고에 관한 사항 • 도로 관련 연구 및 기술개발에 관한 사항 • 국가간선도로망의 구성 및 건설에 관한 사항 • 국가간선도로망의 건설 및 관리에 필요한 재원 확보의 기본방향과 투자의 개략적인 우선순위에 관한 사항 • 국가간선도로망의 국제적 연계에 관한 사항
제2차 고속도로건설계획 (2021~2025)	• 도로 건설의 목표 및 방향 • 개별 도로 건설사업의 개요, 사업기간 및 우선 순위 • 도로의 건설 등에 필요한 비용과 그 재원의 확보에 관한 사항 • 도로 주변 환경의 보전·관리에 관한 사항 및 지역공동체 보전에 관한 사항
제5차 국도·국지도 계획	• 도로사업계획 추진 성과평가 • 개별노선의 타당성 검토 • 투자우선순위 정립 • 단계별 사업계획 수립
제2차 고속 및 일반국도 등 도로관리계획	• 도로 유지관리 현황 및 1차 도로관리계획 성과 분석 • 도로관리계획의 목표 및 추진방향 마련 • 목표 달성을 위한 도로관리계호기 세부과제 마련 • 도로관리 비용 투자 및 재원조달 계획 수립

원활한 건설 및 유지관리를 위해 5년마다 소관도로에 대한 도로건설관리계획을 수립하도록 규정하고 있다.

도로법 제8조(대도시권 교통혼잡도로 개선)은 시·도지사 또는 시장·군수·구청장이 도로관리청인 도로 중 대도시권의 주요 간선도로로서 교통혼잡의 해소, 물류의 원활한 흐름을 위해 개선이 필요한 구간의 도로에 대해 5년마다 권역별 대도시권 교통혼잡도로 개선사업계획을 수립한다.

도로를 건설하고 관리하는 예산

도로예산 총괄

우리나라는 광복 후 정부수립과 6.25전쟁을 거치며 1960년대까지 미국의 경제협력국 지원자금으로 도로사업을 시행하였다. 1954년부터 전쟁 이후 도로 복구사업을 위해 미국의 국제협조처(ICA)의 원조를 시작으로 UN 한국재건청(UNKRA) 등의 원조자금을 활용하여 도로 및 교량복구사업을 진행하였다. 1970년 고속도로 건설과 함께 일반국도의 포장사업 등을 본격적으로 시행하기 위해 국제부흥개발은행(IBRD) 및 아시아개발은행(ADB) 등 국제금융기관의 장기, 저리 차관자금을 활용하였다. 이후 1980년대에는 경제성장과 함께 급증하는 교통량을 처리하기 위해 보다 안정적인 도로건설 및 재원이 요구됨에 따라 관계법령을 정비하여 '교통시설특별회계'와 '유료도로' 제도를 도입하였다. 이 두 제도를 바탕으로 중앙정부, 지방정부, 공기업, 그리고 민간부문으로 구분하여 안정적인 도로투자재원을 마련하였다.

오늘날 중앙정부 투자는 '교통시설특별회계'의 도로계정에서 대부분 이루어지고 있으며, 어려운 국가재정 부담을 줄이기 위해 공기업의 차입금이나 민간의 투자재원은 유료도로법에 근거하여 재원을 마련하고 있다. 기타 중요 재원으로는 '지역발전특별회계'를 통해 지방의 자율성 제고 및 새로운 지역발전정책을 지원하고 있다.

중앙정부 예산

현재 도로를 포함한 우리나라 교통시설 건설재원의 대부분은 교통시설특별회계를 통해 충당되고 있다. 1970년대부터 도로사업특별회계가 만들어진 1988년까지는 교통관련투자재원이 일반회계에서 조달되었다. 휘발유 등 유류에 부과하는 목적세인 교통세가 1994년 신설되어 2003년까지 10년 한시적으로 운영되었다. 교통시설특별회계는 교통세와 기타 재원을 바탕으로 2004~2006년 1차 연장 이후, 교통세의 명칭이 교통·에너지·환경세로 변경되어 수입도 교통시설특별회계와 기타 환경분야에 지출하는 것으로 변경되었고, 2009년 과세체계의 복잡성을 해소하기 위해 교통·에너지·환경세 폐지법률(법률 제9346호)이 통과한 이후 4번의 폐지법률이 개정되면서 폐지를 유보하였으며, 현재는 '24년 12월 31일까지 연장되었다.

도로부문 투자재원인 도로계정의 경우 교통·에너지·환경세액의 51%, 승용차 특별소비세액, 유료도로 수입금 일부, 일반회계전입금 등을 세입으로 하고 있다.

중앙정부의 도로부문에 대한 투자규모는 2010년 7.8조원에서 2015년 9.0조원 수준으로 증가하였으나 복지·국방분야의 투자 증가 등으로 도로예산은 감소추세를 나타내고 있다.

특히 2010년 이후 민자고속도로 투자 증가와 함께 도로 안전에 대한 관심 증가로 도로관리를 포함한 기타부문의 예산이 지속적으로 증가하고 있고, 신규 고속도로와 일반국도 확장 등 도로시설 확충사업은 감소추세를 나타내고 있다.

지방정부

지방정부의 도로 등 건설 사업 재원은 지방교부세, 국고보조금, 국가균형발전특별회계로 구성된다. 국가균형발전특별회계 및 지방교부세의 경우 지자체의 자율적인 판단에 의해서 그 사용 용도가 정해지는 특성상, 지방정부의 도로투자재원의 세원이 불분명해지고 있는 상황이다. 다만 국고보조금의 경우 특별회계나 지방교부세와 달리 특정사업을 지원할 수 있다.

국가균형발전특별회계는 지역자율계정(지자체 자율편성), 지역지원계획(부처 자율편성), 제주특별자치도계정, 세종특별자치시계정으로 구분하여 운영 중이며 이 중 지역지원계정이 지역경쟁력 제고를 위한 교통·물류망 확충에 대한 출연·보조·융자 등을 규정하고 있어 도로 등 교통과 관련성이 높다. 국가균형발전특별회계는 광역지역발전특별회계인 2012년에는 9.4조원 규모에서 2019년 현재 10.74조원 규모로 운영 중에 있다.

공기업

공기업의 도로투자는 한국도로공사를 통하여 이루어지고 있다. 교통시설특별회계와 함께 도로투자를 활성화시켜 왔던 유료도로제도는 1969년 한국도로공사의 설립과 함께 본격화되었다. 한국도로공사의 고속도로에 대한 투자는 중앙정부의 교통시설특별회계로부터의 출자금(건설비의 50%)과 자체조달(통행료 수입, 차입금 등)을 통하여 이루어지고 있다. 2009년에 3.0조원에서 2015년 3.67조로 투자규모가 증가하다가 다시 2019년에 2.9조로 감소하고 있다. 이 가운데 국고지원이 2009년 1.3조에서 1.4조원으로 국고와 도공이 4:6에서 최근에는 5:5로 국고지원 비율이 변화하고 있다.

민간자본

1994년 '사회간접자본시설에 대한 민간자본유치촉진법(이하 민촉법)'을 제정하여 고속도로 사업에 민간자본을 도입할 수 있는 근거를 마련하였고, 인천국제공항고속도로 건설을 시점으로 본격적인 민자사업을 추진하였다. 특히, 1997년 12월 IMF 외환위기를 겪으면서 국내 건설업 및 금융산업이 크게 위축되고 사회기반시설에 대한 정부 투자가 감소하면서 사회 각계에서 민간자본의 도입 및 활용에 대한 필요성이 제기되었다.

민간투자사업을 통해 민간의 창의·경영기법을 활용하여 공공투자의 효율성 제고는 물론, 목표 공기를 준수하여 사업으로 발생하는 편익을 조기에 달성할 수 있다는 장점이 크게 부각되었다. 현재 우리나라의 고속도로는 국가와 민간이 각각 건설 및 유지관리하는 재정고속도로와 민자고속도로로 이원화된 체계로 운영되고 있다. 민간사업자의 참여를 유도하기 위하여 사업시행자의 자기자본비율을 완화하고, 자금재조달 방안을 모색하는 등 금융조건을 개선하는 제도개선작업을 지속적으로 진행하였다.

민자—재정도로 간 '동일요금 동일서비스'를 목표로 민자 고속도로의 사업 재구조화 방안 마련과 실시협약 변경 협상 등을 통해 국민 통행료 부담 경감을 위한 노력을 지속하고 있다. 그 결과 천안—논산 고속도로는 실시협약 변경을 통해 통행료를 한국도로공사 수준으로 인하(현행 도공2.09배 → 1.10배)한바 있다. 이러한 과정을 거치며 2021년 현재 민자고속도로는 20개 구간이 운영 중이고, 4개 구간이 건설 중에 있다.

도로를 따라 길 찾는 방법은 무엇인가요

길 찾기: 과거와 현재

과거에 비해 요즘은 도로를 따라 길 찾는 방법이 쉬워졌다. 1990년 대 중반까지만 해도 처음 가는 목적지로 자동차를 운전하여 찾아가야 한다면, 미리 국토지리정보원에서 배포하는 종이 지도책을 살펴보고 어떻게 가는지 살펴보거나 길을 잘 아는 이에게 물어서 직접 그려 찾아가는 경우가 대부분이었다. 그러나 1990년대 말부터 전자지도가 생기고 인터넷이 발달하면서 '차량 내 길 찾기 서비스'(일명 내비게이션)를 통해 종이 지도가 아닌 전자 기기(tool)로 길을 찾아 가기 시작했다. 2000년 대 이후에는 GPS와 함께 디지털 기술의 발달로 온라인 지도가 보편화

도로지도 표지(부산, 서울 수도권)

국토지리정보원 온라인지도(통합)

되면서 차량 내비게이션뿐만 아니라 스마트폰 내 내비게이션 어플리케이션까지 사용하게 되어 이제는 우리 일상에 없어서는 안 될 수단으로 자리매김을 하였다.

그러기에 만약 현재 시점에서 차량 이동 시 내비게이션이 없다면 사람들은 어떻게 될까? 물론 지금보다 불편한 점은 존재하겠지만, 현재 우리나라의 도로 체계는 운전자 관점에서 시점과 종점 사이를 남과 북, 동과 서로 쉽게 이동할 수 있도록 갖추어져 있다. 도로명과 도로번호, 그리고 도로명주소까지 잘 활용한다면 서울에서 부산 목적지까지 잘 찾아갈 수 있도록 도로 공간이 배치되어 있다. 그럼 아래에서 길 찾는 방법과 도우미, 즉 정보 제공 시설물에 대하여 간단히 살펴보자.

길 찾기 도우미-도로 분류, 도로 안내 시설물, 내비게이션

먼저 내비게이션 없이 지역 간 이동을 위하여 길 찾기를 한다고 가정해보자. 이 경우는 가능한 빨리 고속 주행이 가능한 유료도로인 고속국도나 무료도로인 일반국도를 선택해서 이동하는 것이 유리하다. 따라서 출발지에서 나와 도로의 기능 분류에 맞추어 국지도로에서 집산도로·보조간선도로, 그리고 주간선도로급의 고속국도나 일반국도까지 이동하는 것은 도로표지와 같은 도로안내 시설물을 이용한다면 어렵지 않다. 목적지가 소재하는 지역까지 주간선도로급의 도로로 도달하였다면 이제는 반대로 주간선도로에서 국지도로까지 도달하면 목적지에 거의 도달한 셈이다. 도로명주소와 건물번호를 사용하여 최종 목적지를 찾는다면 길 찾기는 종료된다.

앞에서 언급한 도로 기능 분류 외 관리주체별 분류는 도로법 제10조에 의거 고속국도(일명 고속도로), 일반국도, 특별·광역시도, 지방도, 시·군·구도로 구분되어 있다.

운전자가 도로상에서 길 찾기에 이용하면 편리한 도로안내 시설물은 도로표지와 노면표시다. 국토교통부령 제882호 도로표지규칙에 따르면 '도로표지'는 도로법 제55조에 의거 도로이용자가 도로시설을 쉽게 이용하고 원하는 목적지까지 쉽게 도착할 수 있도록 도로의 방향·노선·

도로 분류	기호	연장(km) *2020.12. 기준	설계속도 (km, 도로기능)
고속국도		4,848	• 도시: 100 • 지방: 120(평지) 　　　100(산지)
일반국도		14,098	*주간선도로 • 도시: 80 • 지방: 80(평지) 　　　60(산지)
특별·광역시도, 시도		5,117	*보조간선도로 • 도시: 60 • 지방: 70(평지) 　　　50(산지)
지방도 (국가지원 지방도)		18,201	
시도·구도·군도	지자체별로 상이	70,713	*집산·국지도로 • 도시: 50·40 • 지방: 60·50(평지) 　　　40(산지)

출처: ≪2021년 도로업무편람≫, '도로의 구조·시설 기준에 관한 규칙'(2015)

시설물 및 도로명의 정보를 안내하는 도로의 부속물을 말한다. 도로표지의 종류는 경계표지, 이정표지, 방향표지, 노선표지, 안내표지로 구분된다. 도로표지의 안내방식은 지점 안내표지와 도로명 안내표지로 구분하며, 규정에 따라 제시하도록 되어 있다.

'노면표시'는 도로교통법 시행규칙 제8조에 의거 안전표지의 한 종류로써, 도로교통의 안전을 위하여 각종 주의, 규제, 지시 등의 내용을 노면에 기호, 문자 또는 선으로 도로사용자에게 알리는 표지라고 정의하고 있다. 노면표시의 종류는 규제표시, 지시표시로 구분되어 있으며, 설치기준에 따라 사용 가능한 색채도 달라진다. 최근 노면색깔유도선이 시행규칙에 정식으로 편입되어 색채(분홍색·녹색)와 갈매기표시를 사용하여 회전하고자 하는 방향으로 안내하고 있는데, 이는 내비게이션을 사용하는 운전자에게도 방향을 바꾸어 이동할 때 안전한 통행을 유도하기에 매우 유용하다.

두 번째로 내비게이션을 사용하면 길 찾기는 매우 쉬워진다. 출발지와 목적지를 차량 혹은 스마트폰 내비게이션 내 검색 기능을 사용하여 입력하면 바로 찾아갈 수 있는 경로와 소요시간 혹은 도착시간을 알려준다. 미리 내비게이션 내 탑재된 온라인 지도와 최소 거리와 시간, 최저 요금 등 다양한 동적 경로탐색 알고리즘을 이용하여 제공하는 실시간 최적 경로는 내비게이션 없이 지도나 익숙한 경로로 길 찾는 방법보다는 경제적이고 효율적 이동을 도와주는 운전자 필수 정보이다.

길찾기 미래: 자율주행 정밀도로지도

　최근 도로명주소 지도 발간으로 도로명을 따라 길을 찾기 쉬워졌다. 도로상에는 도로명주소 표지가 곳곳에 세워져 있고, 온라인 지도를 통해서 확인이 가능하다. 자율주행 시대에 맞춰 정밀도로지도로서 차선(규제선, 도로경계선, 정지선, 차로중심선), 도로시설(중앙분리대, 터널, 교량, 지하차도), 표지시설(교통안전표지, 노면표시, 신호기) 정보를 3차원으로 제작한 전자지도가 지자체별로 제작되고 있다. 곧 도로 구간단위가 아닌 차로단위로 자동 운전 안내가 가능하고 운전자의 판단 없이 자동차가 '자율적 판단'을 통해 운전하게 된다면 이제는 내비게이션 없이 운전자는 차량 내에 누워서 이동할 수 있게 될 것이다.

서울 세종대로 도로명주소 지도

출처: 도로명주소 누리집

경기 성남시 정밀도로지도

출처: 도로명주소 누리집

일반도로의 노선번호와 도로명

노선번호와 노선명

노선명이란 도로관리청이 도로법에 따라 지정·고시하는 도로의 명칭이다. 노선번호란 이들 도로의 번호를 말한다. 도로의 노선번호와 노선명의 제·개정 기준 및 절차를 정하는 기준으로 '고속국도 등 도로 노선번호 및 노선명 관리지침'이 있다. 이를 적용함으로써 도로시설을 효율적이고 체계적으로 관리할 수 있다.

도로확충에 따라 노로 노선 또한 많은 변천을 거친다. 2001년 건설교통부(현 국토교통부)는 도로별, 노선별로 변천과정을 총괄·정리하여 ≪도로노선지정연혁집≫을 발간하였다.

일반국도 노선번호

일반국도의 노선번호에는 남북방향은 홀수번호, 동서방향은 짝수번호를 부여한다. 남북방향은 서쪽에서 동쪽으로 오름차순으로, 동서방향은 남쪽에서 북쪽으로 오름차순으로 노선번호를 매긴다. 남북방향이 엄밀하게 구분되지 않는 노선은 기·종점의 지리적 위치를 고려한다.

국토를 종단 또는 횡단하는 주요 간선국도는 1에서 10번을 부여하고, 주요 간선국도 이외의 국도는 두 자리 숫자를 부여하되, 인근 노선번호 또는 지정순서 등에 따라 번호를 부여한다. 일반국도에 연결되는 지선은 일반국도 노선번호에 부가하여 지정순서에 따라 연속된 가지번호를 부여한다(예시 : 00−0). 다만, 동일 노선에 둘 이상의 지선이 동시에 지정될 경우 가지번호는 남북방향은 홀수번호, 동서방향은 짝수번호를 부여한다.

남북축 노선으로, 제1호는 목포−신의주선으로 남한구간의 연장은 524.14km이다. 아울러, 제3호 남해−초산선, 제5호 거제−중강진선, 제7호 부산−온성선, 제15호 고흥−담양선, 제25호선 진해−청주선 등 27개 노선이 있으며, 이중 제77호는 부산−파주선으로 남해안과 서해안을 따라 710.46km에 이르는 가장 긴 노선이다.

동서축 노선으로, 제2호는 신안−부산선으로 연장 493.92km이며, 제4호 군산−경주선, 제6호 인천−강릉선, 제20호 산청−포항선, 제30호 부안−대구선, 제40호선 당진−공주선, 제48호 강화−서울선 등 24개 노선이 있다. 이중 제82호 평택−화성선은 연장 22.68km로서 가장 짧은 노선이다.

| 국도 1호선, 전남 무안 | 국도 1호선, 경기 수원 |

ⓒ노관섭

지방도 노선번호

지방도의 노선번호는 일반국도의 노선번호 부여방법을 준용하되, 세 자리 또는 네 자리 숫자로 한다. 첫째 또는 둘째 자리까지는 도를 구분하는 고유번호를 부여한다. 경기도 300, 강원도 400, 충청북도 500, 충청남도 600, 전라북도 700, 전라남도 800, 경상북도 900, 경상남도 1000, 제주특별자치도 1100 이다.

뒷자리의 숫자가 1부터 50까지는 관할구역 내부만 연결하는 노선에 부여하며, 그 이상의 숫자는 인접 도 등 타지역과 연결되는 노선에 부여한다.

인접 도의 지방도 노선과 연결되는 경우에는 관련 도와 협의를 거쳐 뒤의 두 자리수를 일치시켜 통행자의 인지도를 높이도록 한다.

국가지원지방도(약칭: 국지도)의 노선번호는 두 자리 숫자를 부여하되, 일반국도 노선번호 부여방법에 따른다.

도로의 노선명 부여

도로의 노선명은 기·종점을 우선적으로 사용함을 원칙으로 한다. 예외적으로 필요한 경우에 통과지역의 지리적 위치 명칭이나 역사문화자산 등을 기념하기 위하여 당해 자산 등을 기념하는 명칭을 사용할 수 있다. 노선의 지역적 특성과 환경 등을 고려하여 노선이 통과하는 지자체가 협의하여 정할 수 있다. 기·종점을 명칭으로 사용하는 경우, 시와 군을 기준으로 기·종점을 정하고, 기·종점 배열방법은 남쪽에서 북쪽으로, 서쪽에서 동쪽으로 부여한다.

국도 1호선의 노선명

우리나라 대표국도라 할 수 있는 일반국도 제1호는 목포에서 신의주에 이르는 도로로 목포-신의주선이다. 흔히 국도 1호선이라고 하며, 1번 국도라고도 한다.

1938년 조선도로령에 의한 국도의 노선인정 시 1호선은 경성-부산선으로, 기점은 경성부, 종점은 부산부이다. 1963년 체계적인 국도 노선지정 시 국도는 1급과 2급으로 구분되었다. 당시 제1호는 1급국도로 서울목포선이다. 기점은 서울 종로구, 종점은 목포시다. 1971년 일반국도 노선지정령에 따라 제1호는 목포신의주선이며, 기점은 전남 목포시, 종점은 평북 신의주시 압록강교로 하고 있다.

국도 1호선은 한반도 서쪽의 남북을 관통하면서 많은 도시를 통과하는데, 목포에서 시작하여 무안, 함평, 나주, 광주, 장성, 정읍, 김제, 전주, 완주, 익산, 논산, 공주, 세종, 청원, 천안, 평택, 오산, 화성, 수원, 시흥, 의왕, 군포, 안양, 광명, 서울, 고양, 파주, 문산에 이른다. 문산에서도 통일대교까지만 갈 수 있고, 그 넘어서 판문점까지는 일반인의 출입이 통제되어 있다.

국도는 각 지역을 통과하면서 지자체별로 다른 도로명을 가지고 있다. 시점인 남쪽부터 고하대로-영산로-빛가람장성로-영산로-서문대로-대남대로-죽봉대로-북문대로-하서대로-정읍대로-선비로-호남로-득안대로-논산대로-계백로-백운로-금벽로-반포세종로-세종로-천안대로-만남로-삼성대로-천안대로-삼사로-천안대로-경기대로-경수대로-시흥대로-금하로-안양천로-서부간선도로-성산로-농수산시장로-월드컵로-증산로-연서로-통일로이다. 이 많은 도로명을 갖기보다는 국도 1호선 심벌과 함께 '하나대로'라는 명칭을 가졌으면 좋겠다는 생각이다.

도로명주소

도로명주소는 도로명, 건물번호 및 상세주소에 의하여 표기하는 주소를 말하는 것으로 도로명주소법에 따른다. 행정안전부에서 관장하며, 2014년부터 전면시행하고 있다. 도로명주소는 행정안전부의 도로명주소 홈페이지에서 검색할 수 있다.

도로명 주소를 이루는 구성 요소는 '도로명'과 '건물번호'이다. 도로에는 대로, 로, 길 등의 세 가지 도로 구분 종류가 있다. 원칙적으로 도로의 너비가 40m 이상이거나 왕복 8차로 이상이면 대로급 도로, 너비가 12m 이상~40m 미만이거나 왕복 2~7차로이면 로급 도로, 너비가 12m 미만이거나 왕복 2차로 미만이면 길급 도로로 분류한다. 예외적으로 대로의 경우, 특히 광폭 도로가 거의 존재하지 않는 지방 시·군의 주요 국도 같은 경우에도 붙이기도 한다.

도로번호의 기점은 원칙적으로 동서 방향 횡축도로는 서쪽, 남북 방향 종축도로는 남쪽이 기점이 된다. 건물번호는 도로구간의 기초번호를 기준으로 도로의 기점에서 시작하여 20m마다 2씩 커지도록 부여한다. 기초번호가 커지는 방향을 바라보았을 때를 기준으로 길의 왼쪽은 기초번호가 홀수이고, 오른쪽은 짝수이다.

고속도로의 노선번호와 도로이름을 알아봅시다

도로 노선번호는 왜 필요할까?

도로 노선번호는 운전자들에게 도로노선의 방향과 지리적 위치를 인식하게 하는 가장 기본적인 정보이다. 이용자들은 노선번호를 통해 도로의 방향성, 지역성, 연계성 등 각종 정보와 기능을 쉽게 파악할 수 있어 안전하고 편리하게 도로를 이용할 수 있다.

도로 노선번호는 도로표지뿐만 아니라 지도, 가변정보판, 내비게이션 등 모든 교통정보 제공수단에서 기본적으로 사용되고 있으며, 이동 경로를 가장 간결하게 인지하고 효율적으로 공유할 수 있게 한다. 장래 남북이 교류하여 간선도로 통행이 한반도 전체로 넓어지게 되면, 도로망에 대한 효율적인 인지를 고려할 때 일관적이고 체계적인 노선번호체계가 더욱 필요하게 될 것이다(백승걸 등, 2020).

우리나라의 도로 노선번호

　우리나라 고속도로의 노선번호 지정방법은 다음과 같다(국토교통부, 2017). 첫째, 남북방향은 홀수번호, 동서방향은 짝수번호를 부여하되, 남북방향은 서쪽부터 동쪽으로 오름차순으로, 동서방향은 남쪽에서 북쪽으로 오름차순으로 노선번호를 부여한다. 둘째, 간선노선축은 두 자리 숫자를 부여하되, 남북방향은 끝자리 5번, 동서방향은 끝자리 0번으로 한다. 보조간선축은 두 자리 숫자를 부여하되, 남북방향은 끝자리에 1, 3, 7, 9번, 동서방향은 끝자리에 2, 4, 6, 8번을 부여한다. 간선노선축 또는 보조

우리나라의 고속도로 노선번호
출처: 한국도로공사 홈페이지

노선축과 연결되는 지선은 세 자리 숫자를 부여한다. 대도시 순환노선축은 [해당 지역별 우편번호 첫 자리＋00]을 부여한다. 경부고속도로의 노선번호는 한 자리 숫자의 번호 '1'번을 사용하는데, 이는 우리나라의 대표도로라는 상징성을 반영해서, 유일하게 예외를 허용한 것이다.

다른 나라의 도로 노선번호

미국과 유럽의 노선부여방법도 우리나라 고속도로의 번호 부여 방법과 유사하다. 미국의 주간고속도로(Interstate Highway)중 간선도로에 대한 노선번호 부여 방법은 동서간선축은 2차리 번호 중 끝자리 0번(I10, 20, 30, … 90)을 붙이고 남북간선축은 1－2자리 번호 중 끝자리 5번 (I5, 15, 25, … 95)을 붙인다. 지선은 한국과 달리 노선 번호 뒤가 아닌 앞에 번호를 붙인다. 예를 들어 10번 고속도로의 지선이라면 한국에서는 101번, 102번 식으로 부여하지만 미국에서는 110번, 210번 식으로 부여한다.

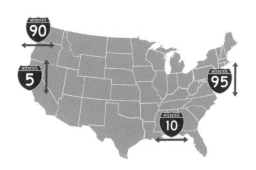

미국 간선도로의 남북 및 동서방향 시종점 노선 번호
출처: 위키피디아

유럽은 1970년대에 유럽경제위원회(UNECE) 소속 국가들의 간선도로를 단일한 번호체계로 안내하고자 유럽 도로노선번호체계를 도입하였다. 독일은 아우토반(Autobahn) 노선번호체계를 1974년에 도입하였는데, 도입 당시부터 통일 가능성을 고려하여 동독의 고속도로를 포함하였다.

세계 주요국가의 도로노선번호는 공통점들이 있다. 우선, 미국과 독일, 프랑스, 스페인 등 유럽은 노선명 대신 노선번호만 사용하며, 우리나라를 제외한 모든 주요국은 도로위계를 영문이니셜로 표시한다(유럽 E, 독일, 프랑스, 스페인 A, 영국 M, 미국 I). 또한 도로망 형태에 따라 도로의 방향을 고려하여 1~2자리의 노선번호를 부여하는데, 격자형 도로망인 경우 서 → 동, 남 → 북 순으로, 방사형 도로망은 시계방향으로 번호를 설정한다. 격자형 도로망을 가진 국가는 전국토를 9개 축까지로만 구분하여 동서방향은 10~90번, 남북방향은 15~95번까지 두 자리 수로 간선도로 번호를 설정한다(백승걸 등, 2020).

도로의 이름 짓기

도로명은 국토에서 그 지역의 위치를 나타내거나 그 지역을 상징하기 때문에 도로명을 둘러싼 논란이 생기기도 한다. 그러한 사례 중 하나가 '서울외곽순환고속도로'가 '수도권 제1순환고속도로'로 바뀐 것이다. 이는 전체 128km 도로 중 경기도와 인천시를 지나는 구간이 90% 이상이고 '서울외곽'이라는 명칭은 경기도를 서울의 변두리로 여기는 부정적 인식을 심어줄 수 있다는 이유 때문이다.

우리나라는 도로명칭을 사용하지만 미국과 유럽의 대부분 국가는 도로명칭을 쓰지 않고 도로위계를 표시한 영문이니셜과 함께 노선번호만을 사용한다. 미국의 수많은 고속도로 중에서도 가장 유명한 도로는 루트66이다. 루트66은 1920년대 개통된 미국 최초의 대륙횡단 고속도로로 일리노이부터 캘리포니아까지 8개 주를 연결하며, 길이는 4천여 km에 달한다. 가장 오래된 도로인 만큼 루트66은 단순히 '길'의 의미를 넘어 미국 역사와 문화의 아이콘으로 자리 잡았으며, '마더 로드', '히스토릭 루트' 등의 별칭을 가지고 있다.

도시지역도로의 노선번호와 도로명

도시지역도로의 도로등급과 도로명

도시지역도로는 도로법 제10조에 따라 고속국도, 일반국도, 특별·광역시도, 지방도, 시·군·구도가 도시지역에 위치하는 경우에 부르는 명칭이다. 여기서 도시지역은 '시가지를 형성하고 있는 지역이나 그 지역의 발전 추세로 보아 시가지로 형성될 가능성이 높은 지역'을 의미한다. 도시고속도로는 도시지역에 위치하는 고속도로이고, 유지관리 주체가 불변하지만, 도시지역의 일반국도는 지자체로 관리주체가 이관되어 다른 도시지역도로와 함께 지자체 도로관리는 주로 도시건설국 혹은 교통건설국과 같은 부서에서 관리하게 된다. 따라서 세종대로는 국도 48번, 서울특별시도 24·49·2115번(이하 모두 관리용)을 보유하고 있는 서울특별시 관리 도로이다. 영동대로는 국도 47번, 국가지원지방도 23번, 서울특별시도 32번이며, 올림픽대로는 서울도시고속도로 5번이다.

도시지역도로는 기능 분류를 활용하여 1등급부터 4등급까지 구분되어 있다. 1등급은 주간선도로−35∼50m, 2등급 보조간선도로−25∼35m, 3등급 집산도로−15∼25m, 4등급 국지도로−15m 미만으로 구분된다. 도시지역도로의 이름은 도로구간마다 부여한 이름으로 주된 명사에 도로별 구분기준인 '대로', '로', '길'을 붙여서 부여되는데, (1) 일련번호 부여방식, (2) 기초번호 부여방식, (3) 그 외 숫자방식, (4) 추가로 분기되는 경우로 구분할 수 있다.

여기서 언급하는 주된 명사로는 기존 법정·행정동 명칭, 예전부터 내려오던 동네 옛 이름, 사람이름 등 고유 명칭을 말한다. 재산권 보호를 위한 토지중심이었던 기존 지번의 한계를 벗어나 '도로명주소법'에 의거 위치 안내를 위한 건물중심의 도로명주소를 부여하기 위하여 신규로 부여된 구간이 많다. 도로명주소법은 2021년 6월 개정·시행되면서 고가도로와 지하공간에도 주소가 생기고 주소체계가 입체화되었으며, 위치 안내가 촘촘해지게 되었다.

특별한 도로명

도로는 노선번호보다 도로명(길 이름)으로 불리면서 특별한 의미를 갖는 경우가 종종 있다. 도로명은 지자체별로 지역 주민들의 의견을 반영하여 만든 도로명은 한글학회 등에 자문을 받고 시·군 지명관련위원회 심의 후 확정되었다.

도로명의 유래와 의의는 지자체 홈페이지에서 공개하고 큰 호응을 받고 있는데 역사적인 사건이나 인물 등에 의해 부여되는 경우도 많다. '세종대로(서울시 종로구)', '태조로(전라북도 전주시 완산구)'와 같은 왕 이름, '충무공로(전라남도 광양시)', '최영로(제주특별자치도 서귀포시)'와 같은

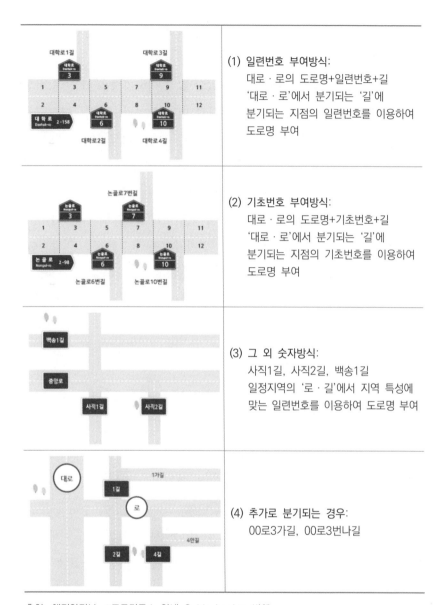

(1) 일련번호 부여방식:
  대로·로의 도로명+일련번호+길
  '대로·로'에서 분기되는 '길'에
  분기되는 지점의 일련번호를 이용하여
  도로명 부여

(2) 기초번호 부여방식:
  대로·로의 도로명+기초번호+길
  '대로·로'에서 분기되는 '길'에
  분기되는 지점의 기초번호를 이용하여
  도로명 부여

(3) 그 외 숫자방식:
  사직1길, 사직2길, 백송1길
  일정지역의 '로·길'에서 지역 특성에
  맞는 일련번호를 이용하여 도로명 부여

(4) 추가로 분기되는 경우:
  00로3가길, 00로3번나길

출처: 행정안전부 ≪도로명주소 안내 Guide book≫ 발췌

장군 이름, '이효석길(강원도 평창군)', '홍난파길(경기도 화성시)'과 같은 예술인의 이름도 담겨져 있다.

서울의 '테헤란로'와 울산의 '장춘로'와 같이 외국지명을 따온 흔치 않은 경우도 있다. 테헤란은 이란의 수도로 이란의 정치, 문화, 경제, 교통의 중심지인데, 테헤란로란 이름은 이전에는 삼릉로라고 불리다가 1977년 6월 한국과 이란 수교의 기념으로 서로의 지명을 교환하기로 합의한 결과 만들어졌다. 장춘은 중국 지린에 위치한 과학기술도시인데, 2004년 울산시와 장춘시의 자매결연 10주년을 기념하기 위해 부여되었다.

희한하고 재밌는 도로명도 있다. '멀미길(강원도 정선군)', '먹방길(강원도 홍천군)', '법대로(강원도 속초시)', '쌍쌍로(경상북도 고령군)', '신흥고수로(제주특별자치도 서귀포시)', '미남길(경상북도 안동시)'은 듣기만 해도 웃음이 나오는 도로명이다.

도시지역도로의 변화

1980년대부터 교통공급관리(Transportation Supply Management) 정책을 기반으로 자동차의 이동성과 접근성 중심의 도로계획을 이어오던 우리나라는 2000년부터는 교통수요관리(Transportation Demand Management) 정책으로 전환하면서 보행과 자전거 이용 등 사람 중심의 도로계획과 운영·유지관리에 관심을 기울이기 시작했다. 자동차 중심도로에서 사람 중심도로로 변화하고 있는 대표적이며 상징적인 도로는 서울시의 '세종대로'이다.

서울역에서 광화문까지 이어지는 서울 도심 중심지의 도시지역도로 1등급인 세종대로는 도로폭이 50~100m까지 도달하는 대규모 도로이다. 세종로와 태평로로 나뉘었던 세종대로는 2010년 도로명 개편으로 통합되었으며, 2020년 7월부터 도로공간을 재편하여, 이후 세종대로사거리~서울역까지 총 1.55㎞는 '세종대로 사람숲길'로 불리게 되었다. 자동차 통행을 위한 차로수도 기존 9~12개에서 7~9개로 줄어들고 보행과 자전거 통행 공간과 녹지와 문화/관광 공간으로 탈바꿈한 세종대로는 2021년 5월 완공하였으며, 보행자 중심 도로재편의 우수사례로 활용될 것이다.

세종대로 차없는 거리(2018. 4.)　　　　세종대로 사람숲길(2021. 5.)

출처: 내 손안에 서울(https://mediahub.seoul.go.kr)

참고문헌(1부 2장)

[단행본]

건설교통부, ≪도로백서≫, 2003.

국토교통부, <고속국도 등 도로 노선번호 및 노선명 관리지침>, 2017.

국토교통부, ≪도시지역도로 설계가이드≫, 2018.

국토교통부, ≪2020 도로업무편람≫, 2020.

국토교통부, ≪2021 도로업무편람≫, 2021.

대한교통학회, ≪시간과 공간의 연결, 교통이야기≫, 씨아이알, 2018.

[논문 및 보고서]

고용석 외, <미래 여건변화에 대응한 도로건설유지비용 조달방안>, 국토
연구원, 2020.

김호정, <도로교통부문 국고보조사업의 효율적 관리방안>, 국토연구원,
2017.

박지형, <2020년 민자도로 사업의 발전방향>, 월간교통 2020. 1.

백승걸, 이승배, <한반도 간선도로망 노선번호체계 구축방향 고찰>, 교통
기술과 정책, 17권 5호, 2020.

[전자문헌]

법령 누리집:
https://www.law.go.kr/LSW/admRulLsInfoP.do?admRulSeq=210000
0185126

서울시 내 손안에 서울 누리집:

https://mediahub.seoul.go.kr/archives/2001545

외교부 블로그:

　　https://blog.naver.com/PostView.naver?blogId＝mofakr&logNo＝22
　　2127845538&redirect＝Dlog&widgetTypeCall＝true&directAccess＝f
　　alse

행정안전부 도로명주소 누리집: https://www.juso.go.kr

행정안전부, ≪도로명주소 소개 Guide book≫(온라인)

https://www.index.go.kr/potal/main/EachDtlPageDetail.do?idx_cd＝1206

https://www.juso.go.kr/openIndexPage.do

https://www.law.go.kr/법령/도로교통법시행규칙

https://www.law.go.kr/법령/도로의구조·시설기준에관한 규칙

https://www.law.go.kr/법령/도로표지규칙

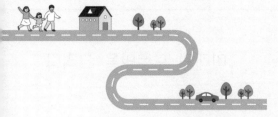

3장

도로는 앞으로
어떻게 변할까요

미래의 도로망을 그리다 김호정

4차산업혁명시대의 교통수단과 도로의 공생 백승걸

도로 정보화와 똑똑한 스마트도로의 탄생 백승걸

도시지역도로의 입체화와 스마트화 이유화

친환경 에너지를 사용하는 도로교통 권영인

사람중심의 도로시스템 권영인

휴식과 즐거움이 있는 휴게소는 어디에 권영인

미래의 도로망을 그리다

도로 이용 환경 변화

미래의 도로망을 그리기 위해서 먼저 도로로 연결되는 지역과 사회가 어떻게 변화할 것인가를 살펴보아야 한다.

우리나라의 인구는 2021년 말 현재 5,168만 명으로, 이후 2028년 5,194만 명으로 정점으로 증가한 후 감소추세로 전환되어 2047년 4,891만 명에 이를 것으로 전망된다. 인구감소 추세는 농촌지역을 비롯한 지방 중소도시를 중심을 '지방소멸' 현상이 나타날 것으로 예상하고 있으나 수도권 및 대도시로의 인구 집중은 계속될 것으로 전망하고 있다. 도시는 메가시티화로 확대되는 반면, 비도시지역은 쇠퇴되는 '도시의 양극화'가 진행될 것이다.

이러한 인구 변화 가운데 주목해야 하는 사항은 고령인구의 증가추세이다. 65세 이상의 고령자 비율이 2021년 15.8%에서 2047년에는 38.4%로 증가할 것으로 전망하고 있다.

대도시를 중심으로 증가하는 인구에 대비하고 전국적으로는 인구 고령화 추세를 감안할 때 보다 안전하고 편리한 도로시설의 요구가 증가할 것이다. 이와 더불어 생산 가능 인구의 감소로 경제성장은 저성장 기조가 지속될 것으로 전망하고 있다. 특히, 승용차 등의 교통수단이 개인소유 개념에서 '공유경제' 개념이 도입된 공유 자동차(car sharing) 이용이 활성화될 것으로 전망하고 있다.

최근 기후변화로 인해 폭우, 폭설, 태풍 등 자연재해 위험성이 증가하고 있어 방재 등 안전에 대한 관심이 증가하여 재난과 재해에 대비한 도로시설 등 관리의 중요성이 증가할 것이다.

에너지 위기 등 화석연료의 부족으로 친환경에너지에 대한 중요성이 강조됨에 따라 전기차, 수소차 등 친환경 교통수단의 보급과 함께 친환경 도로 시설로 변화가 요구되어 진다.

마지막으로 도로의 미래를 준비할 때 가장 중요한 것은 기술의 변화일 것이다. 자율주행차량의 개발과 함께 사물인터넷(IoT), 빅데이터 등 미래를 주도하는 첨단기술은 도로 이용의 패러다임을 전환하는 가장 중요한 요소가 될 것이다.

미래의 도로망

미래의 도로는 다양한 기술 변화를 시현하는 가장 대표적인 인프라 시설이 될 것으로 예상된다. 도로시설과 차량간 정보 공유가 가능하며, 도로의 포장상태, 차로의 도색 등 도로관리 현황을 정보화하여 자동적으로 관리될 것이다. 도로 이용자의 다양한 요구수준을 반영하여 교통축 단위로 자동화된 도로관리체계 도입과 자율주행 환경에 적정한 도로

시설 기준을 마련하고, 기술변화를 수용할 수 있는 도로를 국가의 간선도로로 지정할 수 있는 유연한 도로 지정 기준을 검토해야 한다.

최근 국토교통부가 발표한 '제2차 국가도로망종합계획(2021~2030)'에서는 기존의 남북 7개축과 동서 9개축의 국토간선도로망을 남북 10개축과 동서 10개축 그리고 순환축과 방사축을 포함한 $10 \times 10 \times 6R^2$의 새로운 국가간선도로망을 발표한 바 있다.

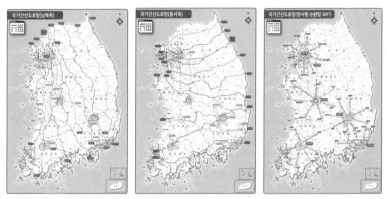

국가간선도로망 계획(2021~2030)

출처: 국토교통부, '제2차 국가도로망종합계획(2021~2030)'

도로의 기능은 전통적인 이동성과 접근성의 개념 이외에 도로가 통과하는 주변의 토지이용 특성에 따른 '공간성'과 '기술 수용성' 등이 고려되어야 할 것이다.

인구 집중이 지속되는 수도권 및 대도시권을 중심으로 교통정체는 심화될 것으로 예상되므로 도로의 '공간성'을 고려하여 지하도로 건설을 통한 입체적 도로망 구축이 필요할 것이다.

따라서 다양한 미래 환경변화에 대응한 도로망 계획은 기존 네트워크를 효율적으로 활용할 수 있는 '네트워크 운영(network operation)' 체계 도입을 검토하여야 한다.

지금까지 도로는 관리주체에 의해 국가와 지자체 등으로 구분하였고, 고속국도, 일반국도, 지방도 등 도로등급을 구분하였다. 그러나 국토 공간구조의 변화에 대응하고 도로 이용자의 서비스 요구가 다양화됨에 따라 도로교통의 여건이나 시설 수준, 실시간으로 제공되는 도로유지관리 상태 등에 따라 교통축의 중요도가 바뀔 것으로 예상된다.

그러므로 미래에는 국가가 관리하는 구간과 지방이 관리하는 구간을 구분하기보다, 필요에 따라 또는 도로를 이용하는 이용자의 요구에 따라 간선기능을 수행하는 교통축을 중심으로 간선 도로망을 지정 및 관리하여야 한다. 즉, 간선기능을 수행하는 주요 교통축은 시시각각 변화할 것으로 예상되므로 도로의 관리체계 등을 보다 유연하게 운영할 필요가 있다. 예를 들면 지방도이지만 지역간 연계기능이 강화된 구간은 네트워크 관리 운영 측면에서 국가가 일괄 관리할 수 있고, 필요시 자율주행차량을 위한 '자율주행 전용도로'로 지정·운영될 수도 있을 것이다.

미래도로 개념도
출처: 국토교통부, '제2차 국가도로망종합계획(2021~2030)' p72.

4차산업혁명시대 교통수단과 도로의 공생

4차산업혁명과 도로교통기술의 발전

산업혁명의 전개에 따라 도로교통기술도 발전하여 왔다. 1·2차 산업혁명까지 도로교통은 인프라 구축에 머물렀고 3차 산업혁명시대에 이르러서야 ICT(Information and Communication Technology) 등의 도입으로 도로의 자동화가 시작되었다. 4차 산업혁명시대에는 자율주행차, 인공지능, 스마트건설 등으로 모든 도로의 자동화와 디지털화가 완성될 것으로 전망된다. 우리나라는 3차 산업혁명까지는 후발주자였으나, 자동차, 통신, 전자분야 등에서 글로벌경쟁력을 가지게 됨에 따라 4차 산업혁명시대에는 도로의 자동화·디지털화를 선도할 것으로 전망된다(백승걸 등, 2020).

자동차는 빠르게 진화하여 왔으며 지금도 진화하고 있다. 자동차가 변하게 되면 그에 따라 도로의 변화도 요구된다. 그러나 자동차는 교통사고, 대기오염, 소음, 혼잡 등 많은 외부비용을 발생시키며, 도로는 다양한 운전자와 다양한 교통수단이 함께 이용하는 공간이기 때문에 자동차의 향상된 성능을 무조건 수용하기는 곤란하다(백승걸, 2008). 자동차와 도로의 발전은 이러한 외부비용을 줄이기 위한 공생의 과정이라 할 수 있으며, 미래에는 이러한 공생의 수준이 획기적으로 높아질 것이다.

자율주행자동차의 등장

자율주행은 경로선택, 차로변경, 가·감속제어, 차로유지, 긴급시 제동 등 일련의 운전행위를 인간 운전자가 아닌 자동차가 수행하게 되는 것을 일컫는다.

자동차의 진화는 운전자를 보조하는 수준에서 출발하여 미래에는 완전한 자율주행이 가능한 수준으로 발전할 것이다. 자율주행자동차는 레벨 0에서부터 레벨 5까지로 구분된다. 레벨 0은 현재의 비자동, 수동으로 운

자율주행자동차
출처: Forbes Korea, AI 운전 실력 믿을
수 있나? 2018. 8. 23.

전하는 것이며, 레벨 1은 일부 기능에서 운전자를 보조하고 레벨 2는 두 개 이상의 기능들이 운전자를 보조한다. 레벨 3에서부터 자율주행자동차가 주로 운전하며 운전자는 필요한 경우에만 운전하는 조건부 자율주행상태가 된다. 레벨 4는 이상상황에서 자동차가 운전자에게 요청한 경우에만 운전을 하는 높은 수준의 자율주행상태이며, 마지막으로 레벨 5는 자동차가 모든 상황에서 자율적으로 주행하는 완전자율주행 상태이다(이백진, 2016).

인간이 활동을 위해 이동하기 위해서는 부수적으로 통행시간이 꼭 필요하다. 통행시간을 최소화하기 위해 교통수단의 속도를 높이고 수단 간 연결성을 강화해 통행시간을 줄여왔다. 자율자동차시대에 자동차는 달리는 사무실이나 집이 될 것이므로, 통행시간을 줄이는 것(time saving)보다 자동차 내에서 운전 대신 다른 활동을 할 수 있게 만드는 것(multi-tasking)이 더 중요해질 수 있다. 인포테인먼트(infotainment)나 가상현실에 대한 수요가 급격하게 커지고 특히 고속도로는 이러한 수요를 지원하기 위한 인프라의 집중설치지역이 가장 먼저 될 것이다(백승걸, 2017).

자율주행자동차와 도로

자동차는 '스스로 움직이는 차'라는 뜻이지만, 지금까지 자동차는 거의 전적으로 사람의 운전에 의해 움직였다. 미래의 자동차는 그야말로 기계 스스로 움직이는 자율주행자동차가 될 것이며, 사람은 운전에서 벗어나 도로를 활동이 끊이지 않는 공간으로 이용할 것이다. 이에 따라 지금까지 도로는 차량을, 교통정보는 운전자를 주 대상으로 설계되거나 제공되었다면, 자율주행자동차가 상용화되는 미래에는 교통정보는 자동차를 주대상으로, 도로와 정보서비스는 탑승자를 주 대상으로 할 것이다. 즉 도로의 서비스대상이 차량과 운전자에서 탑승자로 변화될 것이다.

미래 도로에는 이동성뿐만 아니라 안전성의 강화도 동시에 필요할 것이다. 또한 자율주행자동차 등의 등장으로 편리성 및 쾌적성에 대한 요구도 더욱 커질 전망이다. 이렇게 도로인프라에 대한 요구사항은 많아질 것이고 그 수준은 더욱 높아질 것이다. 더욱 튼튼하고 안전한 고속도로 건설과 더욱 정확하고 상세하며 실시간적인 교통정보와 교통관리가 필요한 이유이다(백승걸, 2017).

새로운 교통수단과 도로

도로와 자동차의 지능화가 상당히 진행된다 하더라도 공간은 한정된 재원이므로, 도로에서의 교통혼잡은 지속될 것이다. 따라서 지상뿐만 아니라 지하나 공중공간이 입체적으로 활용될 것이며, 이러한 공간들은 다양한 교통수단과 물리적, 기능적으로 복합연계될 것이다.

정보통신기술과 교통인프라, 결제서비스가 결합해 요구사항에 가장 적합한 교통수단을 제공하는 MaaS(Mobility as a Service), 화물차들을 통신으로 연결하여 하나의 차량처럼 주행하는 화물차 군집주행 등이 보편화될 것이다. 지하공간에서는 진공상태의 터널을 통해 시속 1,200km의 초고속으로 이동하는 하이퍼루프가 도입되고 공중공간을 운항하는 UAM(Urban Air Mobility) 등과 도로교통의 연계가 이루어질 것이다.

UAM 개념 사례

출처: HMG Journal, 현대자동차가 그리는 미래 도시를 소개합니다,
2020. 6. 15.

도로 정보화와 똑똑한 스마트도로의 탄생

스마트도로

자동차의 발전과 더불어 도로의 양적, 질적 수준에 대한 요구도 상당 기간 계속될 것이다. 자율주행자동차 등에 의한 교통수요의 증가로 도로인프라의 양적 확장에 대한 요구가 지속될 것이다. 또한 운전자가 핸들에서 손을 떼고 차량 내에서 편안한 활동을 위해서는 평탄성 등 도로의 질적 수준에 대한 요구도 높아질 것이다.

정보통신기술을 기반으로 하는 드론, 인공지능, 3D 프린팅, 로봇, 증강현실과 가상현실, 사물인터넷, 클라우드, 빅데이타 등 다양한 융복합기술이 활용되고 있다. 이러한 기술들은 좀 더 발전된 지능형(intelligent)이라는 의미의 '스마트'로 불리고 있으며, 기존산업이나 인프라와 연계되어 스마트시티, 스마트팜, 스마트팩토리 등 다양한 복합명사로 재탄생되고 있다(김진광, 2020). 건설, 유지관리, 교통관리 등 모든 분야에서 도로의 정보화와 스마트화가 이루어지고 있다. 현재의 도로는 물리적인 도로망과 일부 ICT만으로 구성되었으나, 미래의 도로는 물리적인 도로망과 함께 디지털망, 에너지망 등으로 다양하게 구성될 것이다.

스마트 도로 건설 · 유지관리

　근로환경 변화(고령화, 주 52시간 근무 등)와 안전하고 효율적인 건설 환경 요구에 대응하기 위해 디지털 기술을 활용한 스마트 도로건설이 이루어지고 있다. 이미 BIM, 장비 자동화 등 스마트 기술들이 다양하고 활발하게 적용되고 있다(한국과학기술기획평가원, 2019).

　지하도로와 구조물의 증가나 노후화로 유지관리가 더욱 중요해질 것이다. 터널, 교량 상황을 스스로 모니터링하며 바람, 결빙, 강설 등에 도로가 스스로 대응하여 방풍, 융빙, 제설을 할 것이다. 이를 위해 교량과 터널, 비탈면 등에 대해 사물인터넷, 로봇 등을 이용한 실시간 모니터링 등 지능형 도로유지관리가 이루어질 것이다.

디지털 기술기반 도로건설

출처: Korea Expressway Corporation Center for Smart Construction Technology, Smart Construction Global Insight, 2021. 8.

스마트 교통관리

자율주행자동차가 매우 빠르게 발전하고 있으므로 다양한 수준의 자율주행자동차와 일반 차량들이 일정기간 도로에 공존하게 될 것이다. 따라서 다양한 자동차가 공존하는 도로에 대한 효율적인 교통 관리가 일정 기간 동안 필요할 것이다. 눈, 비, 바람 등 기상상황 변화와 돌발 상황에 대한 인지와 대응이 더욱 중요해지며, 드론 등을 활용한 정확한 교통상황 모니터링 등이 적극 활용될 것이다. 인공위성을 이용한 차량 궤적 추적 및 모니터링 시스템도 상용화될 것이다.

자동차 기술의 발전만으로는 일정 수준 이상의 안전성과 이동성, 정시성을 보장하기에 한계가 있다. 운전자의 운전능력을 초과하는 고속주행이 가능하게 되면 재난상황에 가까운 교통사고가 발생할 수 있고, 사회적 비용을 고려하여 각 차량에 최적경로 제공이 필요할 수도 있다. 따라서 인프라의 통제 없이는 자동차 주행이 어렵거나 사회적 비용이 커질 수 있다.

지금까지의 도로가 자동차 통행, 즉 이동만을 위한 공간이었다면 미래의 도로는 이동뿐만 아니라 다양한 활동이 끊이지 않고 이어지는 활동공간으로 변할 것이다. 이를 위해 도로에는 빅데이터, 증강현실과 가상현실, 인포테인먼트(infotainment) 등의 융합기술이 온라인으로 구현될 것이다(백승걸 등, 2020). 도로에 대한 교통관리는 물류차량에 대한 안전과 실시간 관리 등과 연계되어 그 역할이 확대될 것이다.

개별 차량에 대한 실시간 모니터링, 관제나 제어를 위해서는 프라이버시 보호, 자율협력주행 장비의 차량 장착 의무화, 교통사고 시 다양한 주체들인 차량 제조사와 운전자, 통신사, 도로관리자 등의 역할과 책임 등의 문제가 중요하게 대두될 것이며, 이에 대한 사회적 합의와 법제화가 요구될 것이다.

안전하고 친환경적인 스마트 도로

자동차의 안전성 기술 발전에 못지않게 도로교통에 대한 안전성 기술도 크게 향상되어, 교통사고 징후를 파악하여 교통사고를 막거나 피해를 줄이게 될 것이다. 또한 폭발물, 온실가스 배출 등 도로 위의 위험 요소들을 실시간 검사, 관제할 수 있는 기술이 상용화될 것이다.

기후변화, 미세먼지, 탄소제로 등이 글로벌 이슈화가 된지 이미 오래지만, 친환경도로의 구현은 더욱 중요해질 것이다. 전기차, 수소차 등

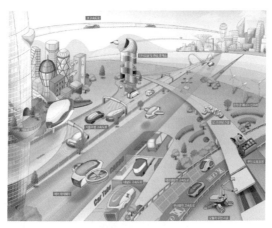

미래도로의 전망

출처: 한국도로공사, 2019

친환경차가 일반화되어 자동차로 인한 환경문제는 상당히 감소할 것으로 전망된다. 그 대신 도로에서 이동뿐만 아니라 다양한 활동이 가능하도록 하기 위한 에너지 확보가 더욱 중요해질 것이다. 과거의 도로는 에너지를 소비만 하는 공간이었다면, 미래의 도로는 에너지의 재활용, 충전, 나아가 생산공간으로 바뀔 것이다(백승걸 등, 2020). 또한 새로운 도로포장기술, 첨단방음벽 등으로 무소음 도로가 구현될 것이다.

도시지역도로의 입체화와 스마트화

도시지역도로의 변화

현대는 사람중심의 사회이다. 도시지역도로도 이제는 자동차 중심
도로에서 사람 중심 도로로 탈바꿈하고 보행자, 자전거 이용자 등 다양
한 이용자 맞춤형으로 도로 서비스를 제공하는 데 중점을 둔다. '사람중
심도로 설계지침'을 마련하고 시행하면서 명확해졌다. 저속통행을 유도
하고, 교통사고 예방을 위한 보행자 우선도로를 조성하며, 고령자가 안
전하게 보행 및 운전할 수 있는 환경을 제공하기 위하여 도시지역도로
를 '자동차' 중심의 이동성이 보장된 도로가 아닌 '사람' 중심의 안전성
과 편리성이 확보된 도로로 이용자의 관점을 전환한 것이다. 더불어 도
시지역도로의 변화는 밀레니엄 시대를 맞아 입체화와 스마트화 되어 진
행되어 왔다. 이에 하드웨어(HW)와 소프트웨어(SW)적 변화를 각각 살
펴보고, 자율주행차량 시대에 맞춰 도시지역도로의 미래 모습까지 예측
해보자.

도시지역도로의 입체화(하드웨어적 변화)

도시지역도로는 '도시·군 계획시설의 결정·구조 및 설치기준에 관한 규칙' 제9조(도로의 구분, 2019년 8월 개정)에 의거 사용 및 형태에 따라 일반도로, 자동차도로, 보행자전용도로, 보행자우선도로, 자전거전용도로, 고가도로, 지하도로로 구분된다. 도로 사용 수단에 따라 자동차 전용과 보행자·자전거 전용도로가 각각 존재하며, 도로의 형태에 따라 지상교통의 원활한 소통을 위하여 자동차 전용인 고가도로와 지하도로가 설치되고 있다. 최근 도심지를 포함한 상습정체 주요 간선도로의 대심도 지하도로 건설과 같이 민간 투자사업으로 추진되는 것이 주목받고 있다. 신월여의지하도로를 시작으로 순차 개통되고 있는 지하도로의 지상부는 안전속도 50·30 유지 저속차량과 보행자·자전거 이용자에게 통행권을 부여하고, 지하부는 자동차 전용으로 사용된다.

지하도로 건설 사례

(1) 2021년 4월 신월여의지하도로의 신월IC-여의대로·올림픽대로 구간이 개통되면서 지하도로 시대가 시작되었다. 총연장 7.53㎞의 대심도 지하터널로 국회대로 하부 지하 50~70m에 들어선 소형차 전용도로 민간 투자사업이다. 지상부는 광화문광장의 5배인 약 11만㎡의 대규모 친환경 선형공원과 생활도로가 2025년까지 조성된다.

(2) 2021년 9월 개통된 서부간선지하도로의 성산대교 남단-금천IC 구간은 극심한 교통체증으로 악명 높던 서부간선도로의 지하 80m에 총연장 10.33㎞, 왕복 4차로로 건설되었으며, 최고 제한속도 80㎞/h의 민간 투자사업으로 건설된 자동차전용도로이다. 이로써 서부간선도로는 일반도로로 바뀌고, 2024년까지 보도와 자전거도로, 횡단보도와 교차로 등이 조성된다.

서울 신월여의지하도로 진출입구(신월동)	세종 금강보행교
출처: 서울시 공식블로그 (2021. 4. 15)	출처: 행정중심복합도시건설청

보행자·자전거 이용자를 위한 전용도로도 입체화된 사례가 다수 있다. 그 중 국내 최장 걷기 전용 다리인 금강보행교는 2022년 3월 개통되었는데, 길이 1,446m인 복층 원형 구조로 1층은 자전거 전용(폭 7m), 2층은 보행 전용(폭 12m)이다.

도시지역도로의 스마트화(소프트웨어적 변화)

도시지역도로는 도시민의 안전성과 편리성 확보를 위하여 스마트하게 운영 관리되고 있다. 1999년 제정된 '교통체계효율화법'은 '국가통합교통체계효율화법'으로 2009년 개·제정되면서 광역지자체에 이어 기초지자체 단위 도로에서의 첨단 교통시스템 구축의 근거가 되고 있다. 2009년부터 국토교통부는 지자체의 지능형교통체계(ITS) 구축사업을 지원해 왔으며, 지역 곳곳의 도로가 똑똑해지는 데 앞장서 오고 있다.

자동차 이용자에게는 자동차와 상호 소통하는 지능형 교통체계 인프라 구축과 이용자 맞춤형 대응 스마트 서비스를 제공하여 사람들에게

보다 안전하고 편리한 도로환경을 조성하여 제공하고자 한다. 보행·자전거 이용자에게는 쌍방향 소통을 통해 안전한 이동성 제공을 위한 스마트 교차로 및 횡단보도 시스템을 도입하고 스마트시티와 유기적으로 운영되도록 설계·구축하고 있다.

지능형 교통체계 주요 서비스

출처: 국토교통부

도시지역도로의 미래

2030년을 바라보는 2022년 현재, 우리나라 도시에서는 인공지능(AI), 빅데이터 등 첨단 기술 활용과 자율주행차, 도심항공교통(UAM) 등 신규 이동수단 수용을 위한 준비가 한창 진행 중이다. 2021년 5년 법정계획인 '제1차 자율주행 교통물류 기본계획'과 10년 법정계획인 '지능형교통체계 기본계획 2030'이 확정되면서 과거 상상만으로 존재했던 '자율주행차(레벨4)'와 '똑똑한 도로'가 결합되는 미래 스마트 도로 구현이 멀지 않았음을 예견할 수 있다. 자율주행 기반 서비스 실증 시범운행지구 확대, 규제자유특구를 통한 규제 정비, 자율주행차와 C-ITS 도입을 고려한 도로설계, 운영 관련 기준 재정립 등 자율주행시대에 대한 준비는 차례로 추진되고 있으며, 2022년부터 전국 주요도로에 C-ITS 통신 인프라 구축을 추진하고 차량-인프라-센터 간 신뢰성 있는 정보 교환을 위한 V2X 보안인증체계도 구축한다.

또한 정부는 2027년까지 완전자율주행 상용화를 목표로 산업통상자원부, 과학기술정보통신부, 국토교통부, 경찰청 등 4개 부처 합동 '자율주행기술개발혁신사업단'을 2021년 3월 출범하고 장기적 관점에서 대응하고 있다. 아직은 전국 7개 시범운행지구에서 차량 30대가 테스트되고 있지만 우리나라가 세계 최초로 상용화에 성공하길 기대해본다.

자율주행차량과 도시지역도로

출처: AI타임스(2022. 1. 2.)

친환경 에너지를 사용하는 도로교통

기후변화와 지구온난화

우리가 살고 있는 지구의 대기온도, 바람, 비 등의 기후는 위도, 바다로부터의 거리, 식물, 산의 존재 등 지리적 요인에 의존하게 되며, 장소와 시간에 따라 다르게 되는데, 기후의 변화는 자연적인 내부과정이나 외부의 강제력에 의하여 끊임없는 인위 변화에 의하여 발생하며 자연적인 요인과 인간활동에 의한 인위적인 요인으로 구분할 수 있다.

자연적 요인은 기후시스템 변화로 발생하며, 화산분화, 태양활동의 변화, 태양과 지구의 천문학적 상대위치 변화 등이 있고 기후시스템의 구성요소인 온도, 습도, 강수, 풍속, 낮의 길이와 대기권, 수권, 빙권, 지권, 생물권 요소들의 상호작용으로 끊임없이 변화하며, 인위적 요인으로 다량의 온실가스가 대기로 배출됨에 따라 지구 대기중의 온실가스 농도가 증가하여 지구의 표면온도가 과도하게 증가하고 있다.

지구온난화에 따른 기후변화에 적극 대처하기 위하여 국제사회는 1988년 UN총회 결의에 따라 기후변화에 관한 정부 간 패널(IPCC)을 설치하여 기후변화협약(UNFCCC)을 채택하였고, 우리나라는 1993년 12월에 세계 47번째로 가입하였고 현재까지 196개국이 가입한 상태이다.

지구온난화로 1880~2012년 동안 지구의 연평균 기온은 0.85° 상승했으며, 지구 평균해수면은 19cm 상승했는데, 기후변화에 의한 정부 간 협의체인 IPCC는 2014년에 제5차 평가보고서를 통하여 21세기 지구변화의 가속화전망을 제시하고 있으며, 현재와 같은 추세라면 21세기말 지구의 평균기온은 3.7°, 해수면은 63cm 각각 상승하여 전세계 주거가능 면적의 5% 침수, 지표온도의 상승으로 폭염발생의 빈도와 강도가 증가하여 인간과 자연에 심각한 영향을 미칠 것으로 전망하고 있다.

2050 탄소중립

탄소중립은 대기중 온실가스 농도가 더 이상 증가되지 않도록 순배출량이 0이 되도록 하는 것으로 '넷-제로(Net-Zero)라고도 하는데, 인간의 활동에 의한 온실가스 배출량이 온실가스 흡수량과 균형을 이룰 때 탄소중립이 달성되게 되며, 우리가 배출하는 온실가스를 최대한 줄이고 남은 온실가스는 숲 복원 등으로 흡수량을 증가시키거나 기술을 활용한 제거로 실질적인 배출량이 0이 되도록 하는 것이다.

IPCC는 2018년 '지구온난화 1.5°C 특별보고서를 통하여 지구의 평균 온도상승을 1.5°C 이내로 억제하기 위하여 온실가스 배출량을 2030년까지 최소 45% 이상 감축하여야 하고 2050년까지 전지구적으로 탄소 순배출량이 "0"이 되는 탄소중립을 달성하여야 한다고 권고하고 있다. 또한 2015년 12월 파리협정은 지구평균 지표기온 상승을 산업혁명 이

전인 1850~1900년 대비 기후저지선인 $1.5°~2°$ 아래로 억제하도록 하는 목표를 제시하였는데, 기후온난화로 발생한 폭염, 폭설, 산불 등 이상기후와 남패평양 섬들의 수몰 등 생태계와 인간사회는 여러 측면에서 매우 위험한 상태에 처하게 될 것이기 때문이다.

화석연료를 근간으로 하는 수송부문은 온실가스 배출량의 13%를 차지하며, 특히 도로부문은 온실가스 배출량의 97% 이상을 차지할 만큼 비중이 크고, 내연기관차는 미세먼지 배출량에서도 13% 차지하고 있어서, 정부는 2030년까지 전기차 300만대, 수소차 85만대 보급할 계획이다.

전기자동차

전기자동차는 전기를 동력으로 삼아 운행되는 자동차로서 석유 연료와 엔진을 사용하지 않고 전기배터리와 전기모터를 사용하며, 배터리에

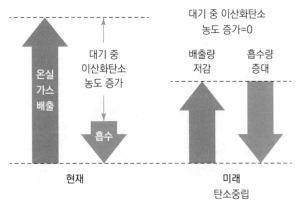

탄소중립의 개념도

축전된 전기로 모터를 회전시켜서 자동차를 구동시킴으로서 매연을 배출하지 않는다는 장점이 있어서 지구온난화의 원인인 화석연료 사용을 줄여서 친환경적인 효과를 위하여 정부는 전기차 장려정책을 펴고 있다. 2020년 기준 전기차 지원금은 정부 약 800만 원, 지자체 약 500~800만 원을 합한 1,300~1,600만 원의 지원금으로 지급하며, 취등록세 170만 원도 면제해 주고 있다.

수소자동차

수소자동차는 수소를 연료로 한 수소연료전지차(FCEV)라고도 불리며, 수소를 통하여 전기를 얻어 구동을 하는 차량을 말하고 전기자동차와 함께 친환경적인 교통수단으로 경쟁하고 있고, 내연기관 차량에 비해 연료비가 저렴하고 출력이 높으며 전기자동차에 비하여 충전시간이

1881년 프랑스 발명가에 의한 최초의 충전식 전기차
삼륜자전거

5분 내외로 짧고 약 600km에 달하는 주행거리 등의 장점이 있다. 전기자동차와 마찬가지로 차량가격의 약 절반을 정부와 지자체의 보조금으로 지급하고 있다.

수소교통 복합기지

수소교통 복합기지는 국토교통부가 2020년에 도입한 사업으로 교통수요가 많은 교통거점에 대용량 수소충전소와 함께 관련 부대시설을 설치할 수 있도록 하여 활용성, 확장 가능성을 고려한 수소충전소의 새로운 사업 모델로서 수소자동차 보급활성화 등 수소경제 활성화와 수소친화형 교통체계 구축을 위하여 평택시와 춘천, 안산, 창원, 충주, 통영의 5개 도시에 2021년부터 단계적으로 건설하는 것으로 보도하였다.

국토교통부의 수소교통 복합기지 조감도

사람중심의 도로시스템

서울시의 보행정책 변천사

사람중심의 도로시스템은 시민의 의식 수준과 밀접한 관련이 있는 정책이며, 서울시의 경우 자동차가 10만 대에도 미치지 못했던 1970년 대에 지하보도, 보행육교 등을 간선도로에 본격적으로 설치하여 자동차의 원활한 소통을 도모하였다. 88서울올림픽을 개최할 때까지도 교통정책에서 사람중심의 보행정책은 기본적인 시설과 교통규제에서 최소화되었으나 1990년대에는 소득수준의 향상과 교통사고 대책의 일환으로 시민단체를 중심으로 보행권 회복을 위한 움직임이 나타났다.

1997년 지자체로는 처음으로 제정된 '서울특별시 보행권 확보와 보행환경 개선에 관한 조례'가 사람중심의 보행환경 개선에 있어서 커다란 전환점이 되었고 그를 근거로 수립된 서울시의 '제1차 보행환경 기본계획'에서 보행개선을 위한 10대 개선사업과 1998년의 '걷고 싶은 도시 만들기' 1차년도 사업 추진계획이 마련되었다.

그 이후 '걷고 싶은 도시 만들기'를 공약으로 한 박원순 시장에 의하여 보행환경 및 관련제도 개선 등을 포함한 10개 사업이 제시되었으며,

2011년 제정된 '보행안전 및 편의증진에 관한 법률'이 법으로 제정되면서 기존의 조례 개정이 이루어졌고, 2014년에는 법정계획인 '서울시 보행안전 및 편의증진 기본계획'이 수립되었다. 이후 기존의 보행 사업들을 아우르는 종합계획인 '걷는 도시 서울 종합계획'이 2016년에 수립되어 보행환경 개선사업이 본격화되었고, '보행친화도시 만들기를 위한 가로설계·관리 매뉴얼'이 만들어졌다.

보차공존도로, 본엘프(Woonerf)

보행자와 차량이 공존한다는 의미의 보차공존도로는 도시지역의 이면도로에서 통과교통을 최대한 배제하고 최소한의 차량진입을 허용하여 주민의 생활환경을 개선하고 주민들에게 친밀한 가로를 만들며 한편으로는 가로경관의 질을 향상시키는 방법이다. 보차공존도로는 1960년대 말 네덜란드 델프트시의 신거주지 설계에서 본엘프(Woonerf) 지구를 설정하면서 처음 채택한 개념으로 기존의 도로에서와 같이 차량과 보행자를 분리시키는 것이 아니라 보행자와 주민의 도로이용과 도로에서의 활동을 침해하지 않는 범위에서 자동차의 이용을 인정한다는 것이고 주거지의 도로가 단순히 통과적 기능만을 담당하는 것이 아니라 생활의 장소로서 인식되어 주민의 안전과 쾌적이라는 측면에서 자동차의 이용을 배려하는 시각에서 성립되었다.

본엘프는 네덜란드 도로교통법(RVV)에 근거하여 법적 지위를 보장받고 있으며, 본엘프 구역에서 운전자는 사람의 보행속도보다 빨리 운전해서는 안 된다. 아울러, 운전자는 보행자를 방해해서도 안되며 보행자도 불필요하게 운전자를 방해해서는 안 되고, 이륜차 이상의 차량은 주차구역 외의 구역에 주차해서는 안 되는 것으로 규정하고 있다. 네덜란드에서 시작된 본엘프는 영국의 홈존(Home Zone), 일본의 커뮤니티존(Community Zone) 등으로 여러 나라에 전파되었다.

보차공존도로는 출퇴근, 근린상점 가로의 쇼핑, 등하교의 통로가 되는 역할 이외에 어린이들의 놀이터가 되기도 하고 산책과 지나가다가 만난 동네사람과의 잠시 서서 대화가 가능한 시민휴식의 장소로서 역할을 할 수도 있다. 도로변 주민이 소유한 자동차나 용무가 있는 차량 이외에 진입할 마음이 생기지 않도록 하며, 자동차교통은 최소한으로 억제하는 것이 필요하고, 진입을 하더라도 아주 느린 도로 이외에는 주행할 수 없는 도로구조를 갖추도록 해야 한다. 따라서 빨리 가거나 지름길이라고 생각하여 한번 진입하였던 차량이 통행한 이후에는 다시 진입할 생각이 나지 않도록 해야 한다.

네덜란드의 본엘프와 한국의 덕수궁길 보차공존도로

사람중심의 도로시스템

　교통약자 등 사람의 안전과 편의가 강화된 도로설계 지침을 마련하기 위하여. 우리나라 도로정책을 총괄하고 있는 국토교통부는 도시지역에서 저속통행을 유도하고 교통사고 예방을 위한 보행자 우선도로를 조성, 고령자도 안전하게 보행 및 운전할 수 있는 환경을 제공하기 위하여 2021년 '사람중심의 도로 설계지침'을 제정하였다.

　이 지침은 교통사고의 원인을 사전에 제거하고 초고령 사회에의 대비 등 사람의 안전과 편의를 우선하는 도로로 개선하기 위하여 마련되었으며 도시지역의 도로는 시속 50㎞ 이하로 설계하도록 유도하고 교통사고 감소를 위하여 지그재그 형태의 도로, 과속방지턱 형태의 고원식 횡단보도의 설치 등의 교통정온화 시설로 보행자의 안전을 확보하고 자동차 속도나 통행량을 줄이기 위함이며 대중교통의 승하차·환승 등을 감안한 보도확장형 버스탑승장 설치와 쾌적한 보행환경 제공을 위하여 여름철 햇빛을 차단하는 그늘막, 도로변 소형공원 등의 설치근거도 마련하였다.

　아울러 최근 이용이 급증하고 있는 전동킥보드 등 개인형이동수단인 PM(Personal Mobility) 도로를 별도로 설치하여 교통량이 많아서 위험한 구간의 안전성을 향상시키고 연석 등으로 차도와 보도를 분리하여 공간적으로 차단되도록 개선하였다. 어린이, 장애인 등 교통약자에게 안전한 보행환경을 제공하기 위하여 시속 30㎞ 이하로 주행하도록 하는 보행자 우선도로를 계획하여 보행자의 안전성을 개선하고 휠체어 이용자와 시각장애인 등 교통약자의 통행불편을 줄이며 안전한 보행환경을 조성하여 횡단보도 턱 낮추기, 연석경사로 및 충분한 점자블럭을 설치하도록 개선하였다.

고령자의 느려진 신체기능과 인지능력을 감안하여 평면교차로에서 차로를 확폭할 수 있게 하고 분리형 좌회전차로, 노면색갈 유도선 등을 설치하여 심리적 안정감을 높였다. 또한 고령자를 위하여 바닥형 보행 신호등, 횡단보도 대기쉼터 등의 편의시설을 설치하고 고령자의 느린 보행속도로 인해 횡단보도 부족이 예상되는 횡단보도에는 중앙보행섬을 설치할 수 있도록 하였다.

'사람중심의 도로 설계지침'은 도로를 이용하는 사람의 안전·편리성 향상을 위하여 기존에 운영 중인 '도시지역도로 설계지침', '고령자를 위한 도로설계 가이드라인' 등의 설계기준의 관련된 내용을 통합하였으며, '사람중심도로 설계지침'의 제정으로 다양한 도로이용자들에게 안전하고 쾌적한 이동환경을 제공할 수 있을 것이며 사람우선 도로문화를 정착, 확산하는 데 기여하게 된다.

사람중심도로 설계지침의 개념도 및 그늘막 설치사례

중앙보행섬의 설치 조감도 및 개념도

휴식과 즐거움이 있는 휴게소는 어디에

휴게소의 기원 '주막'

우리나라 주막은 시골 길가에서 밥과 술 등을 팔고, 나그네에게는 돈을 받고 잠자리를 제공하는 집을 일컬으며 여관의 시초이기도 하다. 주막의 여주인을 주모라고 부르며, 임진왜란 당시에 쓰여진 일기인 고대일록孤臺日錄에서 처음 언급되고 있다. 이후 대동법이 시행되고 상품경제가 발달하여 화폐 유통량이 증가하면서 우리가 알고 있는 주막의 형태가 본격적으로 나타난 것으로 본다. 이 시설에서 일하는 여주인을 주모라고 부른다. 보통 사극을 통한 주막의 이미지는 동네에 한두 개가 있을 것 같지만, 실제로는 한 마을에도 수십 개가 있기도 하고, 산간벽촌에도 없는 곳이 없다고 할 정도로 많았다.

경상북도 예천에 있는 남아있는 최후의 주막인 삼강주막은 조선말기의 전통주막이며, 낙동강 700리의 마지막 남은 주막으로서 규모는 작지만 기능에 충실한 평면구성을 하고 있으며, 그 시절 삼강나루의 나들이객에게 허기를 면하게 해주고 보부상들의 숙식처로, 때론 시인묵객들이 자주 이용한 건물이다. 1900년 경에 지은 이 주막은 건축역사 자료로서 희소가치가 클 뿐만 아니라 옛 시대상을 읽을 수 있는 지역의 역사와 문화적 의의를 간직하고 있다. 삼강주막은 민속문화재 제134호로 지정되었고, 2008년 삼강주막이 복원되었다.

민속화에 등장하는 주막과 예천 풍양면의 삼강주막

장거리 여행의 안식처 '고속도로 휴게소'

고속도로 휴게소는 여행의 필수요소이며, 몇 시간씩 자동차로 달려야 하는 장거리 여행 중에 졸음과 몸의 피로를 회복하기 위하여 틈틈이 쉬어야 하고, 화장실에 들르기도 하고 허기를 채우며, 허리와 팔다리 근육의 긴장감을 풀어주는 역할도 하고 있다.

고속도로 휴게소는 2021년 말 기준 201개소가 설치되어 있으며, 장거리 화물차 운전자들의 졸음사고 예방을 위해 샤워실과 편의시설을 신규로 확충하여 두기도 한다. 고속도로 휴게소의 서비스 개선을 위하여 휴게소 이용고객에 대한 응급조치가 가능하도록 안성휴게소에는 공공병원을 설립, 운영하기도 하고, 하이패스 설치차량의 이용이 가능하도록 휴게소의 인근도로와 직결하는 스마트IC 설치가 점진적으로 늘어나고 있으며, 늘어나는 전기차와 수소차 이용자들을 위하여 2021년 말 기준 전기차 충전소 459기, 수소차 충전소 28기가 설치되어 있다. 또한 휴게소에서 고속·시외버스를 갈아 탈수 있도록 하는 환승휴게소를 설치하여 이용자들이 출발지에서 목적지까지 직접 가는 버스가 없을 때 휴게소에서 갈아탈 수 있게 만든 곳으로 2009년에 정안휴게소와 횡성휴게소에 설치하였으며, 이후 선산휴게소, 인삼랜드휴게소, 섬진강휴게소, 의성휴게소, 구미휴게소에도 추가로 설치되었다.

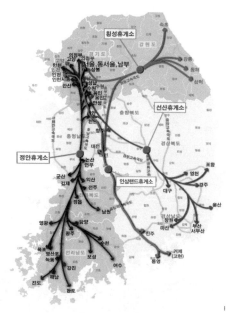

횡성 · 정안 · 인삼랜드 · 선산 휴게소의 환승버스 노선

국도변에도 '스마트 복합쉼터'

우리나라의 고속도로는 일정 간격으로 휴게소가 비교적 잘 설치되어 있지만 국도변에는 정비가 미흡한 점을 감안하여 운전자의 편의를 높이면서 지역의 문화, 관광홍보 등이 가능한 일반국도 '스마트 복합쉼터'를 2020년에 5개소, 2021년에 8개소, 2022년 5개소를 지정하였다.

스마트 복합쉼터는 중앙정부와 지자체간 협업 및 디지털 기반의 스마트 기술접목 등을 통해 문화공간을 제공하는 융복합 쉼터로 조성하였으며 지자체에서 기획, 사업시행 계획을 수립한 후 정부와의 협업이 되고 있다. 도로관리청이 국도의 이용자에게 안전하고 쾌적한 쉼터의 기반을 조성하고 지자체는 일자리 창출과 지역홍보 등 지역경제 활성화를 위한 각종 시설물을 설치한다. 스마트 복합쉼터에는 친환경차 충전시설, 태양광 발전시설, 주차가능대수 안내, 스마트조명 등 스마트 기술을 적용하고 특산물 판매장을 운영할 계획이기도 하다.

스마트 복합쉼터 조감도 및 내부전경 사례

교통사고 줄이는 '졸음쉼터'

졸음쉼터는 졸음사고 예방을 위하여 잠시 쉴 수 있도록 고속도로와 국도에 조성된 비상주차 공간으로 2011년 휴게소 간 거리가 50키로 내외인 고속도로 40개소에 2012년 1월까지 설치하였으며, 2020년까지 고속도로 228개소, 국도 53개소에 설치하여 운영하고 있다. 서울외곽순환 고속도로나 서해안고속도로에는 기존 요금소 여유공간을 활용하여 고객쉼터 및 푸드트럭을 겸비한 졸음쉼터인 '행복드림쉼터' 9개소가 설치되어 있고, 졸음쉼터에는 2015년 기준 개소당 매일 평균 170대씩 이용하고 있으며, 이용자 만족도 조사에서 졸음사고 예방효과는 543명 중 505명(93%)이 우수하다고 응답한 것으로 나타났다.

지역과 연계된 일본의 '하이웨이 오아시스'와 '미치노에키'

일본의 고속도로에는 하이웨이 오아시스(Highway Oasis)를 1990년대부터 고속도로 휴게소 22개소에 설치하였으며, 고속도로 인근 복합시설 개발을 하여 고속도로 휴게소와 주변지역 도로이용객이 함께 이용하도록 하고 있고, 공원, 온천, 캠핑장 등을 설치하였다. 하이웨이 오아시스에는 고속도로 본선에 운행되는 지역 간 고속버스와 주변지역의 노선버스·택시를 환승할 수 있도록 설계하기도 하였다. 스마트 IC를 설치하여 하이패스 장착 차량은 유출입이 가능하도록 하였으며, 일본 나고야 인근에 2004년에 건설된 카리야 하이웨이 오아시스의 경우 천연온천, 높이 60미터의 회전관람차, 특산물 판매센터, 특산과자점 등을 설치하였다.

일본 국도변 공공휴게소인 미치노에키(道の驛)는 국토교통성에서 1993년부터 신청을 받아서 인가, 등록하도록 하여, 국도이용자들을 위한 휴식공간으로서 정보교류기능과 지역연계기능도 겸비하여, 국도이용자들의 편의성 증진은 물론 지방지역 경제활성화 효과에 기여하였다. 미치노에키에는 주변지역의 관광안내소, 문화와 역사 등에 관한 기능과 지역특산물을 판매하는 시설로 2022년 2월 현재 1,198개소가 등록되어 있고, 24시간 편하게 이용가능한 공공화장실, 특산물 판매점, 공원, 교통·지역 관광정보, 박물관, 온천, 해수욕장, 숙박시설 등이 설치되어 있으며, 미치노에키로 지정되면, 도로표지판과 관광안내지도 등에 안내가 되어 도로이용자들의 편의시설로서 이용이 확산되는 효과가 발생하기도 한다.

참고문헌(1부 3장)

[단행본]

이광훈, ≪서울 교통정책 변천사≫, 서울연구원, 2017.

[논문 및 보고서]

국토교통부, <도로설계도 안전하고 편리하게 사람우선>, 2020. 3. 23.

국토교통부, '사람중심도로 설계지침', 2021.

국토교통부, '제1차 자율주행 교통물류 기본계획', 2021.

국토교통부, '제2차 국가도로망종합계획(2021~2030)', 2021.

국토교통부, '지능형교통체계 기본계획 2030', 2021.

국토교통부, <사람중심도로 설계지침 제정안 보도자료>, 2021. 2. 18.

국토교통부, <스마트 복합쉼터 조성 보도자료>, 2021. 10. 22.

국토교통부, '제2차 고속도로건설계획(2021~2025)', 2022.

국토교통 통계누리, <자동차등록현황 보고>, 2021. 10.

권영인, <일본 하이웨이 오아시스의 현황과 시사점>, KOTI-Brief, 2010.

권영인 외, <고속도로 휴게타운 도입구상 연구>, 한국교통연구원, 2009.

기획재정부, '2050 탄소중립 추진전략', 2020. 12. 7.

김진광, <스마트 도로교통기술 개발 현황과 과제>, 대한토목학회지 Vol.68
    No.10, 2020.

백승걸, <자동차-길과 차, 공생의 미래>, 세계도로정책과 기술, 한국도로
    공사, 2008.

백승걸, <미래 고속도로 전망과 도로인프라 정책방향>, 국토 428호, 국토연

구원, 2017. 6.

백승걸, 박재범, <경부고속도로 50년, 미래 고속도로 전망>, 고속도로지 87호, 한국도로공사 도로교통연구원, 2020.

AURI, <사람중심 가로조성을 위한 도시설계 연구>, 2015.

이백진 외, <첨단인프라 기술발전과 국토교통분야의 과제 - 자율주행자동차를 중심으로->, 국토연구원, 2016.

한국과학기술기획평가원, <스마트 건설기술 개발사업 예비타당성조사 보고서>, 2019.

한국교통연구원, <수소교통 복합기지 구축전략 수립을 위한 연구>, 2021.

[전자문헌]

국토교통부 누리집, https://www.molit.go.kr

기후변화 홍보포털, www.gihoo.or.k, 2021. 11. 25. 접속.

나무위키, <기후변화 · 전기자동차 · 수소자동차>, 2021. 11. 24. 접속.

나무위키, <환승휴게소 · 졸음쉼터 · 주막>, 2021. 11. 20. 접속.

서서울도시고속도로 누리집, https://suway.co.kr/

서울시 공식블로그, https://blog.naver.com/haechiseoul/222311020089

서울터널주식회사 누리집, https://seoultunnel.co.kr/

한국도로공사 고속도로 공공데이터 포털, <고속도로 휴게소 현황>, 2021. 11. 24. 접속.

한국도로공사, <2050 Future Highway Vision and Technology>, 2019.

http://www.aitimes.com/news/articleView.html?idxno=142220

https://m.blog.naver.com/ianhan/120196614772, 2022. 2. 25. 접속.

https://m.blog.naver.com/koti10/222406301606, 2022. 2. 25. 접속.

https://m.blog.naver.com/soisoi07/165837644, 2022. 2. 25. 접속.

https://www.law.go.kr/법령/국가통합교통체계효율화법

https://www.mlit.go.jp/road/Michi－no－Eki/third_stage_index.html, 2021. 11. 24. 접속.

https://www.yna.co.kr/view/AKR20220324144800063?section＝search

2부

도로 이야기

01장 도로의 형태와 만남
02장 안전하고 편리한 도로 만들기
03장 사람에게도 자연에도 좋은 도로

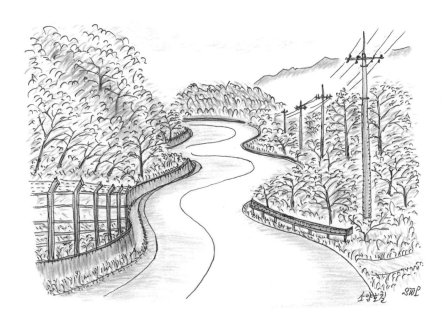

1장

도로의
형태와 만남

도로는 선이다 장원호

도로의 기능을 생각한다 김호정

도로의 갈등, 시간과 공간으로 분리한다 장원호

도로에서 자동차가 우선인가 보행자가 우선인가 장원호

도로 공간의 공유와 공존 손원표

도로 포장은 어떻게 생겼을까 권수안

아스팔트 포장인가 콘크리트 포장인가 권수안

도로포장에 구멍이 나는 이유 권수안

비포장 도로란 무엇인가요 최준성

도로포장면 아래는 어떻게 생겼나요 최준성

'여기서부터 연약지반입니다' 어떻게 운전해야 할까요 최준성

산이 많은 지형에서 도로는 어떻게 만들어지나요 최준성

도로공간의 조력자, 숨은 서포터스 손원표

연도교와 연륙교는 무엇인가요 장원호

터널이란 무엇인가요 장원호

도로는 선이다

도로의 의의

    도로는 사람이나 자동차가 한 장소에서 다른 장소로 이동하거나 물류를 운반할 수 있도록 만든 길을 말하며 사람이나 자동차가 이동하는 데 필요한 조건을 만족하여야 한다.

    특히 문명의 발달과 함께 우마차가 다니던 길을 자동차가 다니고 자동차의 성능이 급속도로 발전함에 따라 더 빠른 속도로 안전하게 달릴 수 있는 고속도로가 만들어졌으며 앞으로는 IT기술 발전과 함께 자동차가 단순한 기계에서 컴퓨터로 진화하여 자율주행 자동차로 발전함에 따라 고속도로의 기능도 더욱 진화할 것이다.

도로는 선이다

    도로는 선이다. 도로는 지구 위를 거미줄처럼 선으로 연결하여 물류를 운반하는 지구의 동맥이다. 광활한 평야나 벌판을 직선으로 지나기도 하고 높은 산이나 깊은 계곡, 하천과 같은 장애물을 만나면 기하구조라는 생명을 불어넣어 곡선과 조화를 이루어 장애물을 우회하며 선형으로 변한다. 선형은 직선과 곡선으로 이루어지며 도로 위를 달리는 자동차의 성능과 자동차를 운전하는 사람의 감각적 운동신경 등을 토대로 자연과의 입체적인 요소를 고려하여 서로가 어우러지게 계획하여야 한다.

77번 국도 삼천포-창선대교
출처: 한국의 아름다운 길 100선

노르웨이 'The Atlantic Road'
출처: 세계의 아름다운 도로

좋은 선형이란?

좋은 선형이란 우선 운전자가 심리적 부담 없이 도로를 안전하고 쾌적하게 주행할 수 있어야 하며 주위 경관에 물 흐르듯 부드럽게 빠져드는 느낌이어야 하고 외부에서 볼 때도 자연 속에 도로가 있는 듯 없는 듯한 연출이 필요하다. 둘째로는 도로의 선형은 연속성이 있어야 한다. 선형은 부드럽고 완만하게 변화되어야 하며 접근할 도로의 선형을 예측할 수 있어야 한다. 셋째로 도로의 선형은 평면선형과 종단선형이 입체적으로 구성되어 있으며 평면선형은 시각적으로 매끄러운 곡선으로 조합되어야 하며 험한 산악지형에서는 필요 이상으로 양호한 선형은 피하고 환경피해를 최소화하여야 한다.

노스캐롤라이나 블루리지파크웨이

출처: 세계의 아름다운 도로

77번 국도 백수해안도로

출처: 한국의 아름다운 길 100선

평면선형의 조화

도로가 좌우로 구부러지는 모양을 평면선형이라 하고 평면선형은 직선과 곡선으로 이루어졌으며 서로 조화를 이루어야 한다. 평면선형에서 직선과 곡선 길이의 조합은 주행안전에 영향을 주게 되므로 길이 비율이 잘 맞아야 한다. 긴 직선 구간 끝에 곡선반지름이 작은 급한 곡선의 연결도 사고 위험을 초래하므로 피하는 것이 좋다.

필요 이상 긴 직선구간은 운전자가 주의력을 잃거나 지루하게 되어 교통흐름에 악영향을 주므로 직선구간의 길이는 설계속도의 20배 이내로 하는 것이 바람직하며 직선과 접속되는 구간에 필요 이상 큰 곡선반지름을 사용하면 직선과 곡선의 구분이 어려워 사고발생 위험이 있으므로 안전사고를 줄이기 위해 큰 곡선의 사용은 피하는 것이 좋으며 최대 곡선반지름을 1,500m 이내로 하는 것이 좋다.

평면선형에 사용되는 곡선

　평면선형에 사용되는 곡선은 원곡선과 완화곡선이 있으며, 차량이 직선구간에서 곡선으로 주행 할 때 곡선 바깥쪽으로 넘어지거나 미끄러지려는 성질을 가지고 있어 이를 완화하기 위해 직선과 곡선 사이에 완화곡선을 두고 이는 주행안전성과 쾌적성을 향상하는 역할을 한다.

　원곡선의 종류는 곡선반지름이 하나로 구성된 단원곡선을 사용하며 지형변화가 심한 곳에서는 두 개 이상의 곡선반지름으로 조합된 곡선을 사용하며 이를 복합곡선이라 한다.

　지형변화에 따라 곡선방향이 반대방향으로 접속할 때는 반향곡선을 사용하며, 헤어핀 모양의 곡선을 헤어핀곡선 또는 배향곡선이라 한다.

　완화곡선의 종류에는 클로소이드곡선과 3차 포물선이 있으며 주로 클로소이드곡선을 사용하고 작은 기술을 많이 품고 있음을 알 수 있다.

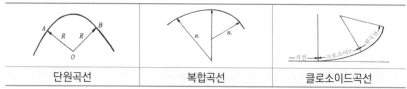

단원곡선	복합곡선	클로소이드곡선

평면곡선의 종류

종단선형

　차량이 산마루를 오르거나 계곡으로 내려갈 때 오르막 구간과 내리막 구간이 발생하며, 오르막 구간이나 내리막 구간의 급한 정도를 나타낼 때 오르막 경사와 내리막 경사로 표현한다. 경사의 표기는 %로 나타내며 도로의 진행방향 중심선에서 수평거리에 대한 높이의 변화비율로 수평거리 100m 갈 때 높이 1m의 변화비율을 1%로 표기하며, 오르막 경사의 최대 기울기는 일정한 중량의 화물차량이 임의 속도로 경사를 올라갈 수 있는 능력을 고려하여 결정하며, 최근에는 매연이나 소음 등 환경영향이 중요하여 가능한 완만한 경사로 계획하는 추세이다.

또한, 오르막 구간과 내리막 구간에서 방향이 전환할 때는 완만한 곡선을 두게 되며 이때 사용되는 곡선은 일반적으로 포물선을 사용한다.

시거

시거란 자동차가 진행할 때 앞에서 갑자기 장애물이 나타나거나 사고차량이 발생 시 이를 보고 정지하거나 장애물을 피해 주행하는 데 필요한 거리를 시거라 하며 종류는 정지시거와 앞지르기시거로 구분된다.

정지시거는 전방 차로 상에 장애물이나 고장 난 차를 인지하고 제동을 걸어 안전하게 정지하는 데 필요한 시거이며, 일반적으로 우리나라에서는 정지시거를 결정하는 기준은 운전자의 눈높이인 100cm 위치에서 차로 중심선상에 장애물 높이 15cm를 볼 수 있는 거리로 규정하고 있으며 사회가 고령화되어 감에 따라 기준을 완화하는 추세이다.

앞지르기시거는 양방향 2차로 도로에서 고속으로 달리는 차가 앞서가는 저속차량을 안전하고 쾌적하게 추월할 수 있는 최소거리이며, 차로 중심선 위의 100cm 높이에서 대향차로의 중심선상에 있는 높이 120cm의 대향 자동차를 발견하고, 안전하게 앞지를 수 있는 거리를 도로 중심선을 따라 측정한 길이를 말한다.

도로의 기능을 고려한 설계

도로 기능 구분의 개념

도로는 통행의 시점과 종점을 연결하는 과정에서 발생하는 통행특성을 고려하여 이동단계, 변환단계, 분산단계, 집합단계, 접근단계, 시점 또는 종점 등 총 6개의 단계로 구분하고 있다.

이상적인 도로 기능은 앞에서 설명한 6개 단계 중 한 개의 통행단계를 정하여 구분하는 것이지만, 실제 도로 위를 통행하는 차량이 모두 같은 통행단계를 유지할 수 없으며, 도로는 다양한 기능을 가지고 있으므로 일률적인 도로망을 구성하는 것이 어렵다.

이러한 도로의 기능은 이동성과 접근성으로 크게 구분할 수 있다. 이동성은 통행의 출발지에서 목적지까지를 빠르게 통행하는 단계를 의미하고, 접근성은 최종 목적지까지의 연결하는 통행을 의미하므로 대부분 주거단지나 도심업무단지와 같은 대규모 교통유발지역에 얼마나 가까이 위치하느냐는 의미에서 통행단계와 관련성이 높다.

따라서 이동성과 접근성을 구분하는 기준은 통상적으로 평균 통행거리, 평균 주행속도, 출입제한 정도, 다른 기능을 갖는 도로와의 연결성,

도로 간 간격, 교통량, 교통제어 형태 등을 고려하여 도로의 기능을 구분할 수 있다. 즉, 일정 구간의 도로를 통행하는 차량 대부분이 평균 주행속도가 100km/h 이상이고, 통행거리가 장거리인 통행이 대부분인 구간은 간선기능이 높은 도로라고 할 수 있다. 반대로 통행하는 차량이 평균 주행속도가 50km/h 이하이고, 통행거리가 단거리이며, 도시 내를 통과하는 구간은 접근성이 높은 도로라고 할 수 있다.

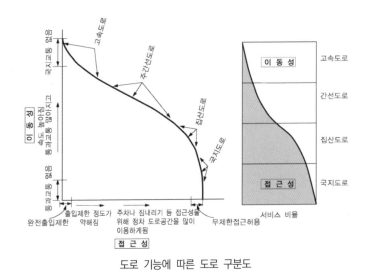

도로 기능에 따른 도로 구분도

출처: 국토교통부, ≪도로의 구조·시설 기준에 관한 규칙 해설≫, p.53, 2013

도로 기능 구분에 따른 도로의 종류

도로가 위치하는 지역과 지형, 교통여건 등을 고려하여 도로의 기능을 주간선도로, 보조간선도로, 집산도로, 국지도로로 구분된다. 도로법

10조에 따른 도로의 종류를 기준으로 살펴볼 때 이동성이 강조되는 간선도로는 고속국도와 일반국도와 도시지역의 주요 특별·광역시도가 해당된다. 집산도로는 지방도와 주요 시·군도가 해당되며, 국지도로는 군도와 구도 등이 해당된다.

도로의 기능은 도로의 설계기준을 결정하는 가장 중요한 요소이다. 새로운 도로를 건설하기 위해서 먼저, 해당 도로가 통과하는 지역과 지형상황을 파악하고 장래 교통량 예측을 통해 그 도로가 수행하는 기능이 이동성이 높은 도로인지, 접근성이 높은 도로인지를 판단한 후 기능구분에 따라 설계속도를 결정한다. 정해진 설계속도는 도로 기하구조 설계과정의 설계기준을 결정하는 데 중요한 영향을 미친다. 따라서 도로 기능을 얼마나 합리적으로 구분·지정하였는지에 따라 도로의 기하구조 설계수준에 까지 영향을 미치게 되므로 기능 구분은 중요한 사항이다.

도로 기능과 지역구분

도로의 기능에 부합하는 설계기준을 적용하기 위해 그 도로가 통과하는 지역 특성을 충분히 고려해야 한다. 도로가 통과하는 지역을 도시지역과 지방지역으로 구분한다. 도시지역이란 시가지를 형성하고 있으며, 그 지역의 발전 추세가 시가지로 형성될 가능성이 높은 지역을 의미하며, 지방지역은 도시지역 이외의 지역을 의미한다.

도시지역과 지방지역을 구분하는 기준으로는 도로주변의 토지 이용형태, 개발밀도, 도로밀도, 평균 통행거리, 평균 주행속도, 계획 교통량 등을 고려하여 구분한다.

　지역구분과 도로의 특성을 고려한 기능분류를 통해 도로건설 시 기하구조 설계에 유연성을 부여하고, 신규 도로건설 시 사업비 산출 기준에 활용할 수 있다.

도로 기능의 변화 전망

　이동성과 접근성으로 구분되는 기존의 전통적인 도로의 기능이 장래에서 계속 될 것인가에 대한 물음에 대해 Austroad(2017)는 네트워크 운영 측면에서 100%의 이동기능과 100%의 접근기능만으로 분류하기보다는 이동과 접근이 통합된 새로운 접근방법의 필요성을 제기하고 있다. 이것은 도로인프라가 제공하는 서비스가 전통적인 패러다임을 넘어 다양한 교통수단과 이용자의 요구사항에 부응하기 위한 새로운 운영시스템 측면에서 접근이 필요함을 의미한다. 예를 들면 도로가 통과하는 구간의 토지이용 측면이나 지하도로를 건설하는 경우에는 '공간성'이 강조되어야 할 것이며, 미래 기술변화에 따라 자율주행이 가능한 도로에 대해서는 '기술 수용성' 등의 기능도 고려하여 '자율주행 전용도로' 등 새로운 개념의 분류체계가 필요할 것이다.

도로의 갈등, 시간과 공간으로 분리한다

　도로 위의 자동차가 목적지까지 빠르고 안전하게 이동하기 위해서는 주행 중에도 변하는 교통조건, 날씨 변화, 교통사고 등 많은 변수의 영향을 받게 되며, 운전자는 이동하는 순간에도 최적경로를 선택하기 위해 대체도로의 정보를 파악하는 등 많은 고민을 하게 된다.

　최근에는 자율주행시스템과 같은 첨단 IT기술의 발전으로 여러 경로상의 교통상태를 실시간으로 제공받아 최적 경로를 선택하는 등 많은 도움을 받지만 순간적으로 발생하는 교통사고나 불특정 다수의 심리적 현상에 따른 교통 쏠림 현상에 따른 교통 지정체는 아직도 운에 맡길 수밖에 없다.

자율주행 시스템
출처: 로봇신문 2017.9.13

스마트 도로
출처: 조선닷컴, 그래픽_송윤혜 기자

누구나 한 번쯤은 경험했을 것 같은 일이지만 내가 이용하는 도로만 유난히 막히고 시간이 급해서 옆 차로로 차로를 바꾸기라도 하게 되면 내가 선택한 차로가 주변차로보다 더 막힌다는 느낌을 받은 경험이 있을 것이다. 아무리 과학기술이 발전하더라도 우리가 살아가는 하루하루의 생활은 이처럼 많은 고민과 갈등 속에 살고 있는 것은 아닌지도 모르겠다.

시간과 공간의 싸움

바쁘게 살아가는 현대생활은 시간과의 싸움이다. 우리가 살아가는 수도권의 생활도 그렇다. 과거에는 일터에서 집까지 거리가 얼마나 가까운가를 좋은 주거지의 기준으로 평가했다면 오늘날은 교통수단의 발달과 함께 집에서 출발하여 일터까지 얼마나 빨리 도착할 수 있느냐? 하는 시간과의 싸움으로 평가기준이 바뀌고 있다. 즉 3차원적인 기준으로 조금 멀더라도 교통수단이 잘 발달되어 시간이 짧게 걸리면 공간적으로 더 가까워지는 효과가 있기 때문이며, 최근에는 고속도로 인터체인지 근처나 GTX 역세권을 중심으로 주거지역이 인기가 있는 것도 이 때문일 것이다. 앞으로의 세상은 시간과 공간의 싸움으로 바뀌는 것은 아닐까? 생각해 본다.

광장

　현대사회에서는 도시의 쾌적함과 효율성을 향상시키기 위해 주거지역과 상업지역 업무지역이 구분되고 주거지에서 상업지역이나 업무지역을 오가는 교통량을 연결하기 위해 도로가 중추적 역할을 한다.

　도시가 만들어질 때부터 도로와 도로가 만나는 곳에는 교차로와 광장을 두어 회합의 장소로 이용함으로써 도시기능의 효율성을 높여 왔으며 오늘날까지도 도시계획에서는 교차로를 광장으로 구분한다.

파리 샹제리제거리 개선문 광장

출처: 다음 백과사전

광화문거리 광장

출처: 서울시청 홈페이지

평면교차로

　도시계획도로나 국도, 지방도 등에서 교통량이 많지 않은 2개 또는 그 이상의 도로가 만나는 교차로에는 일반적으로 평면교차로를 설치한다.

　3개의 도로가 만나는 교차로에는 주로 T자형이나 Y자형의 교차로를 설치하고 4개의 도로가 직각으로 교차하거나 경사를 두어 사각으로 교차하는 곳에는 십자형 평면교차로를 설치한다.

교차로의 구성요소는 차로, 도류로, 부가차로, 교통섬으로 이루어지며 차로는 직진차로, 좌회전차로, 우회전차로로 구성된다.

회전교차로와 로터리교차로

회전교차로는 1920년대 영국에서 시작되었으며, 우리나라에는 2010년부터 본격적으로 설치되어 전국에 1,600개 정도가 운영 중이다.

회전교차로는 신호등 없이 교차로 중앙에 설치된 원형 교통섬을 중심으로 반시계 방향으로 주행하는 회전차량이 우선권을 가지는 교차로이며 교차로에 진입하는 차량은 입구에서 일단 멈추었다 진입하여야 한다.

로터리교차로는 교차로에 진입하는 차량이 우선권이 있으며 규모가 크고 필요에 따라서는 교차로 내에 정지선과 신호를 두기도 한다. 대표적으로 지금은 철거된 용산 삼각지 로터리와 창원시청 앞 로터리가 있으며, 로터리교차로는 점차 줄고 회전교차로는 늘어나는 추세이다.

입체교차로

입체교차로는 주간선도로나 자동차전용도로가 만나는 교차로에서 용량을 높이고 사고 예방을 위해 차량의 흐름이 끊어지지 않고 물 흐르듯 부드럽고 원활한 주행을 위하여 설치하며, 입체교차로 형식은 만나는 도로의 등급, 도로의 설계속도, 교통량 등 기본조건과 주변지형, 토지이용현황과 장래계획, 건설비 등 기술적인 사항과 경제성 등을 종합적으로 검토하여 선정한다. 입체교차로의 형식은 완전입체교차로 형식과 불완전입체교차로 형식으로 구분된다.

완전 입체교차로는 모든 방향이 입체로 교차하는 형식이며 방향별 회전교통량이 많은 신갈분기점이나 호법분기점, 계양분기점 등과 같이 고속도로와 고속도로가 만나는 교차로에 설치된다. 고속도로와 국도가 만나는 곳에는 용인인터체인지나 수원인터체인지와 같이 인터체인지가 설치되며 전방향 직결형식, 클로버형식, 3지 직결형식, 트럼펫형식 등이 있다.

신갈분기점
출처: 머니S 2017.06.28

계양분기점
출처: 한국의 길, 한국도로공사

불완전 입체교차로는 회전하는 방향 일부가 평면으로 교차하는 형식으로 방향별 교통량이 적은 교차로나 지장물에 의해 형식이 제약을 받는 곳에 설치되며, 국도와 지방도가 만나는 교차로나 국도와 시가지도로가 만나는 교차로 등에 설치되며 형식은 다이아몬드 형식, 불완전클로버 형식, 준직결 형식 등이 있다.

도로에서는 자동차가 우선인가 보행자가 우선인가

우리나라 도로연장은 2020년 12월 기준 112,977km, 자동차 대수는 2,491만 대로 우리는 하루라도 도로를 이용하지 않고 경제활동을 할 수 없는 시대에 살고 있으며, 매일 이용하는 도로에서 자동차 통행이 우선인지 보행자가 우선인지를 알고 교통법규를 지키는 것은 사고 예방과 올바른 교통문화 정착에 매우 중요한 일이다.

고속국도나 자동차전용도로와 같이 이동성 위주의 고규격 도로에서는 효율성과 경제성을 고려하여 자동차만 주행이 가능하도록 계획되었으므로 안전을 위해 보행자는 자동차전용도로를 이용하지 않아야 한다.

국도와 같은 주간선도로나 보조간선도로 역시 고속국도 다음으로 이동성이 중요시되는 도로로서 집단마을이나 취락지구를 지날 때는 별도의 보도를 설치하여 보행자의 안전을 확보하여야 한다.

집산도로나 국지도로는 접근성 위주의 도로로서 지역 내 통행을 담당하므로 보행자 통행량을 충분히 파악하여 보행자가 많은 도로는 보행자 우선도로로 계획하여 쾌적하고 안전한 도로가 되도록 한다.

자동차전용도로

경부고속도로, 영동고속도로와 같은 고속국도는 자동차전용도로이며 일반국도, 주요지방도나 도시지역 간선도로 중에서도 자동차의 이동성과 안전성을 향상시키고 도로의 간선기능을 높이는 데 필요한 도로를 자동차 전용도로로 지정할 수 있다.

지방지역의 자동차전용도로는 고속국도보다 통행거리가 비교적 짧거나 고속국도 기능을 보완하기 위해 대도시와 인접 중소도시를 연결하는 기능을 담당하고 중장거리 통행을 빨리 안전하고 효율적으로 편리하게 이동하기 위해 설치하고 있다. 도시지역에서는 도시의 상습적인 교통난 해소를 위해 도시 순환도로망이나 시가지 주요간선도로를 자동차전용도로로 지정하고 있으며, 서울특별시에서는 올림픽대로, 강변북로, 강남순환도로, 동부간선도로, 서부간선도로 등을 자동차전용도로로 지정하여 운영하고 있어 복잡한 서울시 교통난 해소에 많이 기여하고 있다.

영동고속도로
출처: 한국의 아름다운 길 100선

올림픽대로
출처: 포토뉴스 2011.7.30

도로의 횡단구성 시 고려 사항

도로의 횡단구성은 교통통행 기능과 도로의 공간기능을 고려하여 결정한다. 교통량이 많은 도로는 경제성과 효율성을 고려하여 높은 규격의 횡단요소를 갖추도록 하며, 교통량이 적은 도로는 낮은 규격의 횡단요소를 갖추도록 한다.

도로를 건설한 지 얼마 지나지 않아 확장하거나 대체노선을 건설하게 되면 민원발생과 중복투자에 따른 사회적비용이 많이 소요되므로 처음부터 기술적인 요소를 충분히 검토하여 횡단을 구성하고 인접지역의 토지이용계획을 고려하여 환경피해가 최소화되도록 한다.

도로 횡단구성 요소

도로의 횡단구성은 도로건설 비용에 직접 영향을 주는 요소로서 경제성, 안전성과 효율성을 고려하여야 하며, 횡단구성 요소는 일반적으로 자동차가 주행하는 차로와 보행자가 이용하는 보도, 방향별 차로를 분리하는 중앙분리대, 길어깨, 주정차대, 환경시설대, 측도, 자전거도로, 보호길어깨 등으로 이루어지며 도로의 구분과 특성에 맞도록 구성된다.

차로는 자동차가 주행하는 가장 중요한 부분으로 차로 수 결정은 도로의 종류, 도로의 기능, 연평균일교통량, 설계시간교통량, 중방향계수, 교통흐름과 교통특성 등에 따라 결정되며, 차로 폭은 도로의 기능, 설계속도와 대형차의 혼입률, 접속도로의 연계성과 설계기준자동차의 폭원을 기준으로 결정된다.

보도는 도시지역이나 지방지역의 마을 밀집지역에서 도로의 바깥쪽에 설치하며 연석이나 방호울타리 등 안전시설물을 설치하여 차도와 분리하고 최소 폭은 두 사람이 엇갈려 지나갈 수 있도록 2.0m 이상으로 한다. 중앙분리대는 차로의 통행을 방향별로 분리하기 위해 중앙선이나 분리대를 설치하며 중앙분리대는 분리대와 측대로 구성된다.

길어깨는 사고자동차나 고장자동차가 유사시 길어깨로 대피하여 본선의 교통 혼잡과 2차 사고를 예방하고 주행 쾌적성을 확보하기 위해 도로의 가장 바깥쪽에 차로와 접속하여 설치하며 보도나 주정차대가 설치될 경우 길어깨를 생략하기도 한다.

주정차대는 주로 도시지역의 보조간선도로 이하의 도로에서 도로주변이 상가나 주거지역으로 잠시 주정차가 필요한 구간이나 지방지역의 마을 밀집지역에서 주정차를 허용하는 곳에 설치하며 필요에 따라 자전거와 같은 이륜자동차의 정차대로 이용하기도 한다.

환경시설대는 교통량이 많은 도로 주변에 학교나 주거지역이 있는 경우 정온시설에 미치는 소음이나 대기오염에 의한 환경피해를 줄이기 위해 도로 바깥쪽에 녹지대나 토사 둑과 같은 환경 시설대를 설치하며

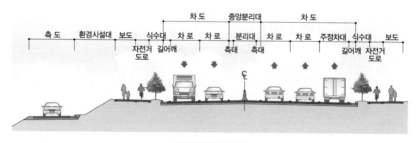

도로횡단면 구성

도심이나 경관지역, 주거지역 등에는 식수대를 두기도 한다.

측도는 지형이나 지역여건상 주도로의 기능을 유지하기 위해 주도로와 주변도로의 자유로운 진·출입과 본선 도로의 혼잡을 피하기 위해 주도로와 병행하게 설치하여 진·출입을 유도하는 도로이다.

자전거도로

자전거도로는 자동차와 자전거, 보행자의 복잡한 혼합교통을 분리하여 자전거와 보행자가 안전하게 통행할 수 있도록 설치하는 도로로서 '자전거 이용 활성화에 관한 법률' 제3조에 따라 자전거 전용도로, 자전거 보행자 겸용도로, 자전거 전용차로, 자전거 우선도로로 구분하며, 자전거 전용도로는 자전거만 통행할 수 있도록 분리대, 경계석 등 시설물을 설치하여 차도나 보도로부터 분리한다. 자전거 보행자 겸용도로는 자전거와 보행자가 함께 이용할 수 있으며, 자전거 전용차로는 차도의 일부를 차선이나 노면표시, 안전표지를 설치하여 자전거만 이용할 수 있도록 구분한 차로이다. 자전거 우선도로는 자동차의 통행량이 적은 도로의 일부구간이나 차로를 정하여 자전거가 안전하게 통행할 수 있도록 지정한 도로이다.

도로 공간의 공유와 공존

모든 사람을 위한 디자인

유니버설디자인(universal design)은 쾌적한 삶이 사회적 이슈로 등장하면서 떠오르기 시작한 개념으로서 인간의 존엄성과 평등을 실현할 수 있는 21세기 창조적 패러다임이다. 유니버설디자인은 배리어프리 디자인과 달리 장애인, 고령자를 포함한 모든 사람에게 편리함을 주는 모든 사람을 위한 디자인(design for all)으로 정의할 수 있다.

유니버설디자인은 1985년 로날드 메이스가 처음으로 주창하였으며, 접근성(Accessibility), 적용성(Adaptability), 허용가능성(Approvable), 미학성(Aesthetics) 등 4A의 원칙을 가지고 있다. 메이스가 언급하기 이전에 이미 북유럽에서는 고령화 사회 진입에 따른 일손 부족과 일상생활에서 불편함 해소를 위해 탄생하였으며, 미국에서는 1960년대 후반 베트남전쟁 부상자들의 사회복귀를 위한 사회적 요인에 의해 발생하였다.

이러한 유니버설디자인은 개개인 모두를 존중하는 사회적 가치를 지니고 있어 누구나 매일 시간을 보내는 주거환경과 공공시설에 이르기까지 대부분의 일상이 유니버설디자인의 영역에 해당한다.

생활 속 유니버설디자인 요소

출처: 인간을 위한 도시디자인전

　도로 공간에서도 기존의 도로는 '자동차 중심 공간'이 되어 인간을 홀대하여 차량의 원활한 소통을 위해 사람은 육교나 지하도를 통행하고 차도와 보도의 분리를 위해 높은 경계석, 가드레일, 안전시설물의 난립으로 사람들의 이동성과 보행성을 저해하였으나 근래의 추세는 '인간을 위한 공간'으로 변모하여 보행자와 공유하는 공간, 다양한 계층에게 편익을 제공하는 공간, 걷고 싶고 자주 찾고 싶은 거리로 바뀌고 있다. 이러한 유니버설디자인이 적용되는 도로교통 분야는 상당히 넓으며 직접적인 시설뿐 아니라 서비스분야도 포함하고 있다.

인간중심의 공간

　우리가 도시생활에서 직접 접하고 있는 가로환경에서의 유니버설디
자인은 인간 친화적 환경조성과 인간평등의 실현을 목적으로 하여 이동
권과 접근권을 교통약자뿐만 아니라 일반인에게도 보장하고 도로 공간
을 단순한 '길'에서 가로환경, 문화환경, 도시환경으로 변화하고 있으며,
인간생활을 둘러싼 다양한 환경을 기본적인 욕구충족 수준에서 나아가
본래의 기능에 편리함과 안전함을 더해 이동환경에서도 모든 사람이 쉽
고 편리하게 이용할 수 있는 수단과 시설을 도입하고, 장애유무에 관계
없이 누구나 쉽게 이용할 수 있는 환경을 조성하고 있다.

인간중심 공간에서 고려 요소들
ⓒ손원표

보행자 중심의 도로

　유니버설디자인이 적용된 가로환경은 사람들이 걷기에 불편한 요소
가 제거된 거리, 사람들에게 꼭 필요한 것들이 설치되어 있는 거리, 차

량이나 가로의 지장물로부터 안전하고 편안한 거리이다. 이렇게 새로운 공간의 창조와 안전성이 확보된 거리에는 가로등, 가로수, 벤치, 간판, Kiosk, 상품진열대 등 시설을 재배치하고 휴식공간, 공원, 공연장, 미술관, 극장, 전시관 등 문화공간을 확보하며 넓고 평탄한 보도, 자전거도로, 적정한 밝기의 가로등으로 안전성이 확보된다.

또한, 신체의 상태와 세대를 포용할 수 있는 디자인을 반영하는 관점에서 넓은 보행공간을 확보하여 휠체어 사용자와 시각장애자는 물론 일반 보행자도 걷기 편한 장소가 되도록 하고, 점자 안내판을 눈에 보이는 문자, 지도와 동시에 적용대상 확대로 시각장애인을 배려하며, 도로변에 벤치를 설치하여 신체장애인과 임산부, 고령자, 유아뿐만 아니라 일반 보행자의 불편함을 해결하도록 한다.

유니버설디자인이 반영된 이면도로, 강남구
©손원표

계단, 경사로가 병행 설치된 밀양 영남루
©손원표

이렇게 유니버설디자인 관점에서 개선하여야 할 기존 거리의 불편한 요소들을 살펴보면, 길 어깨와 보도 쪽의 불법주정차, 보행자 공간을 점거한 자전거와 오토바이, 보도에 늘어선 상점의 진열상품, 이동식 간판, 조리시설, 공사장의 무질서한 표지판, 과다한 교통안전시설, 원칙 없는 교통표지판, 편안한 보행을 힘들게 하는 거친 블록포장, 협소한 보도, 엉

뚱한 지점에 들어선 장애인 유도블록, 튀어나온 전신주 등 헤아리기 힘들 정도이며, 이러한 불편한 요소들을 개선하기 위한 디자인은 도로 공간 전체를 대상으로 공간적, 시간적, 관리운영의 연속성을 종합적으로 고려한 유니버설디자인 적용여부 판단이 필요하다.

인간중심 사고의 버스정류장

우리가 매일 이용하고 있는 버스정류장에서도 유니버설디자인 관점에서 적용된 많은 요소를 발견할 수 있다. 이를테면 눈, 비, 바람, 햇빛 등을 피할 수 있는 테라스와 노선버스 운행시각표, 운행경로, 도착시간 등의 버스운행정보(BIS), 휠체어 사용자의 접근과 노약자, 임산부의 승하차를 고려한 저상형 버스, 버스의 정차공간과 보행자 공간의 물리적 분리 등도 인간중심의 사고로 가까이 다가온 유니버설디자인 요소들이며, 최근 버스정류장 벤치에 설치된 난방시설도 겨울철 추운 날씨에 버스를 기다리는 인간을 배려한 유니버설디자인의 사례이다.

테라스가 설치된 버스정류장
©손원표

도로 포장은 어떻게 생겼을까

수레와 포장

인류가 탄생하고 집단생활을 시작하면서, 인간은 수렵채집 생활과 농경생활을 하였고, 이 과정에서 인간이 자주 다니는 길은 도로가 되었다. 고대문명 발상지인 메소포타미아 시대의 수메르족은 B.C 3000년 경 물건의 운반 및 신분이 높은 사람들이 탈 수 있도록 나무쐐기를 사용한 최초의 이륜 수레를 완성한 것으로 추정된다.

이후 수레는 부족의 전투 능력을 높이기 위해 말 사육 능력과 바퀴

기원전 2500년경 수메르인들이 타던 당나귀가 끄는 전차에 대한 묘사
출처: 네이버 지식백과, 〈바퀴의 발명〉

를 개선하여 마차나 전차로 활용되기 시작하였으며, 이집트 왕국, 그리스-로마시대 등을 거치면서 점차로 다양하게 활용되었다.

　도로체계나 포장 단면이 획기적으로 변화된 이정표는 기원전 312년 착공된 로마의 아피아 가도(Via Appia)이다. 아피아 가도는 폭 4m, 깊이 1m 정도의 4층 구조로 되어 있으며, 차도 양옆으로 폭 3m 이상의 보도를 설치하여 마차의 속력 확보와 보행자의 안전을 확보하였다. 아피아 가도의 포장 단면 구성은 현재의 포장 단면과 매우 유사하다. 즉, 가도의 양옆으로 배수로를 설치하고, 포장 하부로 물이 침투해도 빨리 배수가 될 수 있거나 기후에 따른 포장체의 동결 깊이도 고려된 듯하다. 다만, 포장층의 표면을 사방 70cm의 암석으로 포설한 개념이 상이하다.

　이렇듯 튼튼한 로마의 도로는 너무나 견고하여 현재도 생생하게 존재하고 있으며, 노면 부분 아스팔트 포장을 덧씌우기 하여 아직도 로마에서는 사용하고 있다.

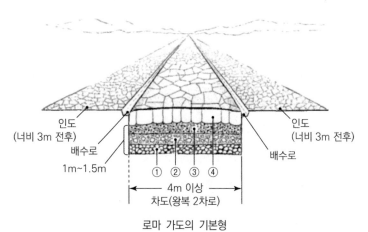

로마 가도의 기본형

출처: ≪로마인 이야기 10_모든 길은 로마로 통한다≫

로마시대의 도로는 선형도 곧고 평탄한 길에 집착하여 길을 되도록 목적지에 빠르게 도착하도록 계획하였으며, 점령지와 로마를 잇는 도로를 대대적으로 정비하여 28만km(포장도 8만km)에 이르는 네트워크를 건설하여 '모든 길은 로마로 통한다'라는 말이 생겼을 정도이다.

근세시대의 포장 구성

근세시대에 들어서는 새로운 포장 단면이 등장하게 되었다. 로마시대의 포장 단면은 너무나 많은 인력과 시간 그리고 비용이 필요로 하였고, 마차의 주행성 등을 개선하기 위해 새로운 포장 개념이 도입되었다. 근대 포장기술의 개척자로 알려진 프랑스 랑스 트레자게(Tresaguet, 1711~1796) 그리고 영국의 텔포드(Thomas Telford, 1757~1834)와 머캐덤(McAdam, 1756~1836) 등이 주도적으로 활약한 도로기술자이다. 특히, 머캐덤은 근대 머캐덤 포장 공법과 머캐덤 롤러에 그의 이름이 남아 있을 정도로 포장공법 개발에 공헌한 사람이다.

근세의 포장단면은 표층을 일정 크기 이하로 잘게 쪼갠 골재를 중심으로 마차 하중을 직접 접촉하도록 하고, 마차 하중이 점차로 하부층으로 전파되고 배수가 잘되도록 큰 골재 또는 암석을 포설하는 포장구조 설계개념을 적용하였다. 특히, 머캐덤은 골재의 최대 크기를 마차 바퀴로 인해 표면 골재가 파이지 않도록 25mm로 제안하였다. 이후 머캐덤 공법은 물다짐 머캐덤 공법, 타르(tar)를 이용한 머캐덤 공법 등으로 최근까지도 적용하였다.

최근 사용되는 아스팔트 콘크리트 포장에 적용되는 아스팔트는 1712
년 스위스 의사인 다이리니스 박사에 의해 락 아스팔트(rock asphalt)가
발견되면서부터 사용되기 시작하였고, 락 아스팔트를 분쇄, 가열하여
현재와 유사한 아스팔트 포장을 프랑스 파리의 시내에 1845년에 시공
하였으며, 이것을 근대 가열 아스팔트 포장의 시초라고 할 수 있다. 이
외에도 1824년 영국의 조셉 아스프딘(Joseph Aspdin)이 시멘트를 발명하
여 시멘트 콘크리트 포장이 스코틀랜드에서 처음으로 시공되었다.

현대의 포장 구성

국내에서의 도로포장은 조선시대까지만 해도 자갈길 또는 궁궐 내부
의 돌포장 정도이었으며, 일제 강점기를 거치면서 타르 머캐덤 공법, 콘
크리트 포장 등이 도입이 되었으며, 미 군정기를 거쳐서 아스팔트 포장
이 도입되었다. 1970년 경부고속도로 428km 구간을 아스팔트 포장으로
완공하는 것을 기점으로 현대식 포장이 활성화되었다.

현대식 포장의 단면은 아스팔트 콘크리트 포장, 시멘트 콘크리트 포
장이 약간씩 상이하지만, 두께 설계 시 교통량, 환경하중, 노상과 재료
의 특성 등을 고려하는 것은 동일하고 여러 층으로 구성되어있다. 즉,
포장의 최상층인 표층은 차량의 하중을 직접적으로 접촉하므로 고강도
의 재료를 사용하고, 하부층으로 내려갈수록 차량 하중을 분산하여 부
담하므로 포장층의 강성이 낮아지는 다층 구조로 되어 있다.

아스팔트 포장인가 콘크리트 포장인가

왜 포장 형식을 따지는가

일반적으로 도로나 보도를 이용하는 사람들은 포장 형식을 잘 따지지 않고 운전 중 차량 내부에서 대화할 때, 조용한지 또는 울퉁불퉁 평탄성 정도를 판단하거나, 자전거 전용도로의 경우 고속으로 자전거를 주행하는 선수들이 평탄성과 안전을 위해 아스팔트 포장을 요구하는 정도이다.

일반적으로 포장을 설계할 때 도로기술자들은 관행적으로 발주기관의 요구에 맞게 포장 형식을 선정하고 있다. 우리나라의 전체 도로연장 11만여 km 중에서 대부분 포장 형식은 아스팔트 포장이고 고속국도를 중심으로 콘크리트 포장이 있는 정도이다.

설계할 때의 고려사항은 건설비가 경제적인지, 이용자 편의성이 좋은 것인지 등을 검토한다. 아스팔트 포장, 콘크리트 포장의 건설비는 국가별로 매우 다르고 아스팔트 포장의 주재료인 아스팔트 바인더와 콘크리트 포장의 시멘트 바인더의 가격에 따라 건설비가 결정되는데, 우리나라의 경우 아스팔트 바인더는 해외에서 대부분 수입하고 시멘트는 국내 생산이므로 가격이 저렴한 편이다. 아스팔트 포장은 수입에 의존하다 보니 유가의 변동에 따라 어떤 시기에는 아스팔트 포장이, 어떤 시기에는 콘크리트 포장의 건설비가 저렴하다.

최근 들어서는 도로 이용자의 수준이 높아져서 도로에서 소음이 적게 발생하거나, 평탄성이 좋은 도로를 만들어서 차량 내부에서 편안하게 커피를 마실 수 있는 포장을 요구하기도 하고, 장마철 이용자 안전을 위해 수막현상이 적게 발생하는 포장공법을 요구하기도 한다. 즉, 과거에는 포장 설계에 있어서 건설비 등 경제성이 주된 형식선정 인자因子였지만, 최근 들어서는 이용자 요구 조건들이 많이 반영되는 체계로 변화되고 있다.

포장 형식의 종류

포장 형식의 종류는 매우 다양한데 그 이유는 포장 구조 측면도 있지만, 다양한 재료들이 많이 도입되고 이에 따라 기능도 변화되기 때문이다.

우선, 아스팔트 포장은 일제 강점기를 비롯한 미군정 시절 주로 사용되었던 머캐덤 포장 공법이 1970년 경부고속도로 건설을 기점으로 본격적으로 가열아스팔트 포장(HMA, Hot Mix Asphalt) 공법으로 변경되었다. 그러다 경제가 발전하고 중차량이 많아지기 시작하면서 포장의 성능을 향상시키는 개질아스팔트(PMA, Polymer Modified Asphalt) 공법이 도입되었고, 이를 계기로 다양한 첨가제, 천연아스팔트 등이 도입되었다. 또한, 자원 재활용 측면에서 기존 아스팔트 포장을 절삭 후 재사용하는 재활용아스팔트 포장이 적용되기 시작하였다.

하지만 가열아스팔트 포장은 생산 온도가 160~180℃에 이르며 플랜트에서 혼합물을 생산할 때, 화석연료인 벙커C유를 사용하고 생산 시 일산화탄소, 이산화탄소 등 유해물질이 발생하여 일부 지역에서는 주변 지역주민들에게 피해를 주는 사례가 언론에 보도되는 등 사회적 문제가 되고, 최근 들어 기후변화로 인해 CO_2 저감이 사회적 이슈가 되고 있어서 공법에 변화가 생기고 있다.

대표적으로 중온아스팔트(WMA, Warm Mix Asphalt)의 도입이며, 상온아스팔트(CMA, Cold Mix Asphalt)도 적용되기 시작했다. 중온아스팔트 포장은 가열 온도를 30℃를 낮추어서 CO_2 발생을 비롯한 유해물질 발생 저감, 화석연료 사용 저감 등 여러 가지 장점이 있어 국내를 비롯하여 전 세계적으로 급격히 활성화되고 있다.

상온아스팔트 포장은 상온에서 혼합물을 생산, 시공하는 것으로 CO_2 발생량이 훨씬 적지만, 양생기간이 일반 아스팔트 포장보다 길다는 단점이 보완되고 앞으로 기술개발이 지속해서 이뤄지면 활성화가 기대된다.

콘크리트 포장의 종류도 다양하여 종래에는 일반 노상 위에 단순 콘크리트 혼합물을 포설하였는데, 실제 도로를 이용하다 보면 콘크리트 슬래브 하부가 유실되는 문제가 발생하여 하부구조에 보조기층, 린콘크리트 기층 등이 도입되었다. 또한, 콘크리트 포장은 시멘트의 양생과정에서 건조수축 문제의 발생으로 줄눈(Joint)을 설치하는데, 국내 포장에서는 4~6m 간격으로 설치하게 되어 있으나 줄눈 설치로 인해 소음 문제가 발생하고 있으므로 이를 개선하고자 줄눈철근콘크리트 포장(JRCP, Joint Reinforced Concrete Pavement), 줄눈을 없애고 대신 철근을 콘크리트 포장 내부에 설치하는 연속철근콘크리트 포장(CRCP, Continuously Reinforced Concrete Pavement)이 도입되었으며, 이외에도 프리캐스트 포장 등 다양한 공법들이 개발되었다.

콘크리트 포장에서도 탄소저감에 대한 이슈가 있다. 콘크리트 포장에는 m^3당 350kg 내외의 시멘트가 사용되는데, 시멘트는 1,400℃ 정도로 가열하여 생산하고 이 과정에서 시멘트 1ton당 약 0.75ton의 CO_2가 발생하는 재료이다. 따라서, 시멘트를 대체하기 위한 다양한 재료가 많이 개발되었으며 대표적인 것이 SCM(Supplementary Cementing Materials)이다. 플라이애쉬, 슬래그, 메타카올린 등이 여기에 해당하는데, 이들 재료의 공통적인 특징은 산업부산물이라는 것과 기존 시멘트와 화학적 구성 성분들이 거의 유사하다는 것이다. 이외에도 광촉매 등을 활용하여 미세먼지 또는 CO_2 저감용 포장 등 다양한 목적의 포장공법이 도입되고 있다.

도로포장의 특징을 살리자

도로포장은 국내의 경우 전 국토 면적의 약 1.04%를 차지하고 있고 도심지 면적 중 20% 이상을 차지하고 있는 대표적 시설물이다. 또한 도로포장은 다층으로 구성되어 층별로 목적에 맞게 다양한 재료들을 적용할 수 있다.

예를 들어 포장 재료는 다양한 폐플라스틱, 폐타이어, 폐콘크리트 등의 산업부산물을 적용할 수 있으며, 적용할 수 있는 양도 매우 크고 다른 측면에서 도로 이용자의 안전, 편의성을 향상하기 위한 공법, 재료 등의 적용이 가능하다. 여기에는 저소음 배수성 포장, 미관 향상을 위한 컬러 아스팔트 포장 등이 있으며, 보도 및 광장에 사용하는 블록 포장은 해당 지역의 경관에 맞추어서 다양한 디자인을 적용하기도 한다.

즉, 단순히 아스팔트 포장, 콘크리트 포장만을 생각하지 말고 시민과 도로 이용자의 편익을 고려하여 다양한 포장 형식을 적용할 수 있으며, 건설 및 산업부산물을 수용할 수 있는 대표적인 시설물이 도로포장이라는 인식을 가져야 할 것이다.

도로포장에 구멍이 나는 이유

도로패임인가 땅꺼짐인가?

사무실에 근무하는 어느 날 동료 직원이 나에게 찾아와서 포트홀
(Pot-hole) 원인이 뭐냐고 물었다. 나는 순간적으로 "누구 숙제야?"라고
질문을 하니, 머쓱해 하면서 중학생 아들 숙제라고 답하였다. 이렇듯 요
즘 도로이용자인 국민들 사이에서 포트홀이 일상화되었다. 그런데 일반
국민에게는 싱크홀(Sinkhole)과 혼동되어서 사용되는 경우가 많이 있으
며, 이들 용어에 대해서도 외래어보다는 한국말 표준어를 사용하자는
언론도 있다.

우선, 싱크홀 용어는 국립국어원에서 '땅꺼짐'이라는 순화어로 제시
되었다. 정의를 보면 '땅의 지반이 내려앉아 지면에 커다란 구멍이 생기
는 현상'을 말하는 것으로 크기는 작은 것에서부터 도시 지면 하나를 전
체적으로 덮을 수 있는 거대한 것까지 다양하다. 특히, 국내에서는 지하
철 공사나 대형빌딩 굴착공사를 하면서 지면이 가라앉거나, 구멍이 생
기는 경우도 종종 있다.

포트홀은 도로포장 노면에 냄비(Pot)처럼 생긴 구멍이 파인 것을 의

미하며, '도로패임'이라고 표준어를 제안한 상태이다. 전문적으로는 아스팔트 포장에서 다양한 원인에 의해 발생하는 것을 원칙으로 하지만, 최근 포트홀 용어가 워낙 대중화되다 보니 도로 이용자들은 아스팔트 포장, 콘크리트 포장 등 도로포장의 노면에서 발생하는 패임현상을 총칭으로 사용하지만, 도로포장에 구멍이 발생하는 현상은 공학적으로 도로패임(Pot−hole)이다.

2010년 7월 과테말라시에서 발생한 싱크홀

출처: 네이버 지식백과

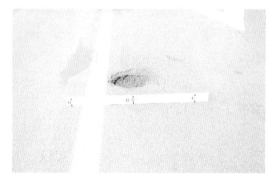

포트홀 − 심각도 : 중

도로 포장에 구멍이 언제 발생하지?

요즘 워낙 많은 도로 이용자들이 도로패임 현상 발생에 대해서 잘 인지하고 있는데, 그 이유는 장마철, 겨울철 폭설 등이 발생하게 되면 언론에서 운전자 유의 사항 등을 알려주면서이다. 즉, 도로패임 현상은 도로포장에 많은 양의 수분이 가해졌을 때 나타난다는 것을 유추할 수 있다.

발생 원리를 보면, 아스팔트 포장은 4% 내외의 공극을 갖고 있다. 즉, 포장체 내부 공극에 물이 스며들어 가득 차 있을 때 차량 하중, 특히 중차량이 통행하면서 포장체 내에 있던 골재들이 떨어져 나오는 현상으로, 장마철에는 골재들이 많이 떨어져 나와서 냄비처럼 패임 현상

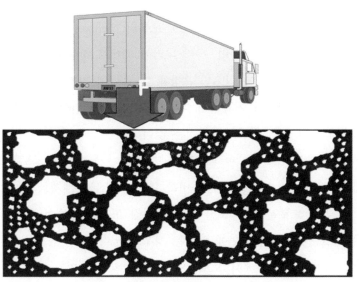

장마철 중차량에 의해 도로패임 발생 현상

이 발생하는 것이다. 차량 하중이 포장체에 가해졌을 때 물(수분)은 비압축 물질이므로 차량 하중을 골재에 그대로 전달하고, 반복적으로 하중이 가해지면 골재 간의 결합력이 떨어져 골재가 하나, 둘씩 떨어져 나가고 점차로 커지게 되면 냄비 형상과 같은 도로패임이 발생하게 된다.

도로패임이 왜 발생하지?

그럼 아스팔트 포장에서 도로패임은 왜 발생할까? 대부분 도로 이용자들이 인식하는 것처럼 비 또는 눈이 올 때, 수분에 의해 발생하는 것이 주된 원인이지만, 내적 측면에서도 원인이 있다. 즉, 아스팔트 포장을 시공할 때 또는 설계 및 운영관리할 때 고려 사항들이 있다.

아스팔트 포장은 시공할 때 4% 내외의 공극을 확보해야 하는데, 재료분리(Aggregate Segregation) 또는 온도분리(Thermal Segregation) 등의 품질관리를 확보하지 못하면, 롤러 다짐이 제대로 작동하지 않게 되고, 다짐이 제대로 이뤄지지 않으면 포장체 내 공극이 커지게 된다. 공극이 커지면 수분이 침투할 가능성이 매우 커져 도로를 건설 후 운영할 때 도로패임이 발생할 가능성이 커지는 것이다.

다음으로 도로설계를 할 때 도로노면에 우수가 머물지 않도록 배수체계를 수립하는 것이 중요하다. 비록 설계할 때 배수체계를 잘 갖춘다고 하더라도 도로운영 중 포장 하부의 처짐 또는 소성변형, 배수구 막힘 등으로 인해 물이 노면에 고이는 경우도 있다.

즉, 아스팔트 포장에서 도로패임의 발생 원인은 여러 가지 원인이 모여서 복합적으로 발생하는 것으로 수분, 시공 시 품질관리, 배수체계 등 여러 원인이 모여서 발생하는 것이다.

도로패임을 방지하려면

도로패임을 방지하기 위해서는 도로설계와 시공을 이상적으로 철저히 해야 하고, 더욱 중요한 것은 물이 고이지 않아야 한다. 특히, 사계절이 있는 우리나라에서는 어쩔 수 없는 현상이 도로패임이지만, 발생을 저감시킬 수는 있다. 또한 발생하였다 하더라도 도로관리자가 바로 발견하여 유지보수 조치를 수행하면 도로패임으로 인해 발생하는 운전자의 안전사고를 방지할 수 있다.

도로패임을 줄이기 위해서는 재료분리, 온도분리 등이 발생하지 않도록 시공 전 재료관리를 철저히 하고, 다짐이 철저히 되도록 품질관리를 이행하는 것이 원칙이다. 다음으로 골재와 골재를 결합하는 바인더의 결합력을 증가시키기 위해 점도가 높은 바인더를 사용하거나 부착성능 향상을 위한 첨가제를 혼합물에 포함하는 것이다.

그리고 도로운영 시에도 도로 노면에 물이 고여 공극 내 물이 침투하지 않도록 도로관리자가 항상 배수관리에 관심을 갖고 대비해야 한다. 즉, 국가, 지자체 그리고 도로기술자들이 얼마만큼 관심을 갖고 기술개발과 도로를 운영·관리하느냐가 도로패임 저감의 핵심이다.

비포장도로란 무엇인가요

비포장도로와 미포장도로 그리고 미개통도로

　비포장도로는 흙 위(원지반)를 도로포장 설계법으로 설계하여 배합설계된 아스팔트 콘크리트 재료나 시멘트 콘크리트 재료로 덮개층을 만들지 않고, 수풀이나 바위 등을 치워서 길을 만들어 적당히 다져 만든 도로이다. 구체적으로 구분하자면 일반 토사(흙)를 다져 만든 토사도로, 잘게 부순 돌을 깔아서 고른 쇄석도로, 자갈로 만든 자갈도로 등이나, 흙 위에 시멘트 모르타르나 빈배합 시멘트 콘크리트를 얇게 깔았으나

비포장도로의 사례: 과거 국도 59호선의 비포장
구간(강릉시 부연동길)

출처: 나무위키(https://namu.wiki/비포장도로)

관리가 되지 않아 덮개층의 표층기능을 상실한 도로 등을 말한다. 따라서 비포장도로란 한마디로 돌들을 포함한 흙 위에 덮개층이 제대로 포장되지 않은 도로란 뜻으로 쓰인다.

요즘 가끔 뉴스나 인터넷에 나오는 미포장도로라는 용어는 포장되지 않은 도로라는 뜻으로, 최근 포장도로와 대비하는 의미이므로 비포장도로 대신 미포장도로가 학술적으로는 맞는 정의일 것이다. 또한 개통이 아직 되지 않은 도로는 미개통도로라고 하며, 이는 법률적으로는 도로법 제19조에 따라 노선이 지정·고시된 도로, 동법 제25조에 따라 도로구역이 결정·고시된 도로, 동법 제31조에 따라 건설 중인 도로(임시개통 도로 포함)로, 동법 제39조에 따라 사용 개시 공고가 완료되지 않은 도로란 뜻이다.

한국건설기술연구원에서 매년 발표하는 도로 및 보수현황시스템 데이터베이스를 살펴보면, 도로종류를 고속국도, 일반국도, 지방도, 특별·광역시도, 시도, 군도, 구도로 구분하고 포장도와 미포장도, 미개통도로 등으로 도로현황을 알리고 있다.

우리나라에서는 일제 강점기 포장도로란 형태로 도로가 만들어진 이후로 포장도로가 산업화에 따라 급속히 발전되었으나 아직도 다음의 표와 같이 일부 지방도와 시·군도에서는 포장되지 않은 곳들이 남아 있어, 도로 포장률은 2021년 말 기준으로 94.8%(107,508km)이며, 미포장도로는 5.1%(5,897km)이다.

	2017년		2018년		2019년		2020년		2021년	
	연장	포장율	연장	포장율	연장	포장율	연장	포장율	연장	포장율
합계	110,091.0	92.8	110,714.0	93.2	111,314.0	93.5	112,977.0	94.1	113,405.0	94.8
고속국도	4,717	100	4,767	100	4,767	100	4,848	100	4,866	100
일반국도	13,983	99.7	13,983	99.7	14,030	99.7	14,098	99.7	14,175	99.8
특별·광역시도	20,906	99.7	21,075	99.7	21,387	99.7	21,675	99.8	21,707	99.7
지방도	18,055	91.7	18,075	91.8	18,047	92.0	18,201	92.1	18,286	92.1
시·군도	52,430	87.2	52,814	88.1	53,083	88.559.0	54,155	90.1	54,371	91.4

출처: e-나라지표 국정모니터링지표

비포장도로인 곳들은 어디일까?

비포장도로는 통행량이 적은 농어촌 도로에서 주로 볼 수 있다. 도시지역이라 해도 아스팔트를 구매하고 유지보수할 능력이 없는 개발도상국 또는 시베리아처럼 계절별 온도 변화가 극심하여 아스팔트를 포설하여도 소용이 없거나 유지보수가 어려운 지역이나 나라 그리고 동남아시아처럼 건기와 우기가 나뉘어 있어 우기가 되면 도로가 뻘밭이 되어버리는 저위도 지역 등에서 많이 찾아볼 수 있다. 그런 지역에서는 수도나 대도시를 제외하고 조금만 외곽으로 나가도 비포장인 지역이 많다.

국내 도로 중 비포장도로인 미포장도로는 2021년 5월 기준으로 342번 지방도 양평군 모라치길 등 지방도, 임도 및 전술도로 등이 있다. 일부 시멘트 콘크리트로 가설포장을 하였으나 관리가 되지 않아 사실상 비포장 상태인 도로도 있다. 각 지역의 국토부 지방국토관리청에서는 도로법 계획에 따라 미포장도로를 포장하고 있으며, 도로기능 변화에 따른 중요성을 파악하여 매년 포장계획을 수립하고 있다.

비포장도로는 도로 노면표시를 시공하기 까다롭고, 노면표시를 해도 흙먼지와 함께 날아가 버리기 때문에 표지판만 설치하여 사용한다. 경찰청 매뉴얼에 따르면, 바닥에 횡단보도 표시를 할 수 없을 때는 횡단보도 표지판을 설치하고 보조표시로 그 폭을 안내해주게 되어 있지만, 비포장도로는 설비 투자가 더디고 예산도 적어서 표지판 설치도 생략하는 경우가 많다. 주로 보이는 표지판은 '위험', '낙석주의', '추락주의', '야생동물조심', '오르막길', '내리막길' 등 시종일관 운전자에게 경고하는 주의표시 뿐이다. 비포장도로는 도로 표면이 고르지 못하기 때문에 속력을 내기가 힘들다. 비포장 구간에서 속도를 과도하게 내면 승객들은 멀미하고, 도로에 널려있는 자갈들이 튀기 때문에 잘못하면 앞차가 튕겨낸 돌에 뒷차의 앞 유리가 깨지거나 차 표면이 상할 수도 있어 충분한 거리를 유지하는 것이 좋다. 또한 계속되는 진동과 흔들림에 트렁크에 넣어둔 화물이 손상되기도 한다. 따라서 급하다면 좀 우회하더라도 되도록 피하는 것이 좋다. 그래도 필자는 가끔 자연환경을 즐기고자 비포장도로를 선택하여 천천히 목적지를 향해서 가기도 하고, 산 정상의 전망대를 가기 위해 비포장도로인 임도로 가는 경우도 있는데 이럴 때는 일반 승용차보다는 오프로드용 차량을 타려고 노력한다.

비포장도로에서 운전은 조심하세요

　비포장도로는 흙 위에 덮개층이 제대로 포장되지 않는 도로로서, 도로 표면이 고르지 못해 차량이 속력을 내기 힘들며 자갈들이 튀기 때문에 차량파손이 일어나거나 진동과 흔들림으로 차량이 손상되기도 한다. 그러므로 비포장도로는 피하는 것이 좋으며, 경우에 따라 승용차보다는 오프로드용 차량을 타는 것이 좋을 것이다.

　때로는 비포장도로는 미포장도로 상태로 길 형태만 있을 때가 좋을 때가 있다. 차가 잘 다니지 않는 교통량이 적은 비포장도로를 잘 포장해 놓으면 차들이 내리막길을 쌩쌩 달릴 것이고, 커브 길에 사고가 날 수도 있다. 즉 사고를 예방하고 속도를 줄이기 위해, 길 위의 사람과 주행차량의 보호를 위해 내리막길 비포장도로가 필요할 수도 있는 것이다.

도로포장면 아래는 어떻게 생겼나요

과거의 도로하부

　일반인들은 도로를 사람과 차량이 모두 다니는 커다란 포괄적 의미의 길보다 차량이 주로 다니는 길이라는 의미로 알고 있으며, 대부분 도로는 표면재료특성상 아스팔트 콘크리트도로나 시멘트 콘크리트도로로 알고 있다. 따라서 도로포장면 아래가 어떻게 되어 있는지 즉 도로공학측면으로 어떻게 설계되고 시공되어 있는지는 모른다. 하지만 기원전 312년 로마시대의 아피아가도부터 1775년 France Tresaguet 도로, 1820년대 스코틀랜드 머캐덤이 제안한 현대도로의 시초도로까지 도로하부를 설계도면으로 남긴 것을 보면, 도로하부의 중요성을 알 수 있다. 도로포장면 아래, 즉 도로포장하부의 역할의 소중함과 중요성은 매우 커서 도로포장하부의 제대로 된 설계와 시공이 없으면 표면재료가 무엇이건 간에 그 역할을 제대로 수행할 수 없게 된다.

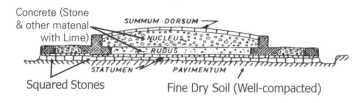

로마시대의 아피아가도

현대의 국내 도로구조

　일반적으로 국민이 눈으로 보는 도로는 아스팔트 콘크리트 포장도로, 시멘트 콘크리트 포장도로라고 불리는 표층이다. 표층은 교통 하중이 접하는 최상부의 층으로, 아스팔트 콘크리트 표층은 굵은 골재의 비율과 입도분포에 따라 밀입도, 내유동 아스팔트 콘크리트로 나누며 최대골재의 크기에 따라 13㎜, 20㎜로 구분된다. 시멘트 콘크리트 표층은 시멘트 콘크리트 슬래브층으로 되어 있으며, 사용되는 방식에 따라 무근 콘크리트, 줄눈 콘크리트와 연속철근 콘크리트 등으로 구분된다. 최근에는 더욱 더 다양한 아스팔트 바인더와 시멘트 바인더 공법뿐만 아니라 새로운 표층재료들이 개발되고 있다. 그러나 도로는 표층뿐만 아니라 도로포장면 아래가 교통하중이나 상부층 지지를 효과적으로 하기 위해 구조적으로 여러 층으로 구성되어 있다. 한국형 도로포장설계법의 아스팔트와 시멘트 콘크리트 포장의 단면은 다음 그림과 같으며, 동상방지층과 중간층은 반드시 필요하지는 않으며 교통특성과 기후특성에 따라 선택적으로 사용할 수 있다.

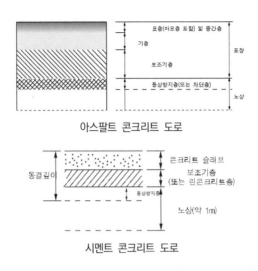

아스팔트 콘크리트 도로

시멘트 콘크리트 도로

아스팔트 콘크리트 및 시멘트 콘크리트 도로 단면

　국민이 보는 도로표면에서부터 도로포장 하부를 설명하면, 아스팔트 콘크리트 중간층은 기층의 요철을 보정하고 표층에 가해지는 하중을 기층에 균일하게 전달하는 역할을 하며, 최대골재의 크기는 19mm, 25mm이고 표층용 품질기준을 적용한다. 기층은 보조기층과 접하는 층이며, 쇄석기층과 아스팔트 기층이 있으며, 아스팔트 기층은 최대골재 크기에 따라 다양한 종류로 구분된다. 시멘트 콘크리트 기층은 린기층(빈배합 콘크리트층)외 응력완화 아스팔트기층 등으로, 콘크리트 슬래브가 하중을 대부분 받게 되므로 기능상 보완역할을 하는 목적으로 설치된다.

　도로포장의 기층 아랫부분인 보조기층은 기층과 함께 표층과 노상의 중간에 위치하여 표층과 기층을 통해 전달되는 교통하중을 분산시켜 노상에 전달하는 역할을 하고 있다. 또한 기능상 역할은 노상토의 세립토가 기층으로 침입하는 것을 방지하는 기능, 동결작용에 의한 손상을 최소화하는 기능, 포장구조 하부의 자유수가 포장구조 내부에 고임을 방지하는 기능, 시공장비 통행을 위한 작업로를 제공하는 것이다.

동상방지층의 역할은 포장을 동결로부터 보호하는 기능과 빙막 형성을 방지하는 기능을 수행하므로 도로가 건설되는 지역의 동결깊이를 산정하여 필요하면 설계·시공되어야 한다.

노상층은 포장 아래 두께 1m 이내의 거의 균일한 흙을 말하고, 포장부에서 전달되는 교통하중을 최종 지지하는 역할을 한다. 노상은 경제적, 역학적으로 조화를 이룬 구성으로 하기 위해 통상, 상부노상과 하부노상으로 나누어진다.

노체는 노상 아래의 지반을 말하고 노상 및 포장을 지지하는 역할을 한다. 노체는 노상다짐을 위한 기초의 역할을 갖는 부분을 상부노체라 하고 그 이하는 하부노체라고 한다.

흙쌓기 구간과 흙깎기 구간의 도로하부 구조

우리가 도로를 건설할 때 낮은 지대를 지나가거나 높은 지대 또는 산을 지나가는 경우가 있다. 따라서 낮은 곳은 메우고(흙쌓기, 성토) 높은 곳은 깎아야(흙깎기, 절토) 한다. 흙쌓기는 원지반부터 노상면까지 흙을 쌓아 올린 부분을 말하며, 흙깎기는 원지반부터 노상면까지 흙을 굴착한 부분을 말한다. 그럴 때 도로하부는 어떻게 해야 할까? 그럴 때는 도로단면 구성 중 포장 부분에 해당하는 부분은 지역에 따른 동상방지층 설치 여부를 결정한 후 설계기준에 따라 노상 부분과 노체 부분을 공학적으로 설계·시공하여야 한다. 흙쌓기부의 노상은 노상재료의 기준에 맞는 흙을 가지고 와서 쌓은 후, 기준에 맞게 다짐하여야 하며, 흙깎기부의 노상은 노상재료 기준의 적합성에 따라 원지반 흙의 성질에 따라 원지반을 그대로 이용하는 경우와 이 부분을 치환하는 경우가 있다.

따라서 포장하부에 속하지는 않지만 포장면 아래 원지반이 낮거나 높을 때 흙쌓기, 흙깎기를 하여야 하므로 원지반의 특성을 파악한 후, 흙깎기와 흙쌓기 구간을 선정하는 것이 중요하다. 이처럼 교통하중이 지나가는 구간에서 최적의 포장구조 선정을 위해서는 우리나라의 토질 특성, 기후, 교통, 환경조건에 맞는 포장을 설계·시공하여야 하므로 지속적인 포장재료 및 포장공법 연구가 필요하다.

'여기서부터 연약지반입니다' 어떻게 운전해야 할까요

연약지반 도로구간 표지판

"연약지반 앞인데 어떻게 운전해요?", "땅 꺼지면 어떻게 해요?"

과거 한국도로공사 도로연구소(현 도로교통연구원)에 근무할 때 가끔 전화가 사무실로 걸려오곤 했었다. 왜냐하면 운전자가 운전해 가고 있던 연약지반 위에 건설된 도로에는 연약지반임을 알리는 교통표지판이 있기 때문이다. 연약지반에서는 어떻게 운전해야 할까? 결론적으로 과속하지 않고 제한속도 내에서 안전하게 전방주시 잘하면서 핸들을 놓치지 않게 하여야 할 것이다. 왜 그럴까? 연약지반에서는 허용침하 이내로 침하가 계속 일어나서 도로표면에 일부 침하가 장기적으로 계속 발생할 수 있기 때문이다. 연약지반을 엄청난 비용을 들여 양호한 지반으로 치환하지 않는 한 침하가 계속 일어나므로, 완전 침하방지는 돈과 시간상으로 상당히 어려운 일이다. 또한 어떤 구간에서 큰 비용을 들여 치환한다고 하더라도 공사기간 내에 치환할 수도 없는 그런 상황도 있으니 연약지반 위를 지나가는 도로를 건설할 수밖에 없으므로 운전자가 조심해서 지나가도록 하는 것이 합리적일 것이다.

연약지반 교통표지판

출처: 동아닷컴, 〈안전애물 광고판〉, 시흥저널 제224호.

연약지반의 정의와 연약지반 위 도로포장

연약지반의 정의는 네이버를 찾아보면 '건축물의 기초지반으로서 충분한 지지력을 갖지 않은 지반'이라고 나올 정도로 일반인도 쉽게 알고 있는 건설 전문용어가 되었다. 도로뿐만 아니라 항만, 교량의 교대나 교각 또는 일부 빌딩들도 연약지반 위에 건설되는 경우가 있기 때문이다.

연약지반은 대부분 도로포장 단면이 아닌 도로 깊은 곳에 있으며, 도로포장 단면설계 전에 지반조사를 통해 연약지반 여부를 판단 후, 지반공학적으로 연약지반공사를 시행한다. 즉 연약지반 유무 판단은 시추조사와 병행하여 실시하는 원위치 조사인 표준관입시험, 콘관입시험 등을 통해서 N값이라는 정량적 수치를 근거로 연약지반의 잠재성을 내포하고 있는 점성토 지반과 사질토 지반에 따라 구분하여 결정한다.

연약지반 상의 도로포장은 시멘트 콘크리트포장의 경우 포장재료 무게(자중)로 인한 침하증가와 침하 시 연약지반 전후의 도로 높낮이를 맞추기 위한 덧씌우기 어려움으로 아스팔트포장을 주로 시행한다. 즉, 시멘트 콘크리트포장은 자중으로 침하량이 크거나 연약지반 일부 구간에서의 부등침하 발생에 따른 조기파손 가능성이 있으므로 연약지반공사 허용침하량을 기준으로 정하고 아스팔트 콘크리트 포장으로 하도록 지침으로 되어 있으며, 허용침하량을 두는 것은 연약지반이 장기적으로 계속 침하가 일어나기 때문이다.

연약지반 처리공법과 도로포장 설계 고려방안

　　국내에서는 연약지반공사 침하 90% 완료 후, 포장공사를 실시하게 되어 있으며 포장공사 후 장기침하량을 산정하여 도로표면에서 허용침

연약지반 위 주차장 도로포장 전경
출처: 광양경제신문

하량 기준 이하가 되도록 설계·시공하도록 하고 있다. 따라서 연약지반을 처리하는 공법은 지반공사 차원에서 적용되어 침하 90% 이상 완료하는 방법과 포장공사 중 침하량을 줄이기 위한 설계차원의 접근으로 나눌 수 있다. 첫 번째 침하 90% 이상 완료하는 방법은 흙 종류를 점성토와 사질토로 나누어 연약지반 처리공법으로 공사하는 것으로 크게 연약층을 양질의 재료로 치환해 줌으로써 지반을 개량하는 치환공법, 지반 중에 견고한 안정처리토를 형성하는 심층혼합처리공법과 약액주입공법 등과 연약지반 내의 물을 빨리 빼내기 위하여 연직배수공법과 모래 및 쇄석다짐 말뚝공법과 지하수위를 낮추는 심정공법과 웰포인트 공법, 사질토에서만 적용되는 바이브로 플로테이션공법, 콤팩션공법 등이 대표적이다. 이후 연약지반처리 후 도로포장설계는 일반지반 위에서와 똑같은 방법으로 설계하고 추후 발생하는 침하를 덧씌우기공법을 적용하는 설계방법을 주로 선택한다.

두 번째 방법인 설계차원의 접근 노력은 도로포장설계에 미치는 영향을 검토하는 방법으로, 지반단면의 압밀해석 잔류침하량이 도로포장에 미치는 영향을 지하수위에 따른 수압과 자중에 의한 토압의 영향을 검토하여 변위하중으로 모델링하고, 유한요소해석 후 포장구조 단면설계의 공용성 분석을 수행하여 최종 포장단면을 결정하는 방법이다.

연약지반구간의 포장관리

연약지반구간에서 포장의 관리방안은 장기적으로 침하안정관리를 수행하며, 도로포장은 이 기간에 침하할 때 허용 평탄성관리 기준을 넘으면 도로포장 덧씌우기로 관리를 시행한다. 이처럼 도로의 단차를 보정하기 위해서 연약지반의 도로포장방식은 언급한 바와 같이 지반침하에 대한 적응성이 우수한 아스팔트 포장을 우선 고려한다. 따라서 일반적인 아스팔트 포장과 같이 초기 포장구조설계 시 공용기간(10년) 적용, 10년 후 덧씌우기를 하는 단계건설 개념으로 포장구조설계를 시행하면서도 연약지반구간은 공용 중 잔류침하를 고려하여 관리하는 것이다.

연약지반에서의 도로는 충분한 지지력이 부족한 지반으로써 허용침하량 내에서 침하가 계속 일어나 도로표면에 일부 침하가 장기적으로 발생할 수 있는 도로이므로 연약지반 도로에서 침하는 발생할 수밖에 없으며 재발하는 경우도 생긴다. 이러한 연약지반 도로에서는 운행 시 차량 및 수하물의 파손과 운전자와 동행자의 안전을 위해서 연약지반 알림 교통표지판이 나오면 운전에 주의하여 과속하지 않고 제한속도 내에서 안전하게 전방주시를 잘하면서 핸들을 놓치지 않는 것이 사고를 줄일 수 있는 방법이라 할 수 있다.

산이 많은 지형에서
도로는 어떻게 만들어지나요

산이 많은 지형의 도로건설시 문제점

우리나라는 산지 지형이 많아 산을 통과하지 않는 도로가 신도시를 제외하고는 거의 없다 해도 과언이 아닐 것이다. 산지에 도로를 건설할 때는 사면파괴로 인한 산사태, 도로선형에 불리한 많은 굴곡부, 대규모 절토 및 성토구간, 선형개선을 위한 대형구조물(교량, 터널)의 건설, 평지부에 비해 공사비의 증가, 급커브, 비탈면, 빙판, 안개로 인한 가시거리 제한 등 사고 위험성 및 로드킬, 환경파괴 등이 존재할 수 있다. 따라서 산지 통과 및 산지 우회도로는 이러한 문제점들을 피하거나 줄이는 도로설계와 시공을 하여야 하는 어려움이 많다. 산을 지나는 도로인 산지부 도로는 건설계획에 의해 도로를 건설하는 것 외에도 산지 내 도로로서 역할을 위해 법적으로 전용이 허가된 임도와 설치목적을 달성한 후에 복구하여야 하는 임시도로인 작업로를 건설하기도 한다.

산지 내 도로는 사유지일 때도 산지를 전용하여 사도 私道로서 농기계 차량이 다닐 수 있는 도로를 허가받아서 만들 수 있다. 준보전산지는 영구진입도로의 목적으로 산지전용허가를 사도법에 근거하여 관할 시군 산림과 및 산림청 산지관리과에 인허가를 신청할 수 있으나, 보전산지는 법상에서 인정하는 도로에 한해서만 진입도로로 허용받을 수 있다. 만약 보전산지에서 법상의 도로가 없다면, 개인이 사도를 허가받아 개설하고 진입도로로 인정받아야 한다. 이때 도로연장, 도로폭, 농지개간 허가면적, 경사도, 입목축적, 표고 등 적합성 여부, 소유권 여부, 산림관련법 상 제한사항(보안림, 사방지, 임업진흥권역, 채종림, 산림유전자원보호림, 5년이내 조림지, 임도, 산지전용제한지역, 백두대간) 등 산지관리법 시행령을 근거하여 산지전용 허가기준이 적용된다. 이때 산림청에서 고시한 '운재로 및 작업로 시설지 복구를 위한 시방서 작성기준'을 참고하여 공사를 진행하여야 한다.

산지부도로 전경
출처: https://pixabay.com(5707070)

임도전경
출처: 대한민국 정책브리핑(www.korea.kr)

산지부 도로와 일반도로와의 차이점

산악지역에 건설되는 산지부 도로는 일반도로와 같이 도로기술자가 도로설계 및 시공을 기준에 따라 수행할 수 있도록 ≪도로설계편람≫ '도로계획 및 기하구조 편'에 산지부 도로의 노선계획 선정 시 주요 고려사항을 명기하고 있다. 산지부 도로는 일반도로의 기술적 최소 규정 항목과 비교해서 특별히 인문, 사회적 요소를 주요 고려사항으로 꼼꼼히 살펴보도록 한 것이 특징이라고 할 수 있다.

이외에도 산지부 도로는 일반도로와 비교하여 산지임을 고려하여 안전측면을 강화하여 특별한 시설들을 설치하도록 제시하고 있다. 예를 들어 적설된 눈의 퇴설폭 확보 및 녹아 흐르는 눈을 처리하기 위한 유설구 설치와 체인 탈착장 설계, 바람에 의한 피해를 감소시키기 위한 방풍시설, 안개가 잦은 구간에서 사고를 최소화하기 위한 가시거리 확보가 가능한 안전시설, 집중호우 시 산사태를 대비하여 우수를 배출시키는 배수시설, 결빙으로 인한 미끄럼 사고를 방지하기 위해 일조량과 편경사를 고려한 선형계획, 산지부 도로에서 사면 붕괴를 예방하기 위한 피암터널이나 우회도로 시설 등이 이러한 시설에 해당한다.

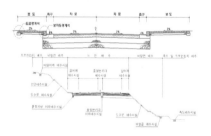

산지부도로와 일반도로 설계 차이점

피암터널
출처: https://pixabay.com(4276025)

비탈면 설계와 관리

산지부 도로는 산을 메우거나(흙쌓기, 암쌓기) 깍아서(흙깎기, 암깎기) 조성하므로 비탈면이 많이 생길 수밖에 없다. 이러한 쌓기 비탈면은 쌓기 재료의 특성상 안정화 상태의 유지를 필요로 하며, 깎기 비탈면은 원래 안정화되어 있던 상태를 변화시켰으므로 설계 시에는 비탈면 아래 도로의 안전을 위해 KDS (Korea Design Specification) 기준과 건설공사 비탈면 설계기준을 설계자가 반드시 준수해야 한다. 공사 시에도 KCS (Korea Construction Specification)와 공사시방서를 작성하여 준수함으로써 사고 예방에 노력한다.

따라서 쌓기 비탈면의 경우, 쌓기 재료에 따라 비탈면 높이를 근거로 하여 표준경사를 제시하고, 안전 평가 때 장기와 단기로 나누어 기준안전율을 제시하며, 특히 장기 안전평가는 건기, 우기, 지진 시로 나누어 기준안전율을 세부적으로 제시하고 있다. 깎기 비탈면의 경우에도 깎기구간의 토질조건에 따라 비탈면 높이를 근거로 하여 표준경사를 제

산지부도로 비탈면 조치

출처: 한국도로학회

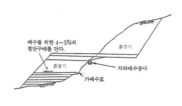

산지부도로 흙쌓기 흙깎기 개념도

시하고, 안전평가 시 흙쌓기와 동일한 조건으로 기준안전율을 제시하고 있다. 이를 근거로 하여 도로기술자는 공학적인 분석과 기술자로서의 판단으로 설계와 시공을 수행하여 안전한 산지부 도로를 운용할 수 있도록 하고 있다. 건설 후에도 비탈면 유지관리를 도로관리기관에서 '비탈면 점검체크 흐름도'를 토대로 항상 예의주시하고 있다. 다만 비탈면 설계 및 시공이 현재의 기술력 수준으로 수행하므로 기후변화와 현재의 기술력이 미진한 부분에 의해 발생하는 문제들이 있으며, 이때에는 ≪도로비탈면 유지관리 실무매뉴얼≫(국토교통부, 2018)의 비탈면 관리공법에 의해 응급복구 등 조치를 한다.

산지부 도로에서 안전운전 요령

이상 살펴본 바와 같이 산지부 도로는 터널이나 교량으로 선형이 개량된 도로가 아니라면 급커브로 인한 비탈면 추락 사고 위험이 있으므로 감속 및 안전운전이 요구되며, 안전띠 착용이 요구된다. 또한 경사가 가파른 구간에서는 풋 브레이크보다는 엔진 브레이크를 사용하여야 브레이크 파열방지 및 제동거리를 줄일 수 있다. 특히 산지부 도로에서 운전할 때는 계절과 날씨의 영향을 크게 받으므로 비·눈이 오거나 안개가 짙게 낀 날씨처럼 가시거리가 확보되지 않는 날씨에는 충분한 안전거리를 확보하고 무리한 운전을 하지 말아야 한다. 겨울철 산지부 도로에서 운전할 때는 타이어 체인이나 체인 스프레이같은 동계 장비를 준비해야 안전하다.

도로 공간의 조력자, 숨은 서포터스

도로 공간에는 주연은 아니지만, 공간을 더욱 안전하고 풍요롭게 해주는 조력자 역할을 하는 시설들이 펼쳐져 있다. 이를테면 기본적인 도로구조와 시설에 더해져 인간중심의 도로에 필수적인 교통정온화시설, 부대시설 그리고 도로환경을 아름답게 가꿔주는 조연으로서 주연을 더욱 돋보이게 하는 시설들이 있다.

고원식 교차로

고원식 교차로는 교차로 구간 전체를 높여주어 교차로 부근에서 자동차가 서서히 통행하도록 감속을 유도하는 시설로서 도로의 위계가 낮은 도로 간의 교차로에서 교차부의 포장 색상이나 재질을 변화시켜 속도저감 효과를 높여 차량 운전자에게는 시인성을 높이고 보행자에게는 안전성을 확보하는 것을 목적으로 설치한다. 고원식 교차로는 생활도로 진입부나 생활도로 내 교차로에서 돌출된 고원부에 석재나 블록 등 이질 포장이나 유색 도막 포장으로 마찰력을 크게 하여 통행 차량의 속도

를 저감하고 전반적으로 생활도로 지역에서 정온화靜穩化된 교통환경을
유지하는 데 필요한 시설로 최근 신도시 지역과 국지도로, 생활도로(이
면도로) 구간에 적용을 확산하고 있다.

과속방지시설(Speed Hump)

집산도로, 국지도로와 생활도로의 일정 구간에서 통행 차량의 과속
주행을 방지하고, 일정 지역에 통과 차량의 진입을 억제하기 위하여 설
치하는 시설이다. 과속방지턱으로도 불리며, 원호형, 사다리꼴형, 조정
형 등이 있고, 일부 구간에는 턱을 높이지 않은 이미지 과속방지턱을
설치하는 예도 있으나 이미지 과속방지턱은 해당 지형에 익숙한 운전자
에게는 감속 효과가 떨어지는 단점이 있다. 과속방지턱은 설치 시, 표준
규격을 제대로 준수하여 설치해야 감속 효과를 보면서 운전자에게 위해
가 발생하지 않으므로 폭 3.6m, 중앙 높이 10cm 규격을 철저히 준수해
야 하는 시설이다. 과속방지턱 역시 교통정온화 시설로 적절한 지점에
표준 규격으로 설치해야 설치목적을 발휘할 수 있는 시설이다.

고원식 교차로, 과속방지시설

출처: 교통정온화기법 적용연구

볼라드(Bollard)

차량의 통행을 차단하고 차량으로부터 보행자를 보호하기 위하여 도로나 보도에 설치하는 시설이다. 종래에는 규격에 맞지 않는 과다한 규격이나 석물石物을 설치하여 보행자의 신체에 위해를 주는 위험한 시설로 인식되었지만, 볼라드 재질은 보행자가 부딪혔을 때, 충격을 흡수할 수 있는 재료를 사용하되 속도가 느린 자동차의 충격에 견딜 수 있는 구조여야 하고 볼라드는 지름 10~20cm, 높이 80~100cm, 설치 간격은 휠체어 이용자의 동선을 고려하여 1.5m 내외로 한다.

야간에 시인성 확보를 위해 부분적으로 낮은 조도의 조명을 매입하거나 상부에 형광 재질을 부착하며, 고정형은 보행자 안전을 위해 교차로, 횡단보도, 높낮이 차 없는 보도 등에 설치하고 가변형은 자동차의 통행이 제한되거나 비상시 차량 진입이 필요한 곳에 설치한다.

도로 표지병과 노면표시

도로 표지병은 야간 및 악천후 시 운전자의 시선을 명확히 유도하기 위하여 도로 표면에 설치하는 시설물이며, 특히 양방향 2차로 터널에서 교행하는 차량의 안전성을 확보하기 위해 복열 중앙선에 매입하여 시인성과 안전성을 높이는 데 효과가 있다. 노면표시는 '또 하나의 도로'로 불릴 정도이지만 노면표시는 교통용량 개선 효과 등 높은 중요성에 비해 관심도가 낮으며, 특히 교차로의 도류화 설계에서 체계적인 적용이 필요한 분야이다. 이러한 노면표시는 좌회전 처리, 우회전 및 최우측 차로 노면표시, 교차로부 차선유도, 단로부와 유출부의 차로 변화, 접근로 주행 유도, 자동차 주행 외 정차대, 조업주차, 버스 전용 등 다른 목적의 노면표시 등으로 구분된다.

노면표시는 시설물로 나타나는 것은 아니지만 원활한 회전교통 처리에 따라 도로용량 증대가 이루어지며, 원활한 차로 변경을 유도하고 교차로에서 추돌사고 저감 등 주행 안전성을 높이는 효과도 있으므로 '또 하나의 도로'로 불리는 도로 공간의 숨은 조력자이다.

볼라드, 도로 표지병
ⓒ손원표

띠녹지

띠녹지는 도로변의 과다한 안전시설을 최적화하고 도로환경과 도로경관의 개선을 도모하는 데 필요한 시설로 '안전속도 50/30' 정책에 따라 저속으로 운행하는 도시지역 도로에 적극적으로 도입해야 할 시설이다. 교통공학 관점에서 설치된 지나친 시설물은 '위험한 도로가 안전한 도로이다'라는 역설처럼 오히려 도로환경을 열악하게 하여 주행자와 보행자 모두에게 심리적 부담감을 초래하여 본래의 목적을 훼손시킬 수

있으므로 물순환, 복사열 저감, 경관향상 등의 관점과 교통심리학 차원
에서 널리 적용해야 힐 시설이 바로 띠녹지이다.

노면표시, 띠녹지
ⓒ손원표

연도교와 연륙교는 무엇인가요

교량이란

교량이란 계곡, 하천, 바다 등 장애물이나 다른 도로, 철도, 수로, 시가지 등 인공적 장애물을 극복하기 위해 구조물로 공간과 공간을 연결하는 공학적 기능과 문화를 연결하는 인문학적 의미를 담고 있다.

로마인들은 '교량은 하늘과 땅을 연결하는 상징'으로 믿었으며, 로마의 많은 교량은 성직자에 의해 건설되었다. 불교에서 교량은 인간세계와 부처의 세계를 연결하는 상징적·문화적 구조물로 여기었으며, 견우와 직녀의 오작교, 고려 공민왕과 노국공주의 다리밟기, 평안도 지방의 다리굿 등은 우리 문화에 녹아있는 헤어짐과 만남, 이승과 저승의 통로로서 인문학적 의미를 보여주고 있다.

서양의 교량 발전사

초기에는 하천을 횡단하기 위해 단순히 통나무와 돌을 이용해 건설하였으며 문명과 기술의 발전에 따라 초장대교 건설에까지 이르게 되었다.

로마시대에는 석재를 이용한 아치교형식이 많이 건설되었으며 특히 A.D 14년에 건설된 Gard 수로아치교는 물 공급시스템의 일환으로 건설된 교량으로 당시 높은 교량건설 기술과 사회문화적 수준을 알 수 있다.

근대 교량은 산업혁명과 함께 1776년 영국의 Coalbrookdale 지역에서 강재를 이용하여 아이언 브리지 건설을 시작으로 발전하였다.

20세기는 고강도 소재 개발, 교량공법 다양화 장비의 발전 등으로 장대교량 시대로 진입한 시기로 1940년대와 50년대는 프리스트레스드 콘크리트 교량이 1950년 중반 이후 장대 케이블 교량이 발전하기 시작하였다.

Gard 수로아치교

출처: 네이버 지식백과

아이언 브릿지, Coalbrookdale

출처: 위키백과

한국의 교량 발전사

고인돌, 적석묘 등을 고려할 때 삼국시대 이전에도 한국의 높은 교량 기술을 추정할 수 있으나 안타깝게도 이 시기 교량은 존재하지 않는다.

삼국시대는 국가에서 토목기술을 주도적으로 발전시켰으며 통일신라시대 불국사의 청운교·백운교는 현존하는 가장 오래된 교량으로 당시의 수준 높은 기술을 잘 보여주고 있다.

　조선시대는 간결하고 실용적인 구조로 중소규모의 교량이 주를 이루어 청계천 수표교는 화강석 석재를 적층으로 쌓아 교각을 만들고 판석을 교각 기둥 위에 올려 간결한 구조로 만들었으며, 20세기에는 일본기술에 의해 한강철교, 압록강철교, 영도교 등이 건설되었고 1970년대를 시작으로 국내 기술에 의해 다양한 형식의 현대적 교량이 건설되기 시작하였다.

청운교 · 백운교

출처: 두산백과사전

수표교

출처: 두산백과사전

연도교와 연륙교

　연도교와 연륙교는 교량에 연결되는 양측이 섬이냐 육지냐에 따라 구분되며, 섬과 섬을 연결하는 교량을 연도교, 섬과 육지를 연결하는 교량을 연륙교라고 한다. 대표적으로 신안군에는 많은 섬을 연결하는 연륙교와 연도교가 있으며 자라대교, 중앙대교는 섬과 섬을 연결하는 연도교로 건설되었으나 압해도와 암태도를 연결하는 천사대교가 육지와 연결되어 연륙교가 된 대표적인 사례이다. 국내 연도교와 연륙교 형식은 PSC BOX교와 Extradosed교, 아치교, 사장교와 현수교가 주를 이루고 있으며 그 특성은 다음과 같다.

PSC BOX 거더를 세그먼트 단위로 가설하는 방식을 FCM공법이라하며, Extradosd교는 External 케이블을 이용하여 편심거리를 증가시킨 공법으로 PSC BOX교와 Extradosed교는 거더의 강성과 강연선의 긴장력으로 견디는 특성상 최대 경간장이 200m 이하인 교량형식에 적용된다.

국내에서 해상 PSC BOX교는 사옥대교(660m), 해상 Extradosed교는 운남대교(925m), 노화 – 구도 연도교(780m) 등이 있다.

사옥대교 PSC BOX
출처: 두산백과사전

운남대교 Extradosed교
출처: 무안군

해상교량에 적용된 아치교는 아치의 경관미와 상징성을 위해 경사형 아치리브와 경사 케이블을 적용한 닐센 아치와 단부에 삼각형으로 보강한 String bow 아치와 같은 특색있는 구조를 이용하기도 한다.

국내에 건설된 대표적인 해상 아치교량은 압해대교(1,420m), 백야대교(325m) 등이 있다.

압해대교 닐센아치

출처: 네이버 지식백과

백야대교 String bow 아치

출처: 두산백과사전

고난이도의 기술이 필요한 교량으로 주탑과 케이블을 이용한 구조이다. 미관이 우수하며 국내에 건설된 대표적인 해상 사장교는 인천대교(11,856m), 제1천사대교(3,584m)가 있으며 해상 현수교는 이순신대교(2,260m), 울산대교(1,800m), 제2천사대교(3,640m) 등이 있다.

인천대교 사장교

출처: 두산백과사전

이순신 대교 현수교

출처: 네이버 지식백과

터널이란 무엇인가요

터널이란 산이나 바다에 있는 암반이나 흙을 굴착하여 도로나 철도, 지하철과 같은 교통시설이나 수로, 지하 전력구, 광물생산을 위해 설치하는 시설로 인류는 고대부터 터널을 이용하여 광물을 채취하고 관개수로를 건설하기 시작하였으며 17세기에는 운하를 건설하였다. 19세기와 20세기 들어 기차와 자동차의 발명으로 교통시설이 늘어나며 장대터널과 해저터널을 건설하는 등 터널기술이 본격적으로 발전하였다.

최근 들어 미국의 일론머스크의 아이디어인 하이퍼루프나 서울시에서 개발 중인 영동대로 복합개발사업 등을 비추어 볼 때, 미래에는 터널을 이용한 지하 도시개발이 우리 생활에 새로운 패러다임을 가져올 것으로 생각된다.

서양의 터널 발전사

이집트인들은 기원전 2,800년경 메네 통일왕조 때 시나이반도에서 광물을 채취하기 위해 터널을 사용하였으며 기원전 10세기에서 6세기까지는 식수를 저장하기 위해 수로터널을 건설하였다.

근대 프랑스에서는 1681년 최초의 운하터널로 말파스 터널을 건설하였으며, 영국에서는 템스강을 횡단하기 위해 1864년 직경 0.9m, 길이 2.4m의 원통형 쉴드공법을 발명하여 템스강 아래 하저터널을 건설하여 1870년 타워 지하철의 일부로 사용하기도 하였다.

말파스 터널

출처: 대한토목학회

테임즈 하저터널

출처: blog.naver.com/coutts52

한국의 터널 발전사

우리나라도 서양과 같이 삼한시대와 삼국시대의 유물인 금, 은, 동, 철제그릇, 장식품, 불상 등으로 비춰볼 때 최초의 터널은 광물을 생산하기 위해 굴착했을 것으로 추정할 수 있다.

백제 초고왕 181년경 곡나철산에서 철을 생산하기 위해 터널을 이용하였으며 곡나철산은 석회암지대로 터널을 만들기가 용이했을 것이다. 조선 중종 28년인 1533년에는 철과 금, 은을 채굴하기 위해 터널을 굴착한 것으로 나타나고 있으며 목민심서에는 암석을 가열하고 급랭시켜 암석에 균열을 유도하는 화흥법으로 터널을 굴착하였다는 기록이 있다.

도로터널은 전남 여수시에 있는 마래2터널이 1926년 만들어져 문화재 119호로 지정되었고 폭 4.5m, 높이 4.5m, 길이 640m 터널로 내부에는 100m에서 110m 간격으로 차량을 피할 수 있는 공간이 있는 것이 특징이며, 1932년에 건설된 통영시 남단 당동과 미륵도 북단을 연결한 통영해저터널은 폭 5.0m, 높이 3.5m, 길이 483m로 동양 최초의 해저구조물로 현재는 문화재 제201호로 등록되어 있다.

마래2터널

출처: 뉴스와이드 2019.11.26

통영해저터널

출처: 아틀라스 2020.08.19

도로터널

지형학적으로 국토의 70% 이상이 산악지로 되어 있는 우리나라는 산업발전과 도시 팽창으로 교통량이 급속히 증가하여 도로건설에 따른 자연훼손이 불가피한 실정이며 이를 최소화하기 위해 도로터널이 급증하고 있다. 우리나라 도로터널 현황을 살펴보면 1995년에는 148개에 불과하던 것이 2020년 12월 31일에는 2,742개로 18.5배 증가하였으며 연장도 115km에서 2,157km로 18.7배 증가하였다.

국도상의 가장 긴 터널은 46번 국도상의 배후령 터널로 폭 11m 길이 5,057m의 터널이며, 고속국도에서는 인제-양양고속도로 인제터널로 폭 13.4m, 길이 10,962m로 가장 긴 터널이다. 해저터널로는 2021년

11월 개통한 보령해저터널로 국도 77호선 충남 보령과 태안반도를 연결하는 길이 6,927m의 해저터널로 세계에서 다섯 번째로 긴 터널이다.

세계에서 가장 긴 해저터널은 토쿄만 아쿠아라인(9.5km)과 노르웨이의 봄나피오르터널(7.9km), 에이커선더터널(7.8km), 오솔로 피오르터널(7.2km) 순이다.

보령해저터널

출처: 국토교통부

일본 아쿠아라인 해저터널

출처: 위키백과사전

철도터널

철도터널은 1905년에 개통된 경부선 서울 – 초량간의 상선에 있는 1906년 준공한 경의선 구간의 아현터널, 의영터널 등이 있으며 1918년 경부선 서울 – 부산간 철도를 복선화하며 터널공법이 본격적으로 발전하기 시작하였으며 모양은 지반이 취약한 곳에서도 효율성이 높은 마제형으로 건설하였다.

의영터널

출처: 국토교통부

아현터널

출처: 국토교통부

우리나라 철도터널은 초기에는 경제성 위주로 건설되어 터널을 최소화하여 소규모의 짧은 터널 위주였으나 최근 들어 수도권 과밀화 해소 대책으로 신도시 개발에 따른 KTX나 GTX와 같이 철도가 고속화되고 역세권의 도시화로 높아진 보상비를 줄이고 소음·진동에 의한 환경문제를 해소하기 위해 터널연장이 늘어나고 있는 추세이다.

철도터널 건설 현황을 살펴보면 1994년에는 452개소, 연장 164km의 터널이 2018년에는 782개소, 618km로 기하급수적으로 증가하고 있는 추세이며 특히, 최근에 개통된 수서−평택 고속철도는 전 구간의 93%인 56km가 터널로 건설되었으며 계획 중인 GTX, A, B, C 노선이 완공되면 철도터널이 가져다주는 편익은 경제성을 떠나 한 차원 높은 국민의 삶의 질 향상에 크게 기여할 것으로 기대된다.

참고문헌(2부 1장)

[단행본]

국가건설기준센터, 'KDS 11 10 10 지반조사', 2016.

국가건설기준센터, 'KDS 11 30 05 연약지반 설계기준', 2016.

국토교통부, 《도로설계편람》 도로계획 및 기하구조 편, 2012.

국토교통부, 《도로포장 유지보수편람》, 2015.

국토교통부, 《건설공사 비탈면 설계기준》, 2016.

국토교통부, 《도로포장 하부구조 시공 지침》, 2017.

국토교통부, 《도로비탈면 유지관리 실무매뉴얼》, 2018.

국토교통부, 《도로의 구조·시설 기준에 관한 규칙 해설》, 2020.

권호진, 《도로공학》, 구미서관, 2017.

손원표, 《도로공학원론》, 반석기술, 2010.

손원표, 《도로경관계획론》, 반석기술, 2014.

시오노 나나미, 《로마인 이야기 10》, 한길사, 2002.

한국도로공사, 《고속도로 설계지침서》, 2009.

한국도로공사, 《도로설계요령》, 2020.

한국도로학회, 《도로문화의 길을 바라보다》, 2018.

한국도로학회, 《도로전문용어집》, 2021.

한국터널공학회, 《한국터널공학회 백서》, 2007.

황학주, 《최신 교량공학》, 동명사, 2013.

Fritz Leonhardt, 권인환 역, 《교량의 미학》, 원기술, 1994.

[논문 및 보고서]

국토연구원, <2040 국가간선도로의 미래상 연구>, 2018.

예술의전당 한가람디자인미술관, 인간을 위한 도시디자인전, 2005.

오재환, 황경수, 김경범, 양정철, <산악관광도로 위험구간의 교통사고 요인 분석 및 감소방안 -제주도의 지방도를 중심으로>, 한국산학기술학회 논문지 Vol. 17 No. 1, 2016.

이지성, <지반 침하 주차장 안전한가?>, 광양경제신문, 2016.

최준성, <연약지반의 압밀침하에 의한 도로포장설계의 영향분석>, 한국도로학회 학술대회 발표논문 초록집, 2005.

[전자문헌]

국토교통부 통계누리, 도로현황 메타정보

나무위키, <비포장도로>, 2021.

네이버 지식백과, <바퀴의 발명>

네이버 지식백과, <싱크홀, 지하수의 저주>, https://terms.naver.com/entry.naver?docId=3574603&cid=58945&categoryId=58974

대한토목학회, 유투브, <도로 포장... 종류는, 아스팔트, 콘크리트 그 외 어떤 것이 있을까?>, 2021.

불스원, 블로그, <달릴 때 더 조용한 도로는? 아스팔트포장도로 vs 콘크리트포장도로>, 2021.

산림청 브리핑룸 보도자료, <추석 전후 국유임도 개방으로 대국민 편의 제공>

e-나라지표, 국정모니터링지표

[국외문헌]

Austroad, <Assessment of Key Road Operator Actions to Support Automated Vehicles>, 2017.

2장

안전하고 편리한
도로 만들기

도로 위에 그어진 선들의 의미 노관섭

교통안전표지는 유용한가 노관섭

자동차 차도이탈사고 피해를 줄이는 시설 노관섭

정면충돌사고를 예방하는 시설은 무엇인가요 이동민

과속을 억제하는 시설은 무엇인가요 이동민

야간에 중요한 조명시설은 무엇인가요 이동민

현대식 회전교차로란 무엇인가요 이동민

교차로에도 섬이 있다 손원표

교통사고 많이 나는 곳에 대한 이해 노관섭

악천후 시의 도로교통안전 노관섭

도로 위에 그어진 선들의 의미

차선과 노면표시

운전하면서 가장 중요하다고 느끼는 시설은 차선이다. 다른 차들과 마주하고 달릴 때 중앙선은 그야말로 생명선이다. 같은 방향으로 달릴 때, 특히 대형차들과 나란히 달릴 때 차선 표시가 없으면 진땀이 난다.

차선을 포함하여 차량 또는 보행자에게 교통 규제나 안내를 위해 포장 노면 위에 설치하는 선, 기호, 문자 표시를 노면표시路面表示라 한다. 노면표시는 도로에서 일어나는 교통상의 모든 위험과 장해를 방지하고 제거하여 안전하고 원활한 교통을 확보함을 목적으로 만든 도로교통법에 따라 설치한다. 법 시행규칙 별표 6(안전표지의 종류, 만드는 방식 및 설치·관리기준)을 근거로 하며, 구체적인 시설 설치에 관한 내용은 경찰청에서 발행하는 ≪교통노면표시 설치·관리 매뉴얼≫에서 제시하고 있다.

노면표시는 도로표시용 도료, 반사테이프 또는 발광형 소재를 사용하여 설치한다. 노면표시의 기능을 보완하기 위해 표지병標識甁을 설치할 수 있다.

다양한 노면표시의 쓰임

노면표시는 도로교통의 안전을 위하여 각종 주의·규제·지시 등의 내용을 도로 이용자에게 노면에 표시하여 알리는 것으로 여러 가지 종류가 있다. 중앙선, 유턴구역선, 차선, 전용차로, 노면전차전용로, 길가장자리구역선, 진로변경제한선, 우회전금지, 좌회전금지, 직진금지, 좌우회전금지, 유턴금지, 주차금지, 정차·주차금지, 속도제한, 서행, 일시정지, 양보, 정차·주차구획, 정차금지지대, 유도선, 좌회전유도차로, 노면색깔유도선, 회전교차로양보선, 유도, 횡단보도예고, 정지선, 안전지대, 횡단보도, 자전거횡단도, 자전거전용도로, 자전거우선도로, 어린이보호구역, 노인보호구역, 장애인보호구역, 진행방향, 진행방향 및 방면, 비보호좌회전, 차로변경, 오르막경사면 등이다.

이 많은 것을 알아야 할까? 알아야 한다. 다양한 노면표시는 상식적인 의미를 지니므로, 이를 알고 지켜서 도로를 이용해야 서로가 안전하다.

차선의 색상, 실선과 점선

차선은 차로와 차로를 구분하기 위하여 그 경계지점을 표시한 선이다. 차량의 양방향 분리를 위해 설치하는 중앙선에는 노란색 선을, 동일 방향의 차로와 차로 사이는 흰색 선을 긋는다. 노란색은 중앙선 표시 외에도 주차금지표시, 정차·주차금지표시에도 사용하여 일부 혼선을 주기도 한다. 전용차로표시는 파란 선으로 한다.

차선이 실선일 때는 차로를 변경해서는 안 된다. 점선일 때는 변경이 가능하다. 도로가 분리·합류되는 구간 또는 장소 내의 필요한 지점에 설치하는 진로변경제한표시는 차가 점선이 있는 쪽에서는 진로를 변경할 수 있으나, 실선이 있는 쪽에서는 진로변경을 제한하는 것이다. 실선은 대부분 진로변경을 하면 위험을 초래하는 구간에 그어져 있어 단순한 선이라고 넘나들면 교통사고를 낼 수 있다. 지형적으로 전방 시야가 제한되어 앞지르기나 차로변경이 금지된 곳은 실선인데 이를 무시하면 큰일 난다. 특히 겨울철에 교량 위에 그어진 실선을 무시하고 차로변경을 하면 미끄러져 대형사고를 낼 수 있다. '선, 선, 선을 지키자.'

멈춰야 할 곳, 안 멈춰야 할 곳

교차로나 횡단보도에는 차량이 일시 정지하도록 도로의 횡단방향으로 정지선을 두고 있다. 신호교차로에서 차량 신호등이 적색일 때, 보행자가 횡단보도를 지날 때 멈춰야 하는 지점이다.

적정한 때에 차가 멈출 수 있도록 도로별 특성에 따라 제한속도를 교통안전표지와 노면표시로 알리고 있다. 어린이보호구역, 노인보호구역, 장애인보호구역은 속도제한을 30km/h로 하고 있고, 편도 2차로 이상의 도로에는 횡단보도 앞뒤 50m 이내의 구간에 길가장자리구역선이나 진로변경제한선을 지그재그 형태로 하는 서행표시를 해놓는다. 이 노면표시의 의미를 알고 서행하다가, 필요하면 정지선에서 멈출 수 있어야 하겠다.

한편, 광장이나 교차로 중앙지점 등에 차가 정차하는 것을 금지하도

록 정차금지지대 표시를 하고 있
다. 교통량이 많은 시간대에 전
방에 차들이 정체상태인데도 신
호등만 보고 진입하였다가 신호
가 바뀌어 교차로에서 다른 방향
의 차까지 통행하지 못하는 속칭
꼬리물기를 예방하기 위한 것이

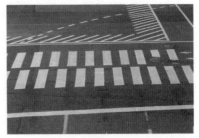

정지선과 정차금지지대 표시
©노관섭

다. 정차금지지대 표시를 한 구획 부분에는 언제나 차들이 멈춰있지 않
도록 단속 이전에 성숙한 의식을 가지고 지켜야 하겠다.

의미가 알쏭달쏭한 기호들

횡단보도예고표시는 다이아몬드 형상을 하고 있다. 횡단보도 전
50m에서 60m 노상에 설치하며, 필요할 경우에는 10m에서 20m를 더한
거리에 추가로 설치하여 전방에 횡단보도가 있음을 알리는 것이다. 이
표시를 보면 전방에 횡단보도가 있음을 알고 제한속도로 주행을 하더라
도 속도를 줄여서 횡단하는 보행자가 있을 때 언제든지 일시정지할 수
있도록 주의를 기울여야 한다.

도로와 도로가 만나는 지점은 교차로이다. 교차로는 주도로에 통행우
선권이 있고 이에 연결되는 부도로의 차량은 주도로 통과 차량에 양보해
야 한다. 차가 양보하여야 할 장소임을 역삼각형으로 표시하는 것이 양보
표시다. 교차로나 합류도로에서 교차로에 접근하는 부도로의 차량이 차
를 즉시 정지시킬 수 있는 정도의 느린 속도로 진행하다가 통행 우선순위

가 높은 도로의 통행 차량이 지나간 후에 안전하게 진입하도록 한다.

제한속도를 30㎞/h 이하로 제한하는 도로에서 횡단보도를 노면보다 높게 하고 보도와 높이를 일치시켜 교통약자의 이동편의를 제공하고 운전자의 주의를 환기시킬 필요가 있는 지점에는 고원식횡단보도를 설치한다. 차도와 고원식횡단보도를 연결시키는 구간에 오르막경사가 생기게 되는데, 이 구간에 오르막경사임을 표시하는 것이 오르막경사면표시로, 삼각형 두 개를 표시한다. 고원식횡단보도를 횡단보도와 결합된 과속방지턱이라고 잘못 인식하여 오르막 경사면에 삼각형 표시를 하지 않고 과속방지턱 노면표시를 하는 곳이 많다. 시설 기능과 적합한 설치에 대한 이해가 필요하다.

노면색깔유도선

교차로, 나들목이나 분기점에서는 목적지별 통행해야 하는 방향을 찾기가 어려울 수 있다. 도로표지와 내비게이션의 도움을 받아서 주행하지만, 운전자의 혼란을 초래하는 구간에는 명확한 경로 안내가 필요하다. 이를 위

중앙선과 노면색깔 유도선
ⓒ노관섭

해 일정 간격으로 갈매기 표시를 하는 노면색깔 유도선을 설치하는데, 운전자들의 평이 좋다.

1개 방향 안내 유도선의 색상은 분홍색으로, 2개 방향 안내 유도선의 색상은 분홍색과 녹색 또는 연한녹색으로, 3개 방향 안내 유도선의 색상은 분홍색, 녹색, 연한녹색으로 설치한다. 구체적인 설치방법은 국토교통부에서 발행한 '노면색깔 유도선 설치 및 관리 매뉴얼'에서 제시하고 있다. 너무 많은 표시와 색의 남용은 오히려 혼동을 초래하므로 적정한 운용이 필요하다.

교통안전표지는 유용한가

교통안전을 위한 표지

　교통안전시설이란 도로에서 교통사고를 방지하고 원활한 교통소통을 확보하기 위하여 설치하는 시설물로서 도로교통법 제3조의 규정에 따른 신호기, 안전표지, 노면표시 등을 말한다.

　안전표지란 교통안전에 필요한 주의·규제·지시 등을 표시하는 표지판이나 도로의 바닥에 표시하는 기호·문자 또는 선 등을 말한다. 표지판으로 설치하는 것을 교통안전표지, 도로의 바닥에 표시하는 것을 노면표시라 하고, 노면표시는 안전표지의 하나로 간주하고 있다. 신호기란 도로교통에서 문자·기호 또는 등화燈火를 사용하여 진행·정지·방향전환·주의 등의 신호를 표시하기 위하여 사람이나 전기의 힘으로 조작하는 장치를 말한다. 안전표지는 도로교통 여건에 따라 고정식의 정적 안전시설이고, 신호기는 상황에 따라 변하는 동적 안전시설이다.

　도로교통법 시행규칙 별표 6(안전표지의 종류, 만드는 방식 및 설치·관리 기준)에 교통안전표지 관련 내용이 있으며, 구체적인 시설 설치에 관한 내용은 경찰청에서 발행하는 《교통안전표지 설치·관리 매뉴얼》에서 제시하고 있다. 교통안전시설의 설치·관리기준은 주야간이나 기상상태 등에 관계없이 교통안전시설이 운전자와 보행자의 눈에 잘 띄도록 정한다.

다양한 교통안전표지의 쓰임

교통안전표지로는 크게 주의표지, 규제표지, 지시표지, 보조표지 등이 있다. 주의표지는 도로상태가 위험하거나 도로 또는 그 부근에 위험물이 있는 경우에 필요한 안전조치를 할 수 있도록 이를 도로 이용자에게 알리는 표지이다. 규제표지는 안전을 위하여 각종 제한·금지 등의 규제를 하는 경우, 이를 알리는 표지이다. 지시표지는 도로의 통행방법·통행구분 등 안전을 위하여 필요한 지시를 할 때 도로 이용자가 이에 따르도록 알리는 표지이다. 보조표지는 주의표지·규제표지 또는 지시표지의 주기능을 보충하여 내용을 알리는 표지이다.

안전표지는 통일성을 갖고 설치하고 이용되도록 바탕, 테, 문자와 기호의 색채 등에 대해 명확한 규정을 두고 있다. 주의표지, 규제표지 및 보조표지의 문자와 기호는 흑색으로, 지시표지의 문자와 기호는 백색으로 한다. 의미의 강조를 위한 몇 가지 예외가 있으며, 특별히 진입금지표지 및 일시정지표지의 바탕은 적색으로, 문자 및 기호는 백색으로 하여 위험성이 있는 만큼 규제를 강조한다. 교통안전표지는 국제 공용의 표지인 만큼 문자보다는 기호나 숫자로 표기한다.

도로에서 비교적 속도를 낼 수 있거나 전망이 좋지 않은 도로의 교차로에서, 볼 수 있는 거리가 짧은 교차로 전방에 교차로가 있음을 알리는 교차로표지를 설치한다. 모양은 삼각형의 주의표지로, +자형, T자형, Y자형, ㅏ자형, ㅓ자형, 회전형 등 교차로 형태를 표기한다. 큰 도로에서는 대부분 도로표지를 설치하고 교차로 전방에 예고표지와 본표지를 설치하므로 이미 교차로가 있음을 충분히 인식함에도 교차로 주의표지를 설치하고 있다. 도로표지는 국토교통부 소관이고, 교차로표지는 경찰청 소관이므로 서로가 업무를 이해하고 불필요한 시설 설치와 예산 낭비가 되지 않도록 해야 한다.

'우로 굽은 도로' 문자 표기

'우로 굽은 도로' 교통안전표지

ⓒ노관섭

일시정지표지와 양보표지

규제표지는 표지판 모양이 원형, 역삼각형 등을 사용한다. 일시정지표지는 특별하게 팔각형으로 하고 바탕색도 적색으로 하여 일시정지가 그만큼 중요함을 각인시킨다. 신호등으로 말하면 적색등이다. 일시정지는 차량의 운전자가 차량의 바퀴를 일시적으로 완전히 정지시키는 것이다. 주도로 통행 차량이 통행우선권을 갖고 먼저 통과할 수 있도록 부

도로 차량이 일시적으로 멈추게 하는 기능이다. 이런 개념을 이해하지 못하고 주도로에 정지표지가 설치되는 경우도 있다. 많은 운전자는 이 표지의 의미와 기능을 이해하지 못하고 아무 생각 없이 다니기도 한다.

교차로나 합류도로 등에서 통행 우선순위가 높은 도로의 통행 차량에 양보해야 하는 우선순위가 낮은 도로에 역삼각형의 양보표시를 설치한다. 회전교차로에서 통행우선권은 회전하고 있는 차량에 통행우선권이 있으며, 교차로에 진입하려는 차는 회전하는 차량에 양보해야 한다. 이를 위해 차량은 일시정지가 아닌 서행을 하고, 서행은 운전자가 차를 즉시 정지시킬 수 있는 정도의 느린 속도로 진행하는 것이다.

이런 원칙이 도로교통법에서 정하고 있음에도 이해하지 못하거나 지키지 않는 경우가 많다. 일시정지와 양보는 교통안전표지와 노면표시를 같이 설치하도록 하고 있는데, 도로공간의 여건상 교통안전표지를 설치할 수 없을 때는 노면표시만으로도 이런 기능을 할 수 있도록 할 필요가 있다.

교차로에서의 안전표지와 신호기

교차로 교통사고가 전체 교통사고의 70% 이상인 점을 감안하면 교차로에서 통행우선권을 확보하도록 신호와 일시정지를 지키는 운전이 가장 중요하다. 도로교통법에 기술되어 있고, 운전면허시험을 통해서 이를 강조하고 있지만, 실제 도로현장에서는 시설 설치도 제대로 안 된 경우도 있고, 도로 이용자들은 별생각 없이 운전한다.

교차로의 교통량이 적을 때는 교통안전표지만으로 통행우선권을 알릴 수 있고 이를 지키면 안전이 확보된다. 일시정지와 양보는 다른 의미가 있는데, 일시정지는 멈춤이고 양보는 서행의 개념이다. 신호등으로 말하면 정지는 적색이고, 양보는 황색으로 이들 표지는 주도로가 아닌 부도로에 설치한다. 부도로에서 교차로에 접근하는 운전자가 이를 확인하고 지켜야 한다.

교통량이 늘어나면 교통신호기를 설치한다. 방향별 교통량을 반영하여 시간대별 신호주기를 설정해야 적절한 운영을 하고 신호를 지키지 않는 불법 행위를 예방할 수 있다.

교통안전표지와 신호등의 중간 정도에 점멸등을 설치할 수 있다. 주도로 운전자가 보는 점멸등은 주의하면서 안전하게 통과할 수 있도록 황색 점멸등을 설치하지만, 부도로 운전자가 보는 점멸등은 일시정지하여 주도로 통과차량 여부를 확인하고 주도로에 진입하도록 정지 개념의 적색 점멸등을 설치한다. 도로관리자와 이용자들이 이런 개념들을 명확하게 인식해야 하겠다.

교차로에 점멸등을 비롯한 교통신호기가 설치되었으면 전방에서 신호기가 충분히 보이므로, 별도의 교차로표지를 설치할 필요가 없다. 천천히 표지나 서행 표지도 불필요하다. 도시에 여유공간을 최대한 확보하도록 불필요한 시설물들을 제거하는 작업이 필요하다.

한편 전방에 신호기가 있음을 알리는 신호기표지를 꼭 설치해야 할 때도 있다. 전방의 신호등이 시야장애로 보이지 않아 신호기의 위치를 사전 예고할 필요가 있는 경우에는, 신호기가 있는 지점 전 50m 내지 200m 지점에 신호기표지를 설치한다.

자동차 차도이탈사고 피해를 줄이는 시설

도로는 안전한가

제한속도로 앞차와 안전거리를 유지하면서 자기 차로를 달리면 교통사고가 날 리 없다. 운전자가 그렇게 달리면 아무 문제가 없도록 도로가 만들어졌다. 그런데 교통사고는 매년 이십만 건 이상 일어나고 수많은 사람이 죽고 다치는가.

도로설계는 국토교통부령으로 정한 '도로의 구조·시설 기준에 관한 규칙'을 따른다. 도로의 모든 시설 조건을 결정하는 것은 설계속도이며, 도로의 기능과 지역에 따라 해당 도로에서 달릴 수 있는 자동차의 속도를 정하고 있다. 예를 들어, 일반 고속국도에서는 100km/h, 2차로 구릉지 간선도로에서는 60km/h 등이다.

설계속도에 따라서 도로선형, 경사, 시야확보 정도, 차로와 길어깨 폭, 안전시설의 규격과 설치 간격 등이 정해진다. 도로시설은 설계기준에서 정한 최소규격 이상으로 여유 있게 만든다. 운전자가 주행할 수 있는 최고제한속도는 설계속도 수준으로 정하고 있다. 따라서 제한속도 내로 운전하면 교통사고가 날 이유가 거의 없다.

도로에서 안전 주행을 위한 기본 생각

도로시설은 어떻게 만들어야 하고 운전자는 어떻게 해야 할까를 생각해본다. 반대로 생각하면, 운전자는 어떻게 해야 하고 여기에 부합하는 도로구조와 도로안전시설 포함한 도로환경을 어떻게 만들까. 이러한 생각은 네 단계를 거쳐 점진적으로 살펴볼 수 있다.

설계속도는 노면이 젖은 상태에서 다른 자동차들의 영향을 받지 않으며 자동차의 주행조건이 도로의 구조적인 조건만으로 지배되고 있는 경우에 평균적인 운전 기술을 가진 운전자가 안전하고 쾌적성을 잃지 않고 주행할 수 있는 적정 속도이다. 이렇게 만들어진 도로에서는 운전자가 자기 갈 길, 차로를 따라 제한속도 안에서 주행하면 문제가 없다. 이때 운전자에게 도움이 되는 시설이 명확한 차선이고, 보조적으로 선형을 안내하는 시선유도시설이다.

다음 단계로 졸음운전이나 부주의로 주행차로를 벗어난 경우에는 운전자가 상황을 파악하고 주행 원위치로 돌아와야 한다. 이에 도움이 되는 시설이 노면요철포장이다. 이 시설은 차로 차선에 인접한 길어깨 부분에 소폭의 노면 홈파기를 종방향으로 연속 설치하여, 이 요철을 통과할 때 타이어에서 발생하는 마찰음과 차체의 진동을 통해 운전자 주의를 환기시켜 자동차가 원래의 차로로 복귀하도록 유도한다. 차로 이탈단계를 넘어서 차도 밖으로 떨어질 수 있는 위험단계에 이르기도 한다.

주행 중 진행 방향을 잘못 잡은 자동차가 길 밖 또는 대향차로 등으로 이탈하는 것을 방지하거나 자동차가 구조물과 직접 충돌하는 것을 방지하여 자동차 및 탑승자, 보행자 또는 도로변의 주요시설을 안전하게 보호하기 위해 방호울타리와 같은 차량방호 안전시설을 설치한다. 전 단계까지는 교통사고가 발생하기 전에 조치하여 사고 예방 차원에서 생각할 수 있는 단계라면, 이 단계는 교통사고 치명도를 감소시키는 단계이다.

차량방호 안전시설은 해당도로의 설계속도와 충돌조건에 부합한 성능을 갖는 시설을 설치하지만, 이 조건을 벗어난 경우에는 자동차가 도로 밖으로 추락할 수밖에 없다. 이때 고려할 수 있는 안전대책이 대형 가로수나 전주 등 도로변 장애물을 제거하거나 떨어져 설치하여 안전지대를 제공하는 것이다.

차량방호 안전시설이란

차량방호 안전시설은 차량의 이탈이나 정면충돌 등과 같은 치명적인 교통사고의 피해를 줄이기 위해 설치하는 것으로, 노측에 설치하는 방호울타리와 고정 구조물의 전면에 설치하는 충격흡수시설이 있다.

차량 방호울타리는 주행 중 정상적인 주행 경로를 벗어난 차량이 길밖, 대향차로 또는 보도 등으로 이탈하는 것을 방지하는 동시에 탑승자의 상해와 차량의 파손을 최소한으로 줄이고 차량을 정상 진행방향으로 복귀시키는 것을 주목적으로 설치하는 시설물이다. 설치 위치에 따라 노측용, 중분대용, 교량용 등이 있다. 난간은 교량에서 보행자와 자전거가 교량 바깥으로 떨어지는 것을 방지하기 위한 보행자용 방호울타리이다. 교량에서 차량의 방호 기능과 보행자, 자전거 등이 교량 밖으로 떨어지는 것을 방지하기 위한 난간의 기능을 모두 갖춘 교량용 방호울타리의 일종으로 난간 겸용 차량 방호울타리도 있다. 시설재료 및 기능에 따라 차량의 충돌 때, 구성 부재가 변형되는 연성 방호울타리와 충돌 시에 구성 부재가 거의 변형되지 않는 강성 방호울타리가 있다.

차량이 방호울타리의 끝부분을 충돌할 때 차량의 거동이 불안하게 되거나 방호울타리의 단부가 차량을 관통할 수 있으므로 이를 방지하기 위해 방호울타리 끝부분에 설치하는 단부처리시설도 안전에 중요하다. 다른 강도나 형식을 갖는 방호울타리들이 연결되어, 구조물의 강성이나 단면이 변화되는 구간은 충돌 때 취약구간이 되므로 강도나 단면을 완만하게 변화시켜 연속성을 준 전이구간 처리도 필요하다.

충격흡수시설은 주행 차로를 벗어난 차량이 고정된 구조물 등과 직접 충돌하는 것을 방지하여, 교통사고의 치명도를 낮추는 시설이다.

| 도로의 차량방호 안전시설 | 중앙분리대와 방호울타리 |

ⓒ노관섭

안전한 차량방호 안전시설의 설치 기준

차량방호 안전시설을 포함한 다양한 도로안전시설의 설치는 국토교통부의 예규와 그 해설서인 ≪도로안전시설 설치 및 관리 지침≫을 적용한다. 이 지침은 도로안전시설의 기능, 성능, 설치, 재료, 시공 및 유지관리 등에 관한 기본적이고 세부적인 사항을 정하여 도로관리청이 업무를 수행하고, 도로 이용자의 안전을 도모하도록 한 것으로 지침 파일은 국토교통부 누리집에서 받을 수 있다. ≪도로안전시설 설치 및 관리 지침－차량방호 안전시설 편≫'은 1980년 발행된 ≪방호책 설치요령≫을 보완하여 작성한 ≪도로안전시설 설치 및 관리 지침≫의 방호울타리 편(1997), 중앙분리대 및 충격흡수시설 편(1998.10)과 교량용 방호울타리 편(1999.9)을 통합하여 개정한 것이다. 종전의 지침들은 시설의 규격을 제시하고 통일된 시설물이 설치되도록 한 것인데, 다양한 형상 및 기능의 신제품에 대해서 성능을 평가할 수 없다. 이러한 문제점을 해소하고 성능이 검증된 시설을 설치할 수 있도록 실물충돌시험을 통한 시설물의 성능검증을 주요 기준으로 하는 차량방호 안전시설 통합 지침을 2001년 7월에 발간하였으며, 수차 개정을 통해서 오늘에 이르고 있다.

지침은 안전시설에 일어날 수 있는 모든 충돌에 대비할 수 없으므로 경제적, 기술적으로 처리가 가능한 최악의 충돌조건에 대하여 안전한 시설이 되도록 기준을 설정하고 있다. 도로관리기관은 도로기능과 경제성 및 기술수준에 맞게 지침의 충돌기준을 탄력적으로 적용할 수 있다.

지침을 통하여 제시되는 실험기준이나 설치방법이 최종적인 것이 아니며, 새롭게 개발되는 재료, 기술, 실험 방법은 과학적이고 공학적인

데이터로 사고위험을 줄이는 데 기여할 수 있는 효과가 입증되고 경제성이 확인되면 언제든지 사용할 수 있다.

시설 성능의 검증은 실물충돌시험을 통해서 확인하는데, 일정한 충돌조건에서 실물 차량을 차량방호 안전시설에 충돌시킨 후, 탑승자, 차량, 차량방호 안전시설의 거동을 분석함으로써 그 성능을 평가한다. 구체적인 방법은 ≪차량방호 안전시설 실물충돌시험 업무편람≫에서 제시하고 있다. 실물충돌시험 성능인증기관은 국토교통부로부터 승인받은 한국도로공사와 교통안전공단 등 두 기관의 연구소에서 수행하고 있다. 승인받은 제품의 업체현황은 국토교통부 누리집에서 분기별로 현행화한다.

방호울타리의 등급은 시설물의 강도를 차량이 충돌 때에 갖는 운동에너지인 충격도(IS Impact Severity)로 정의하여 9개 등급으로 구분한다. 시설물 사용 목적과 설치 구간의 도로 및 교통 조건, 지형 조건 및 기술수준 등을 종합적으로 고려하여 설계 조건을 정하고 이에 부합한 시설물이 되도록 적용한다. 방호울타리 강도가 높아질수록 대형차의 방호에는 효과적이지만, 충격 흡수능력이 상대적으로 떨어져 탑승자의 안전성 측면에서는 바람직하지 못하므로 등급의 선정은 차량의 방호 성능과 탑승자의 안전성 확보를 균형 있게 고려하는 것이 중요하다.

정면충돌사고를 예방하는 시설은 무엇인가요

도로의 중앙선과 중앙분리대

도로에는 차로의 통행을 방향별로 분리하기 위하여 도로의 중앙에 선을 그어 중앙선을 표시하거나 일정 폭을 가진 중앙분리대를 설치한다. 중앙선은 반대 방향의 교통류를 분리하는 것으로 자동차의 통행 방향을 명확히 구분하여 시인할 수 있도록 하는 노면표시이다. 황색 실선을 설치하고 위험한 곳은 단선이 아닌 복선으로 설치한다. 그리고 중앙분리대는 차로 수가 4차로 이상인 고속국도에는 반드시 설치하며, 그 밖의 다른 도로는 차로 수가 4차로 이상이면 필요에 따라 설치한다. 즉 중앙분리대의 기능과 교통상황, 도로 주변상황 등을 고려하여 안전하고 원활한 교통을 확보하는 데 필요하다고 판단될 때 중앙분리대를 설치한다.

중앙분리대는 자동차의 중앙선 침범에 따른 치명적인 정면 충돌사고를 방지하고, 동시에 도로 중심선 쪽의 교통 마찰을 감소시켜 도로용량을 증대시킨다. 분리대에는 왕복교통을 명확하게 분리해야 하므로 분리대용 방호울타리 등을 설치하며, 분리대에 연석과 함께 녹지대를 설치하기도 한다. 연석과 녹지대를 설치하는 형식은 볼록형 중앙분리대와 오목형 중앙분리대가 있다. 분리대 내에 방호울타리를 설치하는 시설물 중앙분리대, 분리대의 폭을 넓게 확보하는 광폭 중앙분리대 등 다양한 형식이 있다.

우리나라에서는 중앙분리대를 넓게 확보하는 것이 어려우므로 연석으로 형성된 볼록형 분리대나 잔디 분리대를 많이 사용해 왔으나, 진행 방향을 이탈하여 분리대로 진입하여 발생하는 대형사고와 잔디나 수목의 유지관리에 대한 어려움 등으로 측대를 여유 있게 활용할 수 있는 시설물을 이용한 중앙분리대가 대부분이다. 그러나 도시지역 도로에서는 도시의 환경 개선과 경관의 조화를 고려하여 연석을 사용한 녹지형 분리대를 사용하고 있다. 분리대의 형식이나 구조는 설계속도, 도시화의 정도, 경제성, 도로의 기능별 구분 등에 따라 적합한 형식과 구조를 선택해야 한다.

중앙분리대용 방호울타리

일반적으로 도로교통사고의 유형 중 가장 피해 심각도가 높은 교통 사고 유형은 대향차량과 정면충돌 교통사고이며, 정면충돌사고 예방은 교통안전시설 설치에 가장 중요한 이슈이다. 이러한 차량의 정면충돌사고 예방을 위해 설치되는 도로교통안전시설은 중앙분리대용 방호울타리이다. 중앙분리대용 방호울타리는 4차로 이상의 고속국도 및 자동차 전용도로와 선형조건이 위험하여 대향차로 침범으로 교통사고가 많이 발생하는 지방지역 도로 구간에 설치할 수 있다. 부가적으로 주행속도가 높거나 중앙선 침범이 우려되는 도시부 도로 구간과 불법 U턴 등을 막기 위해서도 설치한다.

중앙분리대용 방호울타리는 근본적으로 대향차로 침범에 따른 정면충돌사고를 예방하기 위한 시설이므로, 차량충돌 시 일정 범위 내에서 변형이 되면서 충격에너지를 흡수하는 가요성 방호울타리보다는 충돌 시 차량의 주행차로로 복귀할 수 있는 기능이 있는 강성 방호울타리를 설치한다. 중앙분리대로 사용하는 대표적인 강성 방호울타리는 콘크리트 중앙분리대와 가드레일형 중앙분리대이다. 주행속도가 매우 높고 상대적으로 차도 폭의 여유가 있는 고속국도에는 콘크리트 중앙분리대를 설치하고, 일반도로 및 도시지역 도로에서는 주행속도가 높지 않고 중앙분리대 차도 폭의 한계가 있어 가드레일형 중앙분리대를 설치하게 된다.

또한 중앙분리대의 끝부분(단부)에 차량이 충돌할 때는 치명적인 상해를 유발할 수 있어서 방호울타리의 끝부분을 처리하는 단부처리가 중요하다. 특히, 교통사고 상해가 높은 사고가 발생할 수 있는 방호울타리 단부에는 충격흡수시설을 별도로 설치해야 한다. 이러한 충격흡수시설은 중앙분리대 단부뿐만 아니라, 차량과의 충돌 위험성이 높은 교각 및 교대 앞, 연결로 출구 분기점의 강성구조물 앞, 강성 방호울타리 혹은 방음벽 기초의 단부, 요금소 전면과 터널 및 지하차도 입구 등에 설치한다. 충격흡수시설은 설치공간과 설치방향, 시설물의 시선유도 그리고 충격흡수시설 후면 구조물에 따라 설치하게 된다. 높은 속도로 충돌이 예상될 때는 충격흡수시설과 후면 구조물과 충분한 이격거리 확보 및 충격흡수 성능이 우수한 시설을 설치해야 하며, 예상되는 차량의 충돌 각도를 고려하여 설치해야 적절한 충격흡수 효과를 기대할 수 있다. 충격흡수시설은 기능상 운전자와 도로구조물을 보호하는 기능을 수행하지만, 경우에 따라 주행하는 운전자에게 장애물로 간주될 수 있어, 장애물 표적표지, 교통안전표지 등과 같은 시선유도시설을 충격흡수시설과 구조물 전방에 설치하여 운전자가 충분한 여유를 가지고 적절히 대응할 수 있도록 해야 한다.

가변차로로 운영하는 중앙선

도로의 양방향 교통량이 시간대별로 크게 다른 경우에는 중앙선을 시간대별로 변이하여 진행방향을 지정하는 가변차로를 설치하여 통행방향에 따른 교통량을 수용하여 소통효율을 높인다. 가변차로는 3차로 이상인 도로 구간에서 설치를 검토할 수 있다. 노면표시는 황색점선의 복선 또는 황색실선의 복선으로 설치한다.

가변차선 노면표시와 함께 가변형 가변등을 사용하여 자동차의 진행방향을 표시하여야 한다. 가변차로를 진행하는 자동차는 가변형 가변등의 지시에 의해서만 진행하는 차로에서 가변차로로 진입과 복귀를 할 수 있다. 가변차로가 교차로에 연장되는 경우, 교차로 전방에 자동차의 진로 변경을 제한하는 황색실선의 복선을 설치한다.

가변차로를 설치함으로써 차량의 소통을 원활하게 할 수 있으나, 가변차로 구간이 연장되는 도로의 차로가 좁아질 때는 오히려 차량의 소통을 저해할 수 있으므로. 가변차로를 설치하기 전에 설치 구간이 연장되는 도로의 여건에 대한 공학적 검토가 반드시 선행되어야 한다. 운전자들 또한 가변차로에 대한 이해를 충분히 하고 안전한 운행을 해야 한다.

중앙분리대 개구부

고속국도나 자동차전용도로와 같이 중앙분리대로 양방향 차로가 분리된 도로에서는 교통사고나 자연재해 등과 같은 사고 처리 또는 유지보수 공사와 같은 도로 관리 등을 위하여 중앙분리대 개구부를 설치할 필요가 있다. 그 밖의 도로를 방향별로 연속적으로 분리한 경우에는 인접한 평면교차로에서 출입이 가능하므로 개구부 설치는 가급적 피하는 것이 교통안전상 바람직하다. 다만, 긴급자동차의 출입 등을 위하여 필요한 경우 부득이 중앙분리대 개구부를 설치하는 경우 교통안전성을 고려해야 한다.

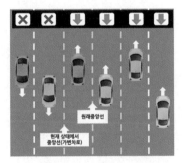

중앙선 가변차로 운영 개념도

고속도로 중앙분리대와 개구부

과속을 억제하는 시설은 무엇인가요

과속의 위험성

과속이 위험하다는 사실은 누구나 알고 있는 상식이고, 실제로 과속으로 많은 교통사고가 발생하며, 많은 사상자가 발생하고 있어 과속은 모든 도로유형 및 구간에서 교통사고 발생에 가장 중요한 원인 중 하나이다. 과속은 운전자의 시야각 축소, 정지거리 증가, 충격에너지 증가 등을 발생시켜 교통사고 발생뿐만 아니라 교통사고 심각도를 크게 높이게 된다.

자동차의 주행속도가 높아질수록 운전자가 전방 상황을 확인할 수 있는 시야 폭은 좁아지게 되고, 전방의 위험 상황에 대처할 수 있는 시간이 적어지게 되어 교통사고를 피할 수 없게 된다. 그림에서 보는 바와 같이 40km/h로 주행하는 경우, 평균적인 좌우 시야각은 140° 정도로 전방 상황이 운전자 시야 내에 들어오게 되지만, 100km/h로 주행할 때는 고작 40° 정도만 시야각이 확보되어 차량 진행의 좌·우측에서 접근하는 사람과 다른 차량을 확인할 수 없게 된다.

자동차가 일정한 속도로 주행하다가 갑작스럽게 정지하기 위한 정지

거리는 공주거리와 제동거리의 합으로 계산되는데, 40km/h로 주행하는 자동차의 공주거리는 27.8m, 제동거리 15.7m이며, 100km/h로 주행하는 자동차의 경우는 공주거리 69.4m, 제동거리 131.2m로 크게 차이가 나게 된다. 40km/h로 주행하는 자동차에 비해 100km/h로 주행하는 자동차의 정지거리는 역시 4.6배 이상 길어져 교통사고 발생 위험성이 높아지게 된다.

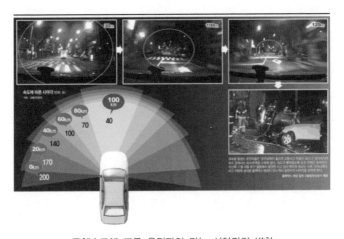

주행속도에 따른 운전자의 가능 시야각의 변화

출처: 어린이 교통안전협회, http://kacts.or.kr/bbs/board.php?bo_table=cont&wr_id=78

또한, 20km/h로 주행하는 자동차보다 40km/h로 주행하는 자동차의 운동에너지는 4배 높고, 60km/h로 주행하는 자동차는 9배가 높게 되어, 과속으로 주행하는 차량에서 발생하는 교통사고 심각도는 속도 증가에 따라 기하급수적으로 증가하게 된다.

과속에 의한 교통사고 위험성은 평면곡선이나 램프구간에서 높은 원

심력 등에 따라 운전조작 미숙으로 인한 사고 발생과 과속에 의한 타이어의 공기압 부족 또는 타이어 노후화 등에 의해 교통사고 발생위험이 커지게 된다.

과속으로 주행하는 차량을 줄이기 위해 도로에 설치되는 대표적인 시설물은 과속방지턱과 과속자동단속 카메라가 있다. 과속방지턱은 상대적으로 주행속도가 낮은 도로와 도시지역 도로에 주로 설치되며, 통과차량에 의한 소음 관련 민원이 적은 도로에 설치한다. 반면, 과속자동단속 카메라는 통행속도가 높은 고속국도 등 지역 간 도로에 설치되며, 도시지역에서도 통행속도가 높은 도시고속도로를 포함한 주간선도로와 교차로에 설치되어 운영되고 있다.

과속방지턱

낮은 주행속도가 요구되는 일정 도로 구간에서 통행 차량의 과속 주행을 방지하고, 생활권역이나 학교 지역 등 일정 지역에서 통과 차량의 진입을 억제하기 위하여 설치하는 대표적인 교통정온화 시설물이다. 과속방지턱은 형태에 따라 원호형 과속방지턱, 사다리꼴 과속방지턱, 가상 과속방지턱으로 나누어진다. 과속방지턱은 차량의 주행속도를 억제하여 교통사고의 위험성을 줄일 수 있고 운전자들이 심리적 부담감과 불편함을 느끼게 하여, 해당 도로의 통과 교통량 감소를 유도하여 도로 주변 보행자의 통행 안전성과 편의를 도모할 수 있다.

과속방지턱의 설치는 ≪도로안전시설 설치 및 관리지침≫(국토교통부)을 따른다. 일반적으로 원호형을 표준으로 하며, 높이 10cm, 길이 3.6m로 설치한다. 너무 높거나 길이가 짧은 과속방지턱은 차량 하부 훼손과 탑승자에게 불편함을 주고, 소음이 많이 발생하게 되어 민원이 많이 발생하게 되고, 설치효과가 줄어들게 된다. 다만, 어린이보호구역에서는 어린이보호구역을 운전자가 쉽게 인지하고, 자발적인 감속을 통한 사고예방 효과를 높이기 위해 다음의 그림과 같이 길이가 더 길고 속도제한표지를 포함한 과속방지턱을 설치할 수 있다.

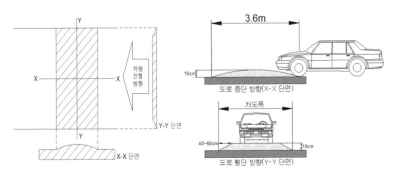

과속방지턱의 형상 및 기본제원

출처: ≪도로안전시설 설치 및 관리지침≫(국토교통부)

과속자동단속 카메라

과속차량을 효과적으로 줄일 수 있는 또 하나의 도로시설은 도로에 설치되어 있는 과속자동단속 카메라이다. 과속자동단속 카메라는 고정식 과속단속시스템, 이동식 과속자동단속 카메라 그리고 구간과속자동단속 카메라로 구분할 수 있다. 예전의 고정식 과속자동단속시스템은 도로에 매설된 별도의 속도검지기에 의해 과속이 검지되면 카메라로 번호판을 자동으로 인식하여 단속하는 체계였지만, 최근에는 카메라 하나로 동시에 과속 검지 및 차량번호판이 인식되며 하나의 카메라로 여러 차로를 동시에 단속하는 시스템으로 발전하였다. 이동식 과속단속 카메라는 레이더 검지시스템에 의해 과속이 감지되면 카메라를 통해 번호판을 촬영하는 방식인데, 카메라 하나로 모든 차로의 차량 속도를 검지하고 과속차량을 단속할 수 있도록 개발되었으며, 경찰이 일정 기간마다 무작위로 단속 카메라 운영 위치를 변경하며 과속차량을 단속하게 된다. 마지막으로 구간단속 카메라는 단속구간 시작지점과 종료지점에 설치된 카메라로 해당 구간을 통과하는 시간과 거리를 측정하여 구간통과 평균속도를 계산하여 과속여부를 판단하는 시스템이다. 고정식과 이동식 단속카메라가 설치된 위치에서만 속도를 줄이고 그 밖의 구간에서는 과속으로 주행하여 교통사고를 발생시키게 되는 문제를 해결할 수 있는 효과적인 시스템이다. 실제로 구간단속 카메라가 설치된 구간에서는 과속차량이 효과적으로 줄어들고, 교통류도 일정속도로 주행하여 속도편차를 낮게 하여 교통사고 위험을 많이 줄이는 효과가 있다. 최근 국토교통부 자료에 의하면 교통사고 위험 구간에 과속구간단속 카메라 설치하면 교통사고 42%, 과속비율 25%가 줄어들어, 과속구간단속 카메라를 확대 설치하는 방침으로 있다(자료: 국토부 블로그 222264758812, 2022. 3. 29. 접속).

야간에 중요한 조명시설은 무엇인가요

조명시설의 기본개념

야간 주행을 위한 전방 상황 인지는 기본적으로 자동차의 전조등에 의한 '재귀반사'에 의해 이루어지게 된다. 하지만 자동차 전조등에 의한 전방 시인성 확보는 제한된 영역과 밝기를 전제로 하므로 높은 주행속도의 고속국도, 복잡한 도시지역 도로 등에서는 충분한 야간 시인성 제공에 한계가 있다. 이러한 한계를 극복하고 더욱 안전하고 쾌적한 야간 주행환경을 제공하기 위한 시설이 도로 조명시설이다.

조명시설은 야간에 도로 이용자가 안전하고 불안감 없이 통행할 수 있도록 적절한 시각 정보를 제공하기 위해 도로를 조명하는 도로안전시설의 한 종류이다. 조명시설은 도로 이용자에게 안전하고 편안한 통행여건을 제공하기 위해 적절한 밝기의 조명환경을 확보함으로써 운전자에게 심리적 안정감을 제공하고 운전자의 시선을 유도하는 기능 등을 가진다. 특히, 야간에 운전자 혹은 보행자가 도로의 선형, 전방의 상황 등을 쉽게 인지할 수 있도록 조명을 제공하여 장애물이나 도로 환경의 변화를 정확히 인지하여 적절한 운전 조작과 보행을 할 수 있도록 한다.

특히, 차량의 운전자가 도로의 선형, 전방의 상황 등을 쉽게 인지할 수 있도록 조명을 제공하여 장애물이나 도로의 급격한 변화를 정확히 판별 후 적절한 운전 조작을 할 수 있도록 한다. 부가적으로 조명시설은 운전자의 불안감 해소와 운전 피로 감소, 보행자의 불안감 해소, 범죄의 방지와 감소 등 역할도 하게 된다.

도로 조명시설의 설치는 ≪도로안전시설 설치 및 관리지침≫(국토교통부)을 따른다. 조명시설에 대한 이해를 위해 주요 용어인 휘도, 조도, 눈부심(글레어, glare), 빛공해, 주변 밝기 등을 살펴보면 다음과 같다.

휘도: 어떤 물체 표면에서 방사되거나 반사된 빛이 우리의 눈에 들어오게 되는 빛의 양(luminance), 단위는 cd/m^2 사용. 도로교통시설에서는 도로노면에 따른 노면휘도, 터널 입구부 야외휘도 등으로 구분되며, 도로교통시설의 특성과 성능에 따라 결정될 수 있는 빛의 양.

조도: 광원으로부터 빛이 특정한 표면에 얼마나 도달하는가를 의미하며, 단위 면적당 도달한 광도를 정의한 양을 조도(illuminance), 럭스(lux) 단위 사용. 빛이 비치는 대상에 따라, 노면조도(노면이 광원의 빛으로 조사되는 정도) 등이 구분되며, 도로교통시설 성능보다는 광원의 특성 및 조건에 따라 결정되는 빛의 양.

눈부심(glare): 주행 중 운전자가 느끼는 과잉의 휘도, 휘도 대비로 인한 불쾌감 또는 시각 기능의 저하를 가져오는 시지각 현상. 태양의 위치에 따라 발생하는 눈부심, 대향차로 주행 차량의 전조등 불빛에 의한 눈부심 등.

빛공해: 옥외조명으로부터 조명대상이 되는 범위 밖으로 새어 나오는 빛에 의한 장해 또는 악영향을 의미. 지나치게 밝은 도로 조명시설

에 의한 빛은 주변 거주생활에 제한을 주고, 주변 농작물 등에 피해를 줄 수 있어 적절한 수준의 빛의 밝기 조정이 중요함.

주변밝기: 경관조명, 광고조명, 상점조명 등으로 인한 주변의 밝은 상태에서 도로 이용자에게는 실제 해당 도로의 조명수준보다 높은 밝기가 요구되며, 이때 사용되는 주변 시설에 의한 밝기를 의미함.

조명시설 유형

도로의 조명시설은 특성에 따라 연속조명, 국부조명, 터널조명 등으로 구분할 수 있다. 연속조명은 도로에 연속적으로 일정 간격의 조명기구를 배치하여 조명하는 방식이고 국부조명은 교차로, 횡단보도, 교량, 버스정차대, 주차장, 휴게 시설 등의 필요한 지점을 국부적으로 조명하는 것을 의미한다. 터널조명은 지상부 도로와는 달리 암순응·명순응 등에 따른 운전자 행태를 갖게 되는 터널과 지하도로에서 조명하는 것이다.

연속조명 시설은 주로 자동차전용도로와 같이 주행속도가 높고 교통량이 많은 도로에 설치되는데, 고속국도 등 자동차전용도로에서는 도로 주변의 빛이 운전에 방해가 되어 주행 안전, 원활한 소통을 저해할 우려가 있는 구간 등에 조명시설을 설치한다. 또한, 인터체인지, 휴게 시설, 터널 등 조명시설이 국부적으로 설치되어 있는 장소 사이의 구간에 설치한다. 일반도로에서는 교통량이 많은 경우(AADT 25,000대/일 이상)에 설치하며, 교통량이 적은 경우에도 야간 보행자 교통량이 많거나 도로변의 빛이 도로 교통에 영향을 미칠 때 설치한다.

국부조명은 교차로(입체, 평면), 영업소, 횡단보도, 교량, 버스정차대, 주차장, 휴게시설, 기하구조가 급격하게 변하는 구간과 같이 교통사고 위험이 높고, 주행 간에 운전부하(driving workload)가 많이 발생하는 구간에 별도로 설치하는 조명유형이다. 운전자들이 야간에 특별한 주의를 할 수 있도록 별도로 국부조명시설을 설치하며, 특히 최근에서는 횡단보도에 보다 밝은 조명을 설치하여 보행자 교통사고를 예방하고 있다.

　터널조명은 연속조명과 국부조명과는 달리, 운전자들의 빛의 밝기 정도 변화에 순응하도록 하는 조명시설이다. 운전자의 눈은 밝은 곳에서 어두운 곳으로 들어갈 때, 그리고 어두운 곳에서 밝은 곳으로 나올 때 갑작스러운 빛의 밝기 변화에 따라 전방의 사물을 인지하기가 비교적 어렵게 된다. 따라서, 이와 같은 현상이 발생하는 터널과 지하차도 등에서는 눈의 순응이 원활하게 이루어지도록 낮에도 조명을 해주어야 한다. 이때 운전자의 눈이 밝음에서 어두움으로 적응할 때는 '암순응', 어두움에서 밝음으로 적응할 때는 '명순응'이라고 한다.

　한편 조명시설의 유형은 조명방식에 따라서도 구분하는데, 가로등과 같이 일반적인 조명 기둥에 설치하는 등주 조명방식, 높은 조명기구에 여러 개의 조명시설을 통해 넓은 범위를 조명하는 하이마스터 조명방식, 방호울타리 등의 도로 구조물에 설치하여 낮은 조명이 가능하게 하는 구조물 설치 조명방식 등이 있다.

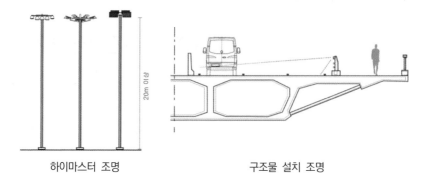

하이마스터 조명   구조물 설치 조명

도로 하이마스터 조명방식과 구조물 설치 조명방식

출처: ≪물리학백과≫, ≪도로안전시설 설치 및 관리지침≫(국토교통부)

현대식 회전교차로란 무엇인가요

회전교차로 개념

회전교차로는 교차로 내부 중앙에 원형의 중앙교통섬을 두고 교차로 통과 차량이 중앙교통섬을 중심으로 회전하면서 교차로를 통과하는 교차로의 한 형태이다. 회전교차로는 교통서클 및 로터리와는 달리 통행 우선권을 교차로 내부에서 회전하는 차량에 부여하여 진입 차량이 양보하도록 함으로써 기존의 교통서클 등에 비해 효율성과 안전성을 향상한 교차로이다.

회전교차로 역사

회전교차로는 초기에는 교통서클 등의 개념으로 시작되었으며, 최초의 교통서클은 1905년 군사광장의 목적으로 설치된 미국 뉴욕의 컬러닝스 서클이다. 프랑스의 드골광장으로 잘 알려진 드골광장 서클은 1907년에 설치되어 운영되고 있으며, 영국에는 1925년 이후에 보급되었다.

하지만 이들 교통서클은 교통량이 점차 증가함에 따라 교차로 '전 방향 통행제한(교통잠김) 현상'이 발생하여 오히려 교차로의 운영이 비효율적으로 제한되는 현상이 발생하였다. 그 결과 교통서클은 많은 국가에서 더이상 도입하지 않게 되었고, 이러한 '전 방향 통행제한 현상'은 통행우선권이 진입하는 차량에 있어서 발생하는 문제이다. 즉, 교차로에 진입차량이 많아지면 통행우선권이 있는 진입 차량으로 인해 회전차로에서 대기하는 차량이 점점 늘어나 모든 진입부를 회전차량이 막게되는 현상이 발생한다. 이를 해결하기 위해 교통서클은 대규모 교통서클로 바뀌게 되고 일부 교통혼잡 문제를 해결할 수 있었지만, 대형 교통서클은 차량의 주행속도를 높이게 되어 교통사고 위험의 증가라는 새로운 문제를 낳게 되었다. 결국 교통서클은 더는 교차로 운영의 대안으로 고려되지 못하고, 점차 신호교차로로 대체되었다.

한편, 영국에서는 기존의 교통서클이 갖고 있는 문제들을 해결하기 위해 통행우선권을 회전 차량에 부여하고, 기존 대규모 교통서클에 비해 작은 규모로 설치하는 회전교차로(modern roundabout)를 도입하여 일반교차로에 비해 훨씬 우수한 효과를 거두게 되었다. 교차로 내 정체와 사고위험을 획기적으로 줄이게 되는 영국식 회전교차로는 유럽의 많은 국가를 걸쳐 현재 미국, 호주 등 많은 국가에서 회전교차로가 설치·운영되고 있다.

교통서클과 회전교차로의 가장 큰 차이는 통행우선권의 운용이다. 교통서클의 경우에는 진입하는 차량이 통행우선권을 갖고 회전하고 있는 차량이 양보해야 하는 방식으로 운영되지만, 회전교차로의 경우에는 회전하고 있는 차량이 통행우선권을 갖고 진입하는 차량이 양보해야 하는 방식으로 운영된다.

회전교차로 특성

　회전교차로에서는 교차로를 통과하는 차량이 교차로 신호대기에 의해 발생하는 지체를 최소화하도록 운영된다. 회전부에 진입하는 차량의 진입 속도는 효율적으로 감속되며, 진출하는 차량은 쉽게 가속되어 주행하게 된다. 이러한 통행 속도의 패턴을 유지하도록 회전교차로 설계가 이루어져야 한다. 또한 신호운영에 따른 'Stop-Go' 형태가 아닌 'Keep Moving' 형태로 교차로를 운영함에 따라 전반적인 교차로 통과 시간을 절감시켜 교차로 운영 효율성을 높일 수 있다.

　한편, 회전교차로의 가장 큰 장점은 안전성 향상이다. 회전교차로의 경우에 교차로 통행 속도 감속과 회전차로 진입 및 진출의 형태로 교통류가 운영되어 차량 간 상충 수와 고속주행의 충돌이 줄어들게 되며 교통사고 위험도가 일반 교차로에 비해 현저하게 낮다. 유럽에서는 일반 교차로를 회전교차로로 전환함으로써 약 30~80%까지 부상 및 사망사고 사고율이 감소한 바 있다(교통안전공단, 2008). 그리고 독일의 연구에 따르면 다양한 형태의 교차로에서 발생하는 교통사고를 분석한 결과, 회전교차로에서의 교통사고 비용이 다른 유형의 교차로에서 발생하는 사고에 비해 현저하게 낮게 나타났다.

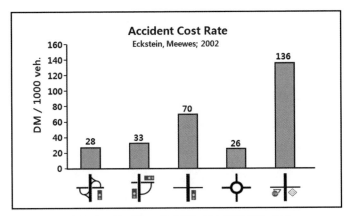

회전교차로와 다른 교차로에서 사고 발생 비용 비교

출처: 독일 BAST 연구결과 내부자료

일반 4지 교차로에서는 총 32개의 상충지점이 발생하는 것으로 알려져 있다. 반면에 회전교차로의 경우에는 8개의 상충지점이 발생하고, 이 8개의 상충은 직각 혹은 정면충돌이 가능한 상충이 아닌 합류 및 분류 상충으로 일반교차로에 비해 사고 심각도 감소를 크게 유도할 수 있다.

신호교차로는 일반적으로 신호에 의한 대기시간 및 정체가 발생하게 되지만, 회전교차로는 어느 정도의 교통량까지는 이러한 대기시간과 정체가 거의 없이 연속류 형태로 차량이 교차로를 통과할 수 있어 교차로 운영효과가 크다. 특히, 좌회전 교통량이 어느 수준까지는 많을수록 지체도 감소가 크다고 분석된 바 있다(STRC, 2001).

앞에서 언급한 교차로의 안전성 향상과 운영 효율화 측면 이외에도 회전교차로는 일반교차로보다 에너지 절감 및 대기오염 감소, 교차로 유지관리 비용 절감 그리고 교차로 미관 개선 등의 장점이 있다. 회전교차로는 교차로에서의 지체 감소, 정지 및 대기 후 출발 횟수의 감소로 에너지 소비와 대기오염 물질의 배출량이 감소하게 된다. 사례를 통해 본 결과 연료 소비의 28%, CO_2 배출량의 29%, NOx 배출량의 21%가 감소할 수 있다(국가경쟁력강화위원회, 2009). 이러한 에너지 절감과 신호등 제거에 따른 교차로 운영비감소는 일부 초기 건설비 증가를 감안해도 장기적으로 경제성 증대 효과도 기대할 수 있다. 또한 중앙교통섬의 공간을 활용하여 시거를 크게 제한하지 않는 범위 내에서 분수, 녹지, 조형물 등을 설치하여 교차로의 미관을 크게 향상할 수 있다.

주변 지형과 어우러진
중앙교통섬 및 분리교통섬

중앙교통섬에 분수대를 설치한 회전교차로

교차로에도 섬이 있다

　도로는 서로 만날 때마다 교차로가 생기고 차량은 각자 가고자 하는 방향을 찾아서 움직인다. 두 개의 도로가 만나면 삼거리나 네거리를 이루며 교차로에서 차량이 밀려 혼잡하게 되면 이들 공간을 엇갈리게 하여 입체교차를 시키기도 한다. 한때 서울을 비롯한 도시지역에서는 입체교차로를 유행처럼 설치하여 '돌아가는 삼각지'라는 노래가 나올 정도였지만, 도시경관을 해친다는 여론에 밀려 대부분 평면교차로로 바뀌었다.

　이런 평면교차로는 신호로 제어되는 신호 교차로와 로터리식 회전교차로로 구분되며 간선도로에서는 대부분 신호 교차로 형식이지만, 교통량이 일정한 수준 이하인 도로에서는 대기시간이 필요 없으며 매연 배출이 적어 대기오염에 유리하고 교통안전 측면에서 장점이 있는 회전교차로의 설치가 늘어나고 있다.

　교통섬(traffic island)은 자동차의 안전하고 원활한 교통처리나 보행자가 도로를 횡단할 때 안전을 확보하기 위하여 교차로 또는 차도의 분기점 등에 설치하는 섬 모양의 시설을 말하며, 도류로導流路를 설치하여 차량흐름을 안전하게 유도하고, 보행자가 도로를 횡단하는 경우 안전섬 역할을 하는 기능을 가지는 시설이다. 또한 신호등, 도로표지, 안전표지, 조명 등 노상시설의 설치장소로 제공하고 교차로에서는 정지선 간격을 좁히는 역할 등을 한다.

이러한 교통섬은 보행자를 위한 안전섬과 교통 유도를 위한 도류섬이 있으며, 양자를 총칭하여 교통섬이라 하고 교통섬은 연석, 노면표시 등으로 주행차로와 물리적으로 분리하여 설치하지만, 최근에는 녹지대로 조성하여 잔디나 나무를 심어 도시의 녹지공간으로 확보하여 보행자에게 그늘을 제공하며 신호대기 시 잠시 머무는 공간이 되고 도시경관을 향상하는 기능도 하고 있다.

평면교차로에서는 대개 교통신호로 교통을 제어하므로 적색 신호에 대기하는 시간이 생겨 교통 지체가 발생하는 문제점을 완화하기 위해 최근에는 평면교차로 일종으로 교차로 중앙에 원형 교통섬을 두고 교차로를 통과하는 차량이 중앙 교통섬을 저속으로 우회하도록 하는 회전교차로 형식을 도입하고 있다. 이러한 회전교차로는 접근부의 분리 교통섬과 중앙 교통섬으로 이루어지는 데 이러한 교통섬에 과다한 시선 유도봉 설치로 미관과 경관을 어지럽히는 문제점을 해결하기 위한 대안으로 경관적으로 뛰어나고 환경친화적인 녹지 교통섬을 적절히 설치할 필

안양시 범계동 교차로
©손원표

요성이 제기된다.

　종래 우리나라에 들여온 회전교차로는 미국식으로 로터리(rotary)를 크게 만들어 넓은 중앙섬에 녹지를 조성한 형태였으나 차량이 빠른 속도로 진입하여 양보를 요구하지 않고 끼어드는 것을 원칙으로 하여 접촉사고가 자주 일어나고 넓은 도로에 적용하기 어려워 폐기되었다. 반면 영국식 회전교차로는 규모를 작게 만들고 교차로 입구에서는 교차로에 진입하여 운행하는 차량에 무조건 양보를 원칙으로 하여 성공할 수 있었으며, 로터리와 구별하기 위해 '라운드어바우트'(roundabout)로 명명하여 유럽은 물론 캐나다 등 세계 여러 나라에 전파하였다.

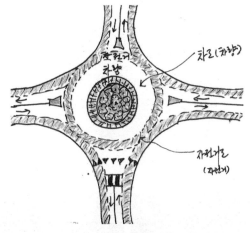

지방지역 회전교차로(네덜란드)
ⓒ손원표

　유럽이나 미국의 경우, 이러한 회전교차로나 Traffic Circle에 주변과 조화로운 식재를 하여 경관성과 환경성을 확보하고 있으며, 교차로 대기차로 구간의 안전지대도 녹지공간으로 조성하는 것을 기본으로 하고 있다. 교차로는 아니지만, 근래 들어 서울시에서 버스 중앙차로 정류장 주변으로 녹지대를 조성한 것은 지구온난화 대응과 물순환 관점에서 바람직한 사례로 평가된다.

회전교차로(좌:벨기에, 우:강화도 온수리)
ⓒ손원표

미국에서 라운드어바우트를 제일 먼저 도입한 시애틀의 경우는 교통사고 감소 효과를 경험한 주민들이 동네의 신호 교차로를 라운드어바우트로 바꿔줄 것을 당국에 요구하였으나 당국에서 예산 문제로 즉시 실행하지 못하자 주민들이 모금하여 설치한 사례까지 있었다고 하는데, 시애틀 Bellevue 지역에 가보면 주거지역의 생활환경 보전을 위한 다양한 교통정온화 기법들이 풍부하게 조성된 녹지환경과 어우러져 풍요로운 '삶의 질'을 향상하는 공간으로 자리를 잡고 있음을 느낄 수 있다.

Bellevue 지역 초소형 회전교차로(시애틀)
ⓒ손원표

최근 도시지역에서 교통섬은 차량이 침범하지 못하도록 시설물로 분리한 구조에서 나아가 일부 지방자치단체에서는 식재와 녹화를 도입하고 있으나 아직도 지방지역 도로에서 교통섬은 보행자에게 안전한 공간이 되지 못하고 사각지대이므로 교통섬이 블록이나 시선 유도봉 등 시설물에 의한 단순한 분리 공간이 아닌, 녹색공간이 되어 보행자가 편안하게 머물 수 있는 친환경 공간으로 자리 잡아야 할 것이다.

교통사고 많이 나는 곳에 대한 이해

생활도로 그리고 교통사고

도로는 우리 삶의 이동과 사회 시스템이 돌아갈 수 있도록 하는 기반시설이다. 생활에 꼭 필요하고 편리한 시설이지만 도로에서의 교통사고로 사람이 죽고 다치는 문제는 심각하다. 2020년 말 현재, 우리나라 인구는 51,781천 명이고 이중 운전면허소지자는 33,190천 명이다. 자동차 보유대수는 2,491만 대이며, 도로 연장거리는 112,977km이다.

2020년 한 해 동안 도로 교통사고는 209,654건으로 3,081명이 사망하고 306,194명이 다쳤다. 사망자 수는 다행히 1980년대 이후 최소치를 나타내고 있으며, 최대치인 1991년 13,429명에 비하면 현저히 줄었다. 앞으로도 다양한 안전대책의 시행과 노력으로 3,000명 이하로 더욱 낮아질 전망이다.

경찰청에서 처리한 교통사고 외에 보험사와 공제조합에 신고된 교통사고를 포함하면 2020년 한 해 동안 총 1,247,623건이 발생하여 경찰교통사고와 비교하여 6배나 많은 교통사고가 일어나고 있는 현실이다. 사망자 수는 동일하며, 부상자 수는 총 2,061,788명으로 집계되었다. 교통사고로 인한 사회적 비용은 약 26조 원에 이르고 있다. 우리나라 안전 수준은 OECD(경제개발협력기구) 36개 회원국 중 최하위권에 맴돌고 있다. 교통사고 통계는 도로교통공단 교통사고분석시스템(http://taas.koroad.or.kr)에서 구할 수 있다.

교통사고는 왜 일어나나

사람과 사람이 만나면 인연이 된다. 때로는 악연일 수도 있지만, 대부분은 좋은 인연이다. 하지만, 도로에서 차와 사람, 차와 차가 만나면 모두 악연이다. 가볍게 만나면 접촉사고고, 크게 일어나면 충돌사고로 모두 교통사고다.

도로상 교통사고는 도로교통의 3대 요소인 사람, 도로, 차량의 결함 요인과 조합으로 발생한다. 사고 발생 요인을 기본적으로 운전자와 보행자 등 인적 요인, 도로환경 요인, 차량 요인 등으로 대별하는 이유다. 교통사고 원인은 대부분 운전자 과실이며, 운전자와 보행자의 도로 이용자 문제를 대략 85% 이상으로 추정한다. 그러나 이동 활동의 기본이 되는 도로시설과 교통수단의 문제는 애초의 원인 제공원이 될 수 있으므로 안전한 인프라 시스템의 구축이 필요하고, 기상조건을 포함한 도로환경 요인은 전체의 10% 정도가 될 것으로 생각한다. 많은 교통사고는 이들 세 가지 요인의 결함에 의하여 일어나므로, 각 요인과 이들 조합에 적합한 대응이 필요하다.

도로교통공단이 2021년에 발행한 2020년의 교통사고 통계분석 자료에서 교통사고와 관련한 상세한 내용을 살펴볼 수 있다. 사고유형은 차대차 78.5%, 차대사람 17.3%, 차량단독 4.2% 순으로 많다. 차대차 사고에서는 측면충돌 35.7%, 차대사람사고에서는 횡단중 6.3%, 차량단독사고에서는 공작물충돌이 1.5%로 많이 발생했다.

도로형태별 교통사고는 교차로에서 49.8%, 교차로가 아닌 일반 도로 구간을 말하는 단일로에서 45%가 발생하였고, 기타 또는 불명확한 경우도 5.2%이다. 도로선형별로는 곡선부에서 6.5%의 사고가 발생했는데, 교통사고 당 사망자 발생률인 치사율은 4.2(명/100건)로 직선도로 1.3보다 3.2배 높다.

도로 이용자들이 서로 부딪치는 상충相衝이 없도록 하는 것이 도로교통안전이다. 이를 위해서는 서로가 적당한 거리를 유지할 수 있도록 시설 측면에서 공간적 분리와 시간적 분리가 필요하다. 도로 이용자 또한 법규를 지켜 안전거리를 확보해야 한다.

교통사고 잦은 곳, 감속 운행
©노관섭

고속도로에서 사망사고 주요 원인과 대책

일반적으로 고속도로라 하는 고속국도는 전국 38개 노선에 총연장은 4,848km이다. 고속국도에서 2020년에 발생한 교통사고는 4,039건으로

이로 인해 223명이 사망하고 8,389명이 다쳤다. 최근 10년간 고속국도에서의 교통사고는 고속국도 연장과 교통량이 늘어남에 따라 연평균 사고 건수도 증가하는 추세를 보이나 사망자 수 및 부상자 수는 감소 추세를 나타낸다. 2020년도 사고 건수는 전년 대비 4.4% 감소했지만 사망자 수는 8.3% 증가했다. 노선별 교통사고 건수는 경부선 18.7%, 서울외곽순환선 15.9%, 영동선 8.3%, 서해안선 6.8% 순으로 많이 발생했다.

고속국도의 도로시설은 고속에서 안전한 주행이 가능하도록 설계되어 있다. 도로가 너무 좋아서 과속을 유발한다는 지적도 있으나 대부분이 안전 주행을 하지 않는 운전자의 책임인 경우가 많다. 고속도로 사망사고의 3대 주요원인은 전방주시태만 38%, 졸음운전 32%, 과속 21%이며 이러한 문제가 없도록 하는 데는 운전자의 각성과 노력이 필요하다. 고속도로 관리기관인 한국도로공사는 졸음운전을 예방하도록 고속도로에 많은 홍보물을 붙여 놓았다. 상습정체 구간에서는 추돌사고가 잦으므로 상습정체, 추돌주의, 감속운행 표지를 덕지덕지 붙여 놓는다.

도로시설 측면에서는 적정한 거리로 휴게소와 간이휴게소를 설치하고, 전방주시태만이 되지 않는 환경설계와 과속이 되지 않도록 속도관리 및 단속과 도로 이용자에 대한 다양한 형태의 교육과 홍보가 필요하다. 자동차가 첨단화되는 과정에서 이들 문제를 해결하는 기술이 적용되어야 하겠다.

고속도로 교통사고 예방 홍보
ⓒ노관섭

교통사고 많은 곳은 어디

우리나라 국도의 교통사고 잦은 지점 개선을 위한 최초의 연구는 1989년에 '교통사고다발지점(위험도로) 개선방안 연구조사 설계'다. 당시 생활수준 향상으로 자동차가 급격히 증가하고 이에 따라 교통사고 문제도 심각한 상황에 이르렀다. 1988년 한 해 동안 225천 건의 교통사고로 11,563명이 사망하고 287,739명이 부상을 당했다. 10년간의 교통사고 발생추세는 사고 건수가 무려 3.2배가 늘어났고 사망자 수는 연평균 5.8%씩 증가하였다.

이에 대응하기 위해 국도에 대해서 사고다발지점 99개소, 위험도로 222개소로 총 321개소에 대해 교통사고 감소를 위한 개선방안을 수립하였다. 예를 들어, 선형이 구불구불한 구간에는 곡선반경을 늘려 반대쪽 차량이 잘 보이도록 시야를 확보하고, 교차로를 개선해 차량이 안전하고 원활하게 이동할 수 있게 도로구조를 개선한다. 제대로 된 교통안전표지를 만들어 붙이고 도로안전시설을 설치하는 것이다. 이후 이러한 작업은 해마다 이루어져 오늘에 이르고 있다.

행정안전부가 2019년에 지자체의 교통사고 잦은 곳 개선사업을 완료한 전국 216개소를 대상으로 개선 전 3년 평균과 개선 후 1년간의 사고 현황을 분석한 결과, 교통사고 사망자 수는 72.1%, 교통사고 발생 건수는 31.5% 감소한 효과를 보였다. 교통사고 잦은 곳은 연중 교통사고가 일정 기준 이상 발생한 지점으로, 특별·광역시는 5건, 그 외 일반시는 3건으로 한다.

국토교통부, 행정안전부, 경찰청, 지자체와 관련 기관들이 협업하여 해마다 교통사고 잦은 곳에 대한 통계를 내고, 교통안전지수를 나타내고 있다. 이와 같은 통계 유지와 분석에 따라서 지속적인 도로환경 개선이 필요하다. 교통사고에 관한 정보시스템이 구축되어 관계기관에서 활용되고 있다. 유관기관 간의 정보 공유가 더욱 활성화되고, 인공지능(AI) 기법을 활용한 원인분석과 대안개발 등으로 더욱 안전성을 강화해야 한다.

최근에는 도로안전등급 평가(RAP, Road Assessment Program) 시스템을 구축하기 위한 연구도 진행되고 있다. 교통사고 자료를 이용하여 상대적으로 위험한 도로구간과 교차로를 파악하고, 도로시설 차원에서 교통사고 위험도를 평가하는 것으로 이러한 시스템이 제대로 구축되고 운영되어야 하겠다. 한편 도로 이용자들이 이들 위험 구간에서 안전한 운전과 보행을 하도록 다양한 홍보와 교육, 내비게이션 안내를 통한 주의 운전 등을 유도해야 한다.

어느덧 마이카 시대에서 자율주행자동차 시대로 발전하고 있다. 자율주행차가 수집하는 자료가 방대하여, 현재 도로에 잘못 설치된 각종 교통안전표지 등 도로교통 안전시설들을 자동 수집해서 입력하면 잘못된 결과를 낼 수 있다. 도로선형을 비롯한 기본 구조를 입력받아서 분석 평가하는 시스템을 기반으로 할 필요가 있다. 도로 이용자의 시각과 안전 분석의 장애가 되는 불필요한 시설물을 제거하여 안전하고 깨끗한 도로환경을 만드는 작업이 필요하다.

악천후 시의 도로교통안전

도로와 환경 조건에 따른 교통사고

도로설계는 도로가 이동성이나 접근성을 갖는 기능, 도시지역 또는 지방지역의 지역구분, 평지와 구릉지, 산지로 구분되는 지형 조건 등을 종합적으로 고려하여 도로설계의 기초가 되는 설계속도를 정한다. 이러한 설계속도에 따라 도로의 선형과 구조, 시설 등이 결정되며 이 과정에서 환경, 경관, 경제성 등 다양한 요소에 대해 종합적으로 검토한다.

도로설계는 주간에 주행하는 것으로 설정하므로 일반적인 도로설계 과정에서는 반영하지 못하는 것이 야간 조건과 기상이 좋지 않은 특별한 상황이다. 야간에 자동차의 흐름을 원활히 하고 사고를 방지할 목적으로 도로와 교통의 상황에 따라 조명시설을 설치한다. 조명시설은 경제적인 면과 운영관리를 고려하여 필요한 장소에 고정 시설물로 설치한다.

한편, 도로환경 조건이 늘 맑은 낮과 밤만이 있는 것이 아니고, 수시로 비가 오거나 안개 낀 도로를 달리기도 한다. 겨울에는 눈길을 달리며 비나 눈, 안개, 바람, 우박 등의 기상현상이 나타나는 조건을 악천후라 한다.

2020년 한 해 동안 도로교통사고는 209,654건, 사망자 수는 3,081명이다. 기상상태별로는 맑은 날씨에 87.9%의 사고가, 81.4%의 사망자 수를 내고 있으며 치사율은 1.5이다.

위험한 주행 조건에서의 교통사고를 살펴보면, 빗길사고는 7.5%를 차지하고 치사율은 2.0이다. 한편 안개 시 사고는 0.1%이지만 치사율은 4.8에 달한다. 눈길에서의 사고는 0.3%이고 치사율은 2.0이다. 악천후에서 일어나는 교통사고 건수는 많지 않지만, 치사율은 높아서 이에 대한 대책이 필요하다. 야간에 교통사고를 맞닥뜨리지 않으려면 밤에는 다니지 않는 것이 상책이듯이 악천후 시에는 통행을 최대한 자제하는 것이 교통사고를 피하는 가장 좋은 방법이긴 하다.

도로의 악천후에 대한 안전대책

도로시설 설계에서는 악천후의 범위를 비, 눈, 안개로 한정하고, 도로 이용자의 안전도모에 필요한 도로안전시설을 설치할 수 있는 '도로안전시설 설치 및 관리 지침-악천후구간, 터널 및 장대교량 설치 시설편-'이 있다.

악천후 구간은 악천후 기상현상으로 인해 도로 이용자가 안전한 운행을 유지하기 어려우며 사고 발생 위험이 높은 곳으로 도로관리자가 판단한 구간을 말한다. 이 구간에서의 안전시설 설치는 지침에 제시된 내용을 이해하고 적용하면 되지만, 도로와 지역의 조건, 악천후 기상상태의 특성에 따라서 특별한 대책이 필요한 경우에는 지침에서의 개념을 토대로 별도의 설치방법을 개발하여 적용할 수 있다. 여기에서는 비, 안개, 눈길에서의 도로교통안전을 생각해본다.

안개지역에서의 안전시설과 안전운전

안개지역은 짙은 안개가 자주 발생하여 도로 이용자가 정상적인 주행을 유지하기 어렵고 사고 발생 위험이 높은 구간을 말한다. 이러한 구간을 선정하는 안개 관련 기상자료는 안개 발생일수로서 안개의 지속시간, 안개의 강도 등인데 목측으로만 관측되어 자료를 구하기 어렵고, 기상관측소의 자료는 범위가 광대하여 안개의 국지적인 발생특성을 감안할 때 적용이 어려운 자료의 한계가 있다. 더구나 안개 발생일수보다 도로선형과 시거 등이 불량한 구간에서는 안개의 강도와 지속시간 등 안개발생 특성이 운전자의 안전운행에 큰 지장을 준다. 도로관리자는 관할 지역의 도로구간에서 어느 구간이 안개가 자주 발생하고 그로 인한 교통사고가 유발되는지 등을 파악하고, 안개 발생일수와 기하구조 및 이전의 교통사고 기록 등을 종합적으로 검토하여 안개가 자주 발생하는 도로구간에 대한 도로안전시설의 설치방안을 마련한다. 이들 지역에서 설치하는 도로·교통안전시설로는 교통

안개지역에서는 천천히
©노관섭

안전표지, 미끄럼방지포장, 안개시정표지, 도로전광표지, 노면요철포장, 시정계, 안개시선유도등 등이 있다. 최근에는 도로용 안개저감시스템이 개발되어 시범 적용되고 있다.

안개 발생 지역에서의 위험요소 가운데 가장 큰 문제는 시정의 감소로 인해 전방의 차량과 적정 간격을 유지하기가 어려워진다는 점이다. 이를 극복하기 위해 안개상태에서 도로 이용자가 실제로 얼마나 멀리 볼 수 있는지를 알려주고 이를 통해 주행속도에 대한 감각을 보조해주기 위한 시설로 안개시정표지를 일정 간격으로 설치한다.

다양한 안전시설이 설치된 안개지역에서는 운전자의 안전운전이 무엇보다도 필요하다. 안개시정표지 설치 이유에서 알 수 있는 바와 같이 운전자는 비상등을 켜고 감속운행과 앞차와의 안전거리를 유지하면서 주행하는 것이 가장 중요하다.

비, 눈 등으로 인한 위험구간에서의 안전

비가 많이 올 때는 비와 다른 차량에 의해 발생하는 물보라 등으로 앞이 잘 보이지 않아 운전에 애로사항이 많으며, 도로표면의 수막현상으로 노면 미끄럼 현상도 발생한다. 도로면이 오목하거나 패어 있어 물이 잠겨있는 곳을 통과할 때는 거의 죽음이다. 겨울철에 비에 젖은 노면이 얼어서 결빙 상태로 되면 운전자의 정상적인 주행을 방해하게 된다.

도로관리자는 안개상습지역 도출과 함께 비, 눈 등으로 인한 위험구간을 기상자료와 기하구조 및 이전의 교통사고 기록 등을 종합적으로 검토하여 선정하고 도로안전시설의 설치방안을 마련한다. 이들 지역에서 설치하는 도로·교통안전시설로는 시선유도표지, 갈매기표지, 미끄럼방지포장, 노면요철포장, 교통안전표지, 도로전광표지가 있다.

미끄럼방지포장은 수지계 표면처리, 그루빙 등 다양한 유형의 설치를 고려할 수 있다. 기존에 많이 사용한 수지계 표면처리 형식의 적용은 미끄럼방지포장 관련 지침을 참조한다. 그루빙 형식의 경우, 그루빙 설치방향은 종방향(자동차 진행 방향)과 횡방향(자동차 진행 방향에 대한 직각 방향)으로 구분되는데 배수가 용이하고 수막현상을 억제하는 횡방향 그루빙 설치를 권장한다. 미끄럼에 의한 교통사고가 자주 발생하는 구간에는 포장 자체를 배수가 가능한 배수성포장을 적용하는 것이 바람직하며, 이때 하부 배수처리 시스템의 확실한 시공과 포장 내구성을 높이는 방안을 마련하는 것이 필요하다.

악천후 구간에는 다양한 안전시설이 설치되어 여러 시설물이 중복되면 오히려 성능이 감소하고 혼란스러우며 설치비가 많이 들 뿐만 아니라 유지관리가 어렵다. 따라서 시설물의 일관성과 성능유지를 위해 지침에서 제시하는 정도의 도로안전시설을 설치한다.

겨울철에 발생하는 특징적인 교통사고는 빙판길에서의 사고이다. 겨울철 도로 표면에는 얇은 얼음막이 생기는 도로결빙 현상이 일어나는데, '도로 위 암살자'로 불리는 블랙아이스(black ice)다. 이런 현상이 많이 일어나

노면 결빙주의
ⓒ노관섭

는 곳은 교량의 연결부나 교량 위, 터널 입·출구, 곡선부, 산지부 도로의 그늘진 곳 등이다. 더구나 얼음막이 생긴 곳은 아스팔트와 비슷한 검은색을 띠어 사전에 인지하고 대처하기 쉽지 않으므로 시야 확보가 어려운 밤에는 더욱 주의해야 한다.

운전자는 결빙구간에서 감속운행과 앞차와의 안전거리 두고 주행하는 것이 첫째이다. 교량 위나 곡선부에서 감속하기 위해 브레이크를 밟지 말고, 사전에 감속한 후 저속을 유지한 상태에서 그대로 통과하는 것이 안전운전의 요령이다.

참고문헌(2부 2장)

[단행본]

교통안전공단, ≪신도시 교차로 설계방향≫ 발표자료, 2008.

국가경쟁력강화위원회, ≪회전교차로 활성화 방안≫ 발표자료, 2009.

국토교통부, ≪도로의 구조·시설에 관한 규칙 해설≫, 2020.

손원표, ≪자연과 역사, 문화가 깃들어 있는 길≫, 반석기술, 2014.

손원표, ≪지속가능한 길 그 속에 깃든 모습들≫, 길 문화연구원, 2021.

신부용 외, ≪도로 위의 과학≫, 지성사, 2005.

[국외문헌]

STRC, ≪Comparison of capacity between roundabout design and signal junction design≫, 2001.

3장

사람에게도
자연에도 좋은 도로

도로건설에 따른 환경문제는 어떻게 처리하나요 손원표

생태통로란 무엇인가요 손원표

비점오염원과 비오톱, 생소한 단어들 손원표

도로에서 소음을 줄이는 방법이 있나요 손원표

가로경관과 도로경관은 어떻게 다른가요 손원표

경관도로는 어떤 도로인가요 손원표

도로건설에 따른 환경문제는 어떻게 처리하나요

도로사업은 건설과 운영 시 여러 가지 형태로 환경분야에 악영향을 미치고 있으며, 도로건설 시에는 자연생태계를 훼손하게 되고, 운영 시에는 비점오염원이 되어 수질을 오염시키고 주행하는 차량에 의해 소음 발생으로 주변지역에 거주하는 주민들에게 피해를 주며, 지구온난화의 주요 원인이 되는 이산화탄소를 배출하여 생활환경에 직접적인 피해를 준다. 또한, 과다한 성토 때문에 생활권이 단절되어 마을을 왕래하는 주민들의 활동을 저해하거나 계곡부의 바람길을 차단하여 생태계에 변화를 주어 경작물의 수확량을 감소시키는 사례도 있다.

이러한 환경문제는 지구온난화와 자연재해로부터 안전하며 도로 이용자에게 쾌적함과 편안함을 제공하는 도로의 건설이 최근 도로정책의 주요 관점으로 대두되고 있으며, 개발과 보전 사이에서 선순환 구조를 만들려는 시도가 친환경적인 도로건설의 시발점이다.

자연환경에 미치는 영향

도로건설이 자연환경에 미치는 영향은 지형, 지질, 동·식물상, 소음, 진동, 토지이용 등으로 구분할 수 있으며 세부적으로는 생태계 단절과 야생동물의 이동 제약, 서식지 파괴, 생물다양성 감소, 천연림 파괴, 하천 생태계 교란, 산림 훼손 등 다양하게 나타나므로 도로 노선의 계획에서는 대상 지역의 생태계를 고려하여 이러한 문제점이 나타나지 않도록 보전대상을 돌아가는 노선을 계획하거나 부득이 통과할 때 저감 대책을 수립하고 서식지를 훼손할 때는 대체서식지를 조성하도록 한다.

특히, 동물들이 활동하는 공간에 도로를 개설할 때, 서식공간의 물리적 분단으로 동물이동경로가 단절되어 동물이 도로를 통과하는 과정에서 차량과 충돌사고로 로드 킬(road kill)이 발생할 수 있으므로 이러한 이동단절로 인해 발생하는 현상들을 고려한 방안 등 생태계에 미치는 악영향을 최소화하는 대책이 반영되어야 한다.

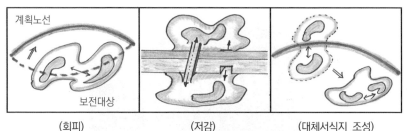

(회피)　　　　　　(저감)　　　　　(대체서식지 조성)

도로사업에서 자연환경에 미치는 영향을 저감하는 대책의 개념

생활환경에 미치는 영향

도로 건설이 생활환경에 미치는 영향은 대기질, 수질, 토양, 폐기물, 소음, 진동, 악취, 전파장애, 일조장애, 위락장애, 경관훼손, 조망권 장애 등이 있으며 도로공사 시에는 조망권 침해, 소음, 진동, 매연, 분진 등과 공사용 차량의 통행으로 인해 발생하는 통신장애 현상도 있다.

자동차로 인해 배출되는 환경오염은 일산화탄소, 질소산화물, 탄화수소, 이산화탄소, 분진 등 다양하고 이러한 환경오염물질의 배출은 자동차의 종류, 속도와 밀접한 관련이 있으며 일반적으로 1km를 주행하는데 발생하는 환경오염은 고속보다 저속에서 많이 배출되지만, 온실가스와 관련이 깊은 이산화탄소는 속도가 증가함에 따라 배출가스가 감소하다 70~80km 이상의 속도에서 오히려 증가하는 특성을 보인다.

또한, 자동차의 종류에 따라 환경오염 배출량 차이가 벌어지는데 특히 대형버스와 트럭의 오염배출량은 승용차보다 훨씬 크므로 대기환경 측면에서 주의 깊게 다루어져야 할 대상이다.

생활환경 보전을 위한 투명방음벽
ⓒ손원표

최근 생활환경 보전 차원에서 도로변으로 설치되고 있는 방음벽이 무분별하고 과다하게 들어서서 도로 주변 경관을 훼손하고 오히려 지역주민이나 도로를 통행하는 운전자에게 심리적 압박감을 초래하고 있다. 이러한 방음벽의 설치는 폐쇄감과 압박감을 주는 금속제나 콘크리트 소재가 아닌 목재 등 친환경 소재와 개방감 있는 형식, 전면의 녹화, 조류 충돌 방지대책 등을 세밀하게 고려하여 적용하는 것이 바람직하다.

사회 · 경제환경에 미치는 영향

사회 · 경제환경에 미치는 영향은 도로 건설로 인해 지역주민들의 사회적 교류에 장애가 되거나 경제활동과 문화적 교류 측면에서 단절과 피해가 발생하는 것을 의미한다. 고가도로의 건설로 지역주민의 휴식공간이 훼손되고 조망권이 차단되거나 마을을 분단하여 주민공동체가 단절되고, 도로개설로 인해 교통사고의 위험성이 증대되는 것이 이러한 영향에 해당한다.

평야 지역에서 높은 성토는 초기사업비 투자 관점에서는 경제적이지만 일조권 침해, 조망권 저해, 바람길 차단 등의 악영향과 생활권 단절로 사회활동과 경제활동을 위축시키므로 시설물의 전 주기에 있어서 평가되는 수명주기비용(Life Cycle Cost) 관점에서 접근과 도로의 노선계획 시, 사회 · 경제 · 환경적 관점에서 심도 있는 접근이 필요하다.

공사 중 자연환경에 미치는 영향

공사 중의 영향과 도로 개통 후 자연환경에 미치는 영향의 구별은 영향이 미치는 기간이 공사 중 일시적으로 발생하는지, 아니면 공사 후에 지속해서 발생하는지에 달려 있다. 한편, 공사 중 자연환경에 미치는 영향은 여러 가지가 있으며, 탁수 발생을 억제하는 방법으로는 신속하게 비탈면을 녹화시키거나 비탈면을 시트로 피복하여 침식 발생을 방지하도록 하고, 발생한 탁수에 대한 대책으로는 현장에 탁수처리시설을 설치하여 정화하여 연못이나 하천으로 흘려보내거나 오탁방지막을 설치하는 방법 등이 적용된다. 또한, 자연상태가 뛰어난 지역에서는 친환경 가설공법으로 자재와 작업인원을 헬기 운반이나 가설운반 삭도(밧줄, rope way, cable way)를 설치하여 투입하는 방법으로 주변 자연식생에 미치는 영향을 완화하는 시공방법도 적용된다.

▼ 공사 중 자연환경에 미치는 영향

영향요인	발생원인	영 향
소음 및 진동	• 중장비의 사용 • 발파 작업	• 서식지 · 번식지 포기 • 행동권 변화
탁수	• 표토 노출 • 터널 굴착, 골재채취	• 하천의 수질 악화에 따른 생육 · 서식 환경변화 • 하상경사 변화
임시시설물의 설치	• 공사용 도로 부설 • 가설 철책 설치	• 식생 상실 • 생육 · 서식 환경 단절

터널 굴착 발파소음 저감 대책　　　　　　수질 오염방지 오탁방지막

생태통로란 무엇인가요

　인간의 편리함을 추구하는 도로 건설은 야생동물의 서식지를 분단하고 동물들을 고립시키므로 야생동물에게는 치명적인 피해를 초래한다. 이러한 피해는 서식지 분단과 감소, 파괴로 이어져 결국은 먹이 부족과 먹이다툼, 근친교배 등을 통해서 최악의 경우, 종의 쇠퇴와 멸종에 이르게 되므로 이러한 생태지역에 야생동물의 서식지를 연결하기 위해 설치하는 이동로가 생태통로이다.

　자연환경보전법 제2조에 생태통로는 이렇게 정의하고 있다. '생태통로는 도로, 댐, 수중보, 하구언(강어귀둑) 등으로 인하여 야생 동·식물의 서식지가 단절되거나 훼손 또는 파괴되는 것을 방지하고 야생 동·식물의 이동을 돕기 위해 설치되는 인공구조물·식생 등의 생태적 공간을 말한다.'

　이러한 생태통로는 설치 형태에 따라 육교형, 터널형, 선형, 교량 하부형 등으로 구분하며, 생태통로는 대상 지역에 서식하고 야생동물의 종류와 이동경로를 파악하여 설치하는 것이 중요하므로 훼손된 지역을 연결하기 위한 통로가 이동경로 상에 제대로 설치되어야 제 기능을 발휘하며, 적당히 설치하면 별다른 효과를 보지 못한다.

육교형	하부형			
	교량하부형	통로박스형	통로아치형	파이프형

육교형 생태통로

육교형 생태통로는 흔히 Eco Bridge라고 하며 도로건설로 인해 생태계 단절이 예상되는 절토지역, 횡단 부위가 넓은 곳, 장애물 등으로 동물을 위한 통로의 설치가 어려운 곳에 설치되는 생태통로이며, 도로건설로 인해 단편화된 생태계를 연결하여 생태계의 연속성을 유지하는 데 목적이 있다.

육교형 생태통로는 동물이 쉽게 접근할 수 있도록 통로의 양 끝을 포물선형으로 하여 통로의 중앙에 비해 넓게 하고 동물들이 도로를 횡단하지 않고 통로를 이용하도록 유도하기 위해 통로 입·출구 좌·우측을 따라 침입방지 유도울타리를 설치하고, 통로 양쪽에는 차단

육교형 생태통로, 캐나다 밴프 국립공원
ⓒ조엘 사토레

벽을 설치하여 동물들이 이용 시, 불빛이나 인기척으로 불안감을 느끼지

않도록 해야 한다. 필요하면, 통로 내부에 습지, 돌무더기, 그루터기, 나뭇더미 등을 설치하여 양서류, 파충류의 통행과 서식에 이용될 수 있도록 배려하고, 가능한 인간통행은 억제하여 동물들이 원활히 이동할 수 있는 환경을 조성해 주어야 한다. 육교형 생태통로는 주로 고라니, 노루 등 초식동물과 너구리, 오소리, 멧돼지 등 육식동물이 많이 이용하고 있다.

터널형 생태통로

도로가 통과하는 지역 중 흙쌓기에 의해 동물의 이동이 단절될 때 설치하는 이동통로이며 중·대형 동물들이 많이 이동하는 지역에 설치하는 것이 효과적이다. 규모에 따라 암거형과 파이프형으로 구분되며, 암거형은 대개 통로의

터널형 생태통로, 일본 오니코베도로
ⓒ손원표

내부 폭이 3m 이상의 큰 통로이며, 파이프형은 통로 내부 폭이 2m 이하의 좁고 긴 통로이다. 형태에 따라서는 박스형과 파이프형 모두 사각형, 원형, 반원형 등으로 구분된다.

횡단 시설의 입구는 불빛이나 시각적 완화, 접근하는 동물이 횡단 전에 잠시 숨어서 주변을 살필 수 있도록 은폐 수림을 조성하는 것이 원칙이며, 이러한 식재는 사람이 가까이 접근하지 않도록 하는 기능과 주변과 차단하는 기능도 가진다.

전이대

생태통로에 접근하는 이동로가
길어서 동물이 접근하는 데 어려움
이 예상되는 구간에는 주변의 임상
구조와 생태통로 전후 임상 구조 사
이의 연계성을 주기 위해 전이대를
조성하여 야생동물이 편안하게 두
려움을 느끼지 않고 생태통로를 이
용할 수 있도록 해야 한다. 이러한

생태통로 접근구간에 설치된 전이대,
일본 니코우츠노미야도로
©손원표

전이대는 생태통로와 주변 식생과 연계성을 고려하여 조성해야 하는 구
간으로서 이러한 전이대를 '완충지대'(buffer zone)라 한다. 일반적으로
전이대 설치를 소홀히 하는 경향이 있지만, 생태통로 입구의 은폐 수림
과 마찬가지로 야생동물이 불안감을 느끼지 않고 이동하는 데 미치는
영향이 큰 시설이다.

우리나라의 생태통로

우리나라에서 1990년, '환경 원년'이 선포되면서 환경에 대한 인식이
제조분야와 건설분야로 전파되었으며, 도로건설에 따른 환경문제가 이
슈로 대두되면서 생태계와 야생동물의 이동을 배려하는 생태통로를 도
로건설 시 반영하게 되었다. 최초의 생태통로는 1998년, 지리산국립공
원 시암재에 터널형 생태통로를 설치한 이후로 동물의 이동행태를 고려

하여 생태시설을 보완하였으며 2000년, 오대산국립공원 구룡령에 두 번째로 육교형 생태통로를 설치하여 관리하는 등 백두대간과 주요 녹지축을 중심으로 생태통로를 설치하고 있다. 실제로 지리산 시암재 생태통로에는 지리산에 방사된 반달곰 개체가 이용하고 있으며, 이용하는 동물들의 특성을 고려한 다양한 이동시설과 CCTV 등을 설치하여 체계적인 관리와 모니터링을 하고 있다.

지리산국립공원 시암재 생태통로와 다람쥐 이동로
ⓒ손원표

이러한 사회적 여건 변화를 반영하여 도로분야에서도 2004년, 건설교통부와 환경부 공동의 《환경친화적인 도로건설 지침》이 제정된 이후, 세 차례 개정작업을 거쳐 도로건설 시, 도로가 통과하는 백두대간, 국립공원 등 주요 녹지축과 대절토, 고성토가 발생하는 구간에는 생태통로를 설치하여 자연과 인간의 공존을 모색하고 있으며, 이제는 도로가 통과하는 구간에서 익숙하게 볼 수 있는 시설이 되었다.

비점오염원과 비오톱, 생소한 단어들

　우리나라에서 '환경 원년'이 선포된 1990년 이후, 환경에 대한 인식의 확산과 '환경영향평가제도'의 본격적인 도입으로 개발과 보전의 대척점에서 첨예한 대립양상을 나타내기 시작하였다. 건설분야에 도입되기 시작한 환경관련 분야는 건설현장에서 소음저감, 분진발생 저감 등 현장관리부터 시작된 것이 설계단계에서부터 환경적인 고려를 사전에 반영하여 환경영향평가 협의 단계에서 보완작업을 최소화하고 사회간접자본의 확충계획에 발생하는 차질을 조정하려는 관점에서 상반된 상황에 있는 건설교통부(국토교통부)와 환경부가 오랫동안 협의와 조정 기간을 거쳐 ≪환경친화적인 도로건설 지침≫'(2004)을 제정하여 도로건설의 시작 단계인 계획·설계에서부터 친환경 개념의 적용으로 '개발과 보전'의 갈등을 조정하고 있다.

　도로사업은 건설과 운영 시, 여러 가지 형태로 환경분야에 악영향을 발생시키며, 도로건설 시에는 자연생태계를 훼손하게 되고 운영 시에는 배기가스로 배출되는 오염물질이 비점오염원이 되어 수질을 오염시키고 주행하는 차량에 의한 소음, 분진, 대기오염 발생으로 지역에 거주하는 주민들에게 피해를 주고 지구온난화의 주요 원인이 되는 이산화탄소를 배출하여 생활환경에 직접적인 피해를 준다.

비점오염원

비점오염원非點汚染源은 오염원이 어디에서 나오는지를 알 수 없는 것으로 점오염원點汚染源과 대비되며, 도로를 주행하는 차량에서 발생하는 매연, 먼지, 가스, 악취 등이 대기질에 영향을 미쳐 도로 주변에서 살아가는 사람들에게 악영향을 주고 동물과 식물의 생육환경에 피해를 미치는 오염물질이다. 이러한 비점오염원은 강우 시, 도로에서 초기에 배출되어 주변의 하천으로 흘러들게 되므로 수질오염 방지 차원에서 별도의 시설로 처리하여야 한다.

비점오염 저감 시설은 수질오염 방지 시설 중 비점오염원으로부터 배출되는 수질오염물질을 제거하거나 감소시키는 시설로 자연형과 장치형으로 구분되며, 자연형 시설은 저류시설, 인공습지, 침투시설, 식생형 시설 등이며 장치형 시설은 여과형, 와류형, 스크린형, 생물학적 처리형 시설 등이 있다.

자연형 비점오염저감시설
출처: 한국환경공단

비오톱(biotope), 대체서식지

생태 관련 용어인 비오톱은 어떤 일정한 생명 집단이나 사회 속에서 입체적으로 다른 것들과 구별할 수 있는 생명 공간 또는 어떤 종種에 의해 점유된 지역에 존재하는 자연과 환경조건을 의미하며, 비오톱은 군집 차원의 생태계를 의미하고 서식처는 개체 차원의 생태계를 일컫는 것으로, 통칭하여 생태서식처를 말한다. 이러한 비오톱에는 돌무더기, 그루터기, 소규모 습지, 연못, 나뭇더미 등이 있다.

대체서식지는 계획된 도로 노선이 특정 종이나 희귀종 또는 환경변화에 민감한 종의 서식지를 부득이 통과하는 경우, 특징적인 서식 환경 조건을 보존할 수 있는 서식지를 노선 부근에 조성하여 원래의 서식 환경이 유지되도록 하는 서식지로 특히, 공사 중 또는 공시 후 간섭을 받는 지역에서 서식할 수 없거나 습지 환경에 서식하는 종의 경우에는 대체 환경의 조성이 매우 중요하다. 일본의 니코우츠노미야 도로에서는 산청개구리 대체서식지를 조성하고 2~3년 동안 모니터링을 거쳐 서식 환경이 조성 전 상태와 같이 회복된 것을 확인한 사례가 있다.

돌무더기(구룡령 생태통로)　　　　대체서식지(일본)
출처: 환경부　　　　　　　　출처: 일본도로공단

열섬(heat island)

열섬은 여름철 도시지역에서 발생하는 현상으로 도심지역 기온이 교외 지역보다 높아서 등온선이 섬 모양으로 나타나는 현상으로 열섬에 의해 도시 전체가 비닐하우스에 둘러싸인 것 같은 온실효과가 나타나며, 열섬이 발생하는 가장 큰 원인은 자동차 배기가스, 공장 매연, 냉·난방기 가동에 따른 인공 열 발산, 아스팔트 등 포장면적 확대로 인한 지표면의 복사열 발생 등이 있으므로 도시지역에서 녹지면적 확대, 물순환 시스템으로 불투수 면적의 축소, 단열재 적용 확대, 바람통로 조성, 도시공간의 환경설계 등을 통한 대책이 있다. 실제로 한여름 저녁에 녹지지역과 포장 면의 온도가 3~4℃ 정도 차이를 나타내고 있는 것을 측정할 수 있어 지구온난화 대응과 생활환경 보전 차원에서 친환경 녹지조성의 중요성이 대두되고 있다.

도시열섬

출처: 서울시자원봉사센터 블로그

도로에서 소음을 줄이는 방법이 있나요

　도로에서 발생하는 소음의 중심에는 차량과 인간이 있으며, '교통소음'의 반대말은 '교통정온(traffic calm)'으로 저소음 도로와 체류 장소, 친환경 교통수단과 환경 생태학적 개선을 위한 교통로, 완충지대를 고려한 교통공간의 새로운 배분, 친환경 교통수단에 대한 지원, 보행과 자전거 활동의 확대 등이 교통소음을 줄이는 방안이 될 수 있다.

　저속은 인간의 공격성을 떨어뜨리며, 저소음 도로에서 사람과 어린이는 편안한 이동과 활동을 통해 자연스럽게 공격적 태도를 완화하게 되고 차량 속도를 낮추면 균질적인 차량 흐름을 유도하여 미세먼지를 감소시키고 교통소음을 줄일 수 있으므로 과밀화되고 있는 도시환경에서 교통소음에 대한 제대로 된 인식을 통해 소음에만 고정된 시선을 인간의 심리와 행동으로 돌리고 소음을 통해 인간사회를 이해하는 관점에서 포괄적으로 접근해야 할 필요가 있다.

교통소음의 전망

교통량이 30% 증가하면 음압레벨은 1dB(A) 정도 올라가므로 교통소음의 피해를 간과할 수 있지만, '교통환경 특성'으로서 차량의 종류와 비율, 운행속도 변화와 편차, 통행구간 특성(노인 인구, 녹지대), 토지이용 변화 등이 소음 민원을 유발할 수 있으며, 소음 피해는 단순히 소음원의 물리적 특성으로 환원되는 공학적 문제가 아닌, 민원인이 소음원의 성격과 영향을 어떻게 인지하고 평가하는지를 심리학적 관점을 포함하여 복합적으로 이해해야 해결할 수 있는 사회적 난제로 떠오르고 있다.

도시 소음의 90% 이상을 차지하는 자동차 소음을 중심으로 인간에게 그것이 어떻게 전달되고, 누구에게 어떠한 영향을 미치는지, 우리 삶에 미치는 부작용은 무엇인지, 자율주행차나 개인용 이동수단 등의 변화가 교통소음 관점에 어떠한 변화를 유발할지 등에 예의주시할 필요가 있으며, 사회·정치학적 이념으로 치부되거나 사회·경제적 계층 간 이익 상충의 대상이 아닌, 도시 팽창으로 고통받는 취약계층의 건강과 형평성을 위해 반드시 해결해야 할 과제가 교통소음이다.

방음벽, 방음둑

방음벽은 소음의 전파경로 대책이며 음의 회절 감쇄에 의한 소음저감을 기대하는 시설로 용지 제약이 적어 도로교통 소음 대책으로 널리 적용하고 있다. 방음벽에 의한 소음 감쇄량은 방음벽 높이(회절음 영향), 방음벽 면밀도(투과음 영향)에 의해 결정되며, 방음벽 높이가 전반적인 소음 감쇠량에 더 큰 영향을 미친다.

　방음벽은 도로 양측의 경우 반향효과로 최적화하는데 차도 중앙에서 건물 간 거리가 짧을수록, 방음벽 높이가 높을수록 음압레벨의 감소 폭이 커지나, 10m 이상부터는 감소 효과가 한계점에 달하고 방음벽은 고주파 음을 차단하는 효과가 있지만, 저주파 음 차단에는 효과가 떨어지므로 10층 이상 공동주택에는 보완대책을 마련해야 한다.

　방음벽의 재질은 종래 금속판과 콘크리트판을 주로 사용하였지만, 최근 주변 환경과 경관에 대한 조망권 확보가 요구되는 구간에서는 자연경관과 생활환경 보전 차원에서 다양한 디자인을 반영한 목재형과 투명형 방음벽을 적용하고, 용지 확보가 수월하거나 시설녹지가 확보된 계획지구에서는 방음둑을 식재와 함께 설치하여 환경성을 높이면서 차음효과와 경관효과를 동시에 확보하는 사례도 있다.

목재형, 투명형 방음벽
ⓒ손원표

방음둑, 수원시 우만동과 서울시 가락동
ⓒ손원표

저소음 포장

도로에 사용하는 포장재료에 따라 소음저감에 영향을 미칠 수 있으므로 포장재료의 선정에서도 도로조건, 교통조건 등에 따라 유의해야 한다. 주행속도를 낮추면 엔진출력이 떨어져 통과 소음이 낮아지게 되고 타이어 마찰 소음은 타이어와 포장 면의 상호작용에 의한 공기 이동 소음으로 타이어 마모율, 포장 공극률, 골재 크기 등에 영향을 받는다.

시속 30km 범위에서 석재포장이 아스팔트 포장보다 3~6dB(A) 높지만, 시속 30km 이하로 떨어지면 포장재가 음압레벨에 미치는 영향이 약화하고 교통정온화 효과가 극대화되는 시속 15km 이하에서 포장재의 소음 격차는 거의 제로에 가까워, 운행속도가 30km/h를 초과하는 시점부터 포장재가 음압레벨에 영향을 미치는 것으로 보고 있다.

저소음 포장은 공극률이 증가할수록 이동 공기량을 공극으로 분산시켜 유속을 떨어뜨려 마찰 소음을 줄이는 원리이다. 포장재의 공극률, 표면 형태, 구조 스펙트럼 등에 따라 음향 특성이 달라지며 오목한 표면은 소음방지 효과가 크고, 공극률은 소음 전파에 영향을 미치므로 포장의 공극률이 높아질수록 흡음 효과가 커지고 에어펌프(air pump)가 감소하면 타이어 진동이 줄어드는 효과를 도입한 포장이다.

최근, 교통소음의 증가에 대해서 높아지는 방음벽으로는 한계가 있으므로 방음벽과 함께 저소음 포장을 동시에 적용하여 소음 피해에 따른 생활환경 보전을 도모하고 있는 점을 볼 때, 단순히 방음벽을 통한 차음효과만을 보지 말고 통합적 관점에서 소음저감 대책이 필요하다.

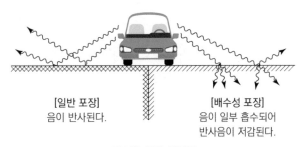

[일반 포장]
음이 반사된다.

[배수성 포장]
음이 일부 흡수되어
반사음이 저감된다.

저소음 포장 개념도

저소음 타이어

　실제 도로교통 상황에서 엔진 소음과 타이어 마찰 소음을 분리하기가 어려우며, 타이어 폭이 마찰 소음과 관련이 있다. 마찰 소음은 타이어 트레드(tread) 폭이 클수록 소음이 커지고 트레드 폭이 일정한 경우, 고주파 음이 두드러져 호각 소리가 나고, 트레드 폭이 가변적이면 소음이 덜 발생한다.

　자동차의 고속기능이 향상되면서 자동차 성능도 개선되어 엔진 소음은 줄지만, 타이어 폭과 고무 강성도 증가하여 상대적으로 마찰 소음이 증가하고 있다. 한편, 차량에 따른 특성을 살펴보면 승용차는 저속에서 엔진 소음이 높고 고속에서는 타이어 소음이 높지만, 화물차는 엔진 소음이 대부분을 차지하고 고속으로 갈수록 엔진 소음 비율이 낮아지는 특성이 있다.

가로경관과 도로경관은 어떻게 다른가요

경관(landscape)은 주변의 자연요소와 인공요소를 포함하여 도로 주변에서 살아가는 주민의 생활상 등으로 이루어진 일단의 지역 환경적 특징을 나타내는 것이지만, 일반적으로는 '경치'를 뜻하거나 '풍경' 형태를 가진 일정한 지역을 말한다. 이러한 경관이 도시지역 가로(street)에서는 가로경관으로 자리 잡으며 지방지역 도로(road)에 도입될 때는 도로경관으로 구분되는 특징이 있다.

가로경관

가로경관(streetscape)은 주 대상이 도시지역 도로일 경우 경관영역에 따라 도시경관이라 부르기도 하지만, 가로는 지방지역 도로와 달리 교통기능뿐만 아니라 도시의 생활과 관련된 공간으로써 연도 요소인 건축물과 조화되어야 하며 가로를 이용하는 사람들과 가로 주변을 구성하는 다양한 요소를 도입한 가로의 개성을 표현하는 것이 중요하다. 또한, 가로구간에서 이용자들에게 서비스를 제공하려는 목적으로 공공공간에 설치되는 시설물인 가로등, 벤치, 공중전화부스, 난간, 쓰레기통, 키오스크(kiosk) 등과 도로포장 재료, 가로수, 설치물, 조형물 등도 가로경관을 구성하는 요소이다.

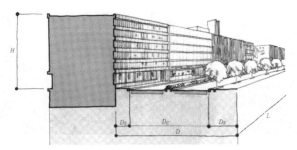

보차도폭원비(DS/DC), 가로폭원건물높이비(D/H), 가로폭원연장비(D/L)
가로경관의 3가지 요소들
ⓒ가로의 경관설계

가로는 지방지역 도로와 달리, 거리에서 생활하는 사람들에게 '생활의 장'이므로 가로경관은 '생활의 장'의 배경이 되고 가로에서는 차량보다 보행자가 강하게 의식되므로 보행자가 쾌적하고 안전하게 통행하고 머무를 수 있는 공간이 되어야 한다. 이러한 가로는 횡단면, 연도건축물, 가로수 등 형태적 특성을 고려하여 가로경관의 특성을 명확하게 하고 가로의 성격에 어울리는 경관형성을 위한 기본적인 도로공간 구조를 횡단계획에서 검토하는 것이 중요하다.

가로에서는 도로의 성격에 맞는 횡단면 구성으로 시각적 시인성을 높이고 변화 있는 도시의 개성을 표현하며 여유가 있는 보행공간, 풍부한 식재공간의 확보와 연도건축물의 품격, 도로의 너비와 연도건물의 높이 비율을 고려한 가로공간의 균형, 개방감, 위요감(둘러싼 느낌), 심리적 편안함 등을 고려해야 한다. 특히 주변으로 고층 건물이 들어선 가로에서는 보행자가 시각적, 심리적으로 압박감을 느끼고 어딘가 사이가 떠 있는 인상을 주므로 복수열 가로수 식재로 공간의 분절화와 시각적 긴장감 완화에 유의해야 할 필요가 있다.

전주 첫 마중 길
ⓒ손원표

도로경관

도로경관(roadscape)은 지방지역에서 도로가 주 대상이 된 경관으로 내부경관과 외부경관으로 구성되며, 다시 정지경관과 연속경관으로 구분되고 도로를 구성하는 다양한 요소인 도로요소, 연도요소, 원경요소 등이 서로 조화되어 도로 주변의 자연적 요소와 인공적 요소를 보고 즐길 수 있는 경관을 갖춘 경관도로에서 볼 수 있는 경관으로서 이러한 도로경관은 도로 자체뿐만 아니라 교량경관, 터널경관, 시설물경관 등을 포함한다.

도로경관의 개념

출처: 도로경관계획론

　　도로에서 높은 비중을 차지하는 교량은 구성요소가 교량 자체, 주변
경관, 시점 위치 등 세 가지로 구분되며, 교량 자체와 함께 세부적인 것
으로 형태, 색채, 질감 등 교량이 가지는 시각적 요소가 있고 교량경관
은 '대상으로서 존재하는 경관'과 '시점視點에 있는 인간의 시지각視知覺'
의 관계로 성립하며 교량의 내부경관과 외부경관으로 구분된다.

선유도 교량

출처: 도로경관계획론

세종시 학나래교

출처: 행복청 홈페이지

또한, 터널은 같은 장면을 원경, 중경, 근경으로 접근하며 거리에 따른 차이를 느끼면서 일정 시간 동안 경험하는 특징이 있으며, 갱구 디자인이나 주변 경관과의 관계를 상당 동안 인식하는 특성이 있으므로 터널경관은 도로 이용자의 경관 측면과 교통안전 측면을 고려할 때, 터널 입구부 진입공간에 대한 계획이 매우 중요하며 터널로 접근하는 원경 또는 중경에서 지각 가능한 위치에 거점 요소를 도입하는 것이 효과적이고 터널을 진입, 진출할 때 암순응과 명순응 등 운전자의 시지각 특성을 고려해야 하는 특징이 있다.

경관도로는 어떤 도로인가요

아름다운 국토풍경

'국토의 풍경에는 그 나라 국민의 바탕과 지성이 담겨있다'라는 말이 있다. 이 말은 아름다운 나라에서 훌륭한 인재가 배출되고 미래의 꿈을 펼치게 된다는 사상을 나타내는 것으로 아름다운 풍경 속에서 생활하다 보면 생각과 행동도 따라가게 된다는 의미와 서로 통하게 된다.

경관도로는 쉽게 말해서 '아름다운 도로'이며, 도로의 경관을 구성하는 다양한 도로요소와 연도요소, 원경요소 등이 조화를 이루고 도로를 달리면서 도로 주변의 자연적, 인공적 요소를 보고 즐길 수 있는 쾌적한 환경을 갖춘 도로이다.

우리나라에서는 그동안 경제개발 중심의 사회 환경에서 경제성, 기능성 중심으로 도로를 조성하였으나 이제는 소득증대에 따른 '삶의 질' 향상으로 여가 선용을 위한 도로 이용이 확산하는 추세로 도로가 단순한 이동통로가 아닌 생활공간으로서 휴식공간, 조망공간, 문화공간으로 변신이 요구되고 있다.

머무를 수 있는 도로 공간

이제는 종래의 '달리는 길'에서 '보고 느끼고 머무는 도로'로 변신이 필요한 시점이다. 그래서 계곡과 하천을 따라 달리며 자연의 경이로움과 정취를 느낄 수 있는 도로, 볼거리가 있고 주변의 자연과 역사, 문화를 느낄 수 있는 도로, 조상들이 걸었던 주변의 옛길을 탐방하면서 흔적과 추억을 함께 할 수 있는 도로 공간으로 자리 잡아야 한다.

아름다운 소양호 길
©손원표

요즘, 경관도로 분야에서 떠오르고 있는 테마도로는 도로 주변에 산재하고 있는 지역 특유의 역사, 문화, 전통, 자연 요소를 발굴하여 테마(theme)를 설정하여 도로의 이동성과 공간기능이 적절히 확보되어 노선별, 지역별 테마가 구현된 도로로서 경관이 뛰어난 지역에 머물 수 있는 공간을 조성하고, 우수한 경관과 지역 이미지를 도로 이용자에게 전달하는 도로이다.

산천초목을 테마로 한 국도 46호선, 진부령 길

스토리가 있는 공간, 힐링의 공간

도로 이용자가 도로를 달리며 주변의 뛰어난 경관을 관망하고 전망이 좋은 곳에서 휴식을 취하며 주변의 경치를 감상할 수 있는 공간을 확보하여 해당지역을 충분히 느끼고 지역의 유래와 역사, 문화가 공존하는 스토리가 있는 공간, 힐링의 공간으로 자리매김을 하면 도로가 불필요한 과잉시설이 아닌, 국민에게 친근하고 사랑받는 사회기반시설로 인식될 것이다.

경북 안동시 안동댐 하류에 가설된 월영교月影橋는 조선시대 중기, 사대부 집안에서 부부간 사모의 마음을 담은 편지의 사연이 배어있는 교량으로 주변의 빼어난 풍광과 함께 '사선－직선－사선' 형태의 독특한 모습으로 교량의 아름다움과 스토리텔링이 적절히 조화를 이루어 스토리가 있는 공간, 힐링의 공간으로 자리 잡고 있다.

스토리가 있는 월영교
©손원표

일본의 아름다운 길

일본에는 2007년부터 북해도 지역을 포함한 일본 전역의 10개 지역에 설치된 '풍경가도협의회'에서 '풍경가도'를 등록하여 2021년 기준으로 140여 루트가 등록되어있다. 일본 풍경가도는 지역경관 보호, 지역

자원 활용, 연도 경관개선 등을 목표로 민간 주도로 활동하고 있는 것이 특징이다. 북해도지방의 '토카치헤이야 산로크 루트'는 북해도 중부 지역 토카치지방의 서북부를 연결하는 루트로 히타카산맥을 통과하여 해발 1,100m 지점에 있는 마쓰미대교松見大橋에서 절정을 이루는 루트로 이름이 높으며, 오타루 해안도로도 파도 소리를 들으며 석양과 어우르는 하늘과 바다의 하모니에 빠져드는 환상적인 힐링 로드로 자리를 잡고 있다.

일본 북해도의 마쓰미대교
ⓒ日本百名道

한국의 아름다운 길

국토교통부에서는 국민에게 대표적인 길을 소개하고 국민의 요구 수준에 맞는 도로를 발굴하고자 2006년에 '역사성, 예술성, 미관성, 기능성, 친근성'을 기준으로 하여 '한국의 아름다운 길 100선'을 선정하였다. 이것은 그동안 이동성 중심의 기능에 충실하였던 도로에 처음으로 미적 요소가 접목된 계기가 된 것으로 아름다운 도로, 경관도로 관점에서 큰 전환점을 이룬 것으로 평가된다.

대상으로 선정된 국도 3호선 '사천−남해 연결도로'는 남해를 가로지르는 4개의 교량이 각기 독특한 형식으로 조화롭게 아름다운 경관을 연출하고 있는 구간으로 주변의 멸치잡이 죽방렴과 함께 지역의 명소가 되어 많은 관광객이 찾고 있어 지역 활성화에 도움을 주고 있다. 우수상으로 선정된 전남 영광군의 '백수해안도로'는 굴비의 고장인 영광 칠산 앞바다를 옆에 끼고 산자락으로 개설된 남북으로 뻗은 해안도로이다. 갓 봉 줄기가 서해를 향해 내달리는 해안의 풍경과 함께 아름다운 절경이 펼쳐지고 다이내믹한 해안풍경과 해 질 무렵 서해 낙조가 지친 마음을 치유하는 힐링의 공간으로 자리 잡으며 새로운 명소로 떠오르고 있다. 이후로도 국토교통부에서는 '한국의 경관도로 52선', '남해안 해안 경관도로 15선' 등을 선정하여 국민에게 아름다운 길을 지속해서 소개하고 있다.

국도 3호선 사천-남해 연결도로

출처: 한국의 아름다운 길 100선

참고문헌(2부 3장)

[단행본]

건설교통부, ≪한국의 아름다운 길 100선≫, 2006.

국토해양부, ≪도로설계편람≫ 제8편 환경시설, 2012.

국토해양부, ≪도로설계편람≫ 제11편 경관, 2013.

모리야마 마사카즈 저, 김해동외 역, ≪도시열섬≫, 푸른길, 2011.

손원표, ≪도로공학원론≫, 반석기술, 2010.

손원표, ≪도로경관계획론≫, 반석기술, 2014.

손원표, ≪자연과 역사, 문화가 깃들어 있는 길≫, 반석기술, 2014.

최병호, ≪교통소음과 인간≫, 지식공감, 2021.

환경부·국토교통부, ≪환경친화적인 도로건설 지침≫, 2015.

[국외문헌]

Sudo Eiichi, ≪日本百名道≫, 大泉書店, 2005.

오니코베도로, ≪에코로드에의 도전≫, 대성출판사, 2003.

일본도로공단, ≪에코로드 20년의 평가≫, 평성 15년.

3부

도로 인문과
사회

01장 도로와 인문
02장 도로와 예술
03장 도로와 사회

무영대교

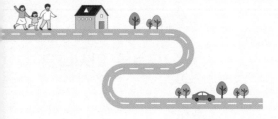

1장

도로와 인문

도道를 아시나요 강정규

도로의 문화사를 들여다보다 강정규

도로는 어떤 기능을 수행할까 강정규

도로는 국토 공간에 어떤 영향을 미치는가 강정규

유명한 드라이브 코스를 달려요 강정규

걷기 좋은 길을 찾아서 강정규

도로의 생로병사 강정규

도로는 왜 변화하는가 강정규

현대 도로를 만든 사람들 강정규

도道를 아시나요

길과 도로의 뜻과 어원

길과 도로를 명확하게 구분하지는 않지만, 사용례를 보면 그 의미의 차이는 있다. 자동차 길을 자동차 도로라고 부르는 것은 자연스럽지만, 걷기 길·숲 길·둘레 길을 걷기 도로·숲 도로·둘레 도로라고 부르면 어색하다. 국어사전에서는 길과 도로는 명사로서 비슷한 말이라고 하고 있다. 길은 '사람이나 동물 또는 자동차 따위가 지나갈 수 있게 땅 위에 낸 일정한 너비의 공간'이며, 도로는 '사람, 차 따위가 잘 다닐 수 있도록 만들어 놓은 비교적 넓은 길'로 정의하고 있다. 형태적인 관점에서 도로는 길보다 더 공식적이고 물리적으로 넓은 공간이다. 더 오랜 시간 존재한 길이란 단어에 훨씬 많은 문화적 경험이 자연스럽게 축적되었다. 'ㅇㅇ도로'보다 'ㅇㅇ길'이 시·소설·노래 제목으로 더 널리 사용된다.

애초 사람과 짐승이 다니던 조그만 길을 많은 사람이 이용하게 되자 길의 형상과 규모가 다양해지면서 '길' 앞에 어떤 관형어를 합성하여 의미를 구체화했다. 사람이나 우마차가 다니던 조그마한 길은 '오솔길·산길·들길·소로길·지름길' 등으로 불렀다. 실체적 육상통로인 길은 교통수단이 발달하고 다양화되면서 '뱃길·철길·하늘길'과 같이 실체가 없는 관념적 교통수단까지 개념이 확대되게 되었다. 이러한 교통수단으로서의 길에서 뜻이 분화되어 '무슨 길이 없을까?', '손쓸 길이 없다.'와 같이 어떤 일에 취해야 할 수단이나 방법이란 교통수단 이외의 방도까지 개념이 확장되었다.

또 교통수단으로서의 길에 더하여 동양 사상에서는 사람이 마땅히 취해야 할 심성이나 행위를 도의니, 도덕이니 하여 길道로써 표현한다. 왕도정치니, 공맹지도 같은 표현은 모두 도의의 상징으로 쓰인 것이다. 실체적인 아랫길이 세월이 흘러감에 따라 정신적인 윗길이 되었다. 결국 실체적 공간에서 시작된 길이란 단어는 관념적 교통수단, 방도, 그리고 도의까지 의미가 확장되어 폭넓게 사용되고 있다.

길은 어떻게 도로가 되어 가나?

사람과 자동차가 다니는 물리적·실체적 공간이자 통행수단인 '제한된 의미의 길'인 '도로'에 대해 탐구해보자. 사람과 짐승의 발자국으로 생겨난 좁은 길은 신석기시대 농경과 가축사육이 시작되면서 더욱 넓고 평탄해졌다. 주거 공간인 마을과 생산 공간이 분리되면서 일터와 주거지를 매일 오가는 길의 역할이 중요해지고 길이도 늘어났다. 지형에 순응하는 오솔길을 따라 사람이나 짐승이 많은 양의 물건을 운반하기가 어려웠다. 바퀴 달린 수레는 획기적인 신기술이었지만 더 넓고 평탄한 길이 필요했다. 좁은 길을 넓히고, 길바닥을 평탄하게 골랐으며, 여의찮

으면 새로 길을 내었다. 수레가 다니는 길은 완성된 후에도 지속적이고 상시적인 관리가 필요하였다. 빈번한 통행, 화물의 무게, 폭우 등으로 패이고 무너졌기 때문이다. 패인 구덩이를 메우는 재료로 흙보다 모래와 자갈이 낫고, 물로부터 도로를 최대한 보호해야 한다는 것을 깨달았다. 길을 전문적으로 만드는 사람들의 지식이 모인 토목공학이 발전하면서 도로망의 질은 점점 좋아져 갔다. 마을이 지역으로, 그리고 국가로 연결되면서 도로를 만들고 유지하는 것은 국가의 통치나 국가방위 측면에서 중요한 과업이 되었다.

영어의 road는 라틴어의 rad(말 타고 여행하다)에서, path는 pad(발로 다져진 길)에서, trail은 발자국 흔적(track)에서 유래되었다. 그러니까 말을 타고 다닐 수 있도록 보다 넓은 공간을 인위적으로 만든 road는 도로이고, 사람 걸음이 누적된 보다 좁은 공간인 path나 trail은 길이다. 영어 travel(여행)은 라틴어 고생·고난(travail)에서 유래했다고 한다. '길 떠나면 고생'이란 우리 속담도 있으니 동서양 모두 과거에 길은 힘든 공간이었던 모양이다.

동양 도로의 구분과 우리 도로의 발전

중국 주나라 왕실과 전국 시대 각 나라들의 제도를 기록한 주례周禮에서는 길을 크기에 따라 '진畛<경徑<도途<도道<로路' 5가지 등급으로 구분하고 있다. 한 글자가 한 가지 뜻을 가지는 한자에서는 도道와 로路를 엄격하게 구분하여 중국의 오랜 도로 축조 역사를 반영한다. 따

라서 가장 폭이 넓은 로路와 도道 두 글자가 합쳐진 도로道路라는 단어는 꽤 넓은 길을 의미한다. 오늘날 한국과 일본의 도로법道路法에 해당하는 중국 법률명은 공로법公路法이다.

중국과는 달리 우리나라에서는 도와 로, 심지어 길까지 명확하게 구분하지 않고 같은 개념으로 통용되어왔다. 조선왕조 경국대전에서는 '로' 한 글자에 너비를 의미하는 대·중·소를 합성하여 대로·중로·소로로 길의 중요도를 구분하였다. 도로를 개선하고 수레를 활용하여 물자 유통과 상공업 진흥을 역설하던 유형원, 박제가, 신경준 등 조선 실학자들도 저서에서 대로·중로·소로란 명칭을 사용하였다. 당시 오솔길이나 소로길 등은 '로'에 포함하지 않았다. 대로·중로·소로 개념은 현재 우리 법률(국토의 이용 및 계획에 관한 법률, 건축법)에도 영향을 미치고 있다. 수신사나 개화기 지식인들이 '당시 일본의 도로 사정이 조선보다 훨씬 나았다'라는 기록을 남긴 이유는 조선시대에 상공업 진흥을 위한 도로망 보급에는 관심이 낮았기 때문일 것이다.

1900년대 초 일제에 의해 만들어진 도로망은 오늘날 국도의 근간이 되었다. 비교적 지형에 순응하여 만들어져 조선시대 때 도로망과 직접 또는 간접적으로 중첩되었다. 이때까지는 사람이 거주하는 마을과 간선도로가 멀리 떨어지지 않고 서로 어울렸다. 1938년 공포된 조선도로령에서 도로의 종류를 국도, 지방도, 부도, 읍면도로 구분하였고, 1945년 8월 광복 당시에는 국도, 지방도, 시군도로 구분하여 현재와 유사한 명칭과 분류가 시작되었다. 1960년대 들어서 현대화된 도로가 나타나기 시작했다. 산이 막으면 굴을 뚫고 강이 막으면 다리를 놓아 두 지점 간을 가능하면 짧게 연결하여 통행시간을 최대한 단축하게 했다. 이제 간선도로는 사람이 거주하는 곳으로부터 점점 멀어지기 시작했다. 도로변 작은 마을들은 점차 사라지고 도시로 사람들이 집중되었다.

현재 대한민국 도로의 종류와 명칭

대한민국에서는 도로법, 국토의이용및계획에관한법률, 사도법, 농어촌도로정비법, 산림자원의조성및관리에관한법률, 도로명주소법 등 법률을 만든 목적에 따라서 담당 행정기관, 기능, 형태, 규모, 크기(폭)별로 분류하고 명칭을 부여한다. 같은 도로에 대해 법에 따라 여러 개의 이름이 중복되는데, 세종로는 일반도로이면서 광로이고 또한 주간선도로가 된다. 도로법과 국토의이용및계획에관한법률에서는 포괄적 명칭으로 '도로', 구체적 명칭으로 '도'를 쓰고 있다. '도로명주소법'에서 새 주소 방식을 도입하면서 폭과 길이에 따라 '대로 → 로 → 길' 순으로 위계를 두어 끝 글자로 사용하도록 했다. 이상의 법률에 정의되어 있지는 않지만 '생활도로'와 '이면도로'라는 용어도 관행적으로 사용된다.

도로의 문화사를 들여다보다

도로 문화란?

문화란 인간이 살아오는 과정에서 만들어진 언어·풍습·학문·기술·예술·사회제도 등 유무형의 공동생활양식이다. 문화는 지역에 따라 다르며 시대에 따라 변화하는데, 도로 역시 중요한 문화현상의 하나이다. 문화의 가장 본질적 기능은 사회의 재생산이다. 독자적으로 발생한 문화권이 확장되면 문화적 공생관계가 생겨난다. 넓어진 문화권은 교역 물품만이 아니라 각종 사상, 기술, 제도, 종교 등을 전파하는 역할도 한다. 교통과 통신이 발달한 근래에는 문화 확산이 더욱 빠르고 때로는 거의 동시적으로 이루어지고 있다.

도로는 포괄적으로 인간의 욕망을 실현하기 위해, 구체적으로는 정치·군사·경제·사회적 목적으로 건설되었다. 세월이 흐르면서 도로 주변에 인간 활동이 집적되고 이야기가 쌓이게 되면서 도로 기능에도 변화를 가져온다. 도로 중간마다 집회나 교역, 만남, 일상생활 등을 통하여 문화가 집적된 공간이 생기게 된다. 도로에 얽힌 기억들은 흥미로운 이야기로 재탄생되어 널리 알려지며 생명력을 이어간다. 실체로서의 도

로 문화와 관련된 기록은 역사가 되고, 문학·음악·미술·영화의 소재
가 되기도 하며, 도로 자체가 아름다운 볼거리로 사랑받기도 한다.

정리하면 도로를 만들고 이용하는 과정에서 인류가 형성한 지식·신
념·행위의 총체가 도로 문화이다. 실체적(유형적) 도로 문화는 도로시
설물을 만드는 사람들이 가지는 지식·신념·행위의 총체이다. 정신적
(무형적) 도로 문화는 도로 이용자가 가지는 지식·신념·행위의 총체로
도로와 관련된 역사, 지리, 종교, 문학, 미술, 음악, 영화 등 지적·예술
적 산물들이 포함된다. 우리가 도로 문화를 탐구하는 이유는 도로를 이
용한 여행을 통해 역사와 유산을 공유하고 민족 공통의 가치를 형성하
기 위함이다.

도로 발달과 길 문화

수만 년 전부터 존재해온 길이지만 자동차가 출현한 19세기 후반 이
전까지는 형태와 구조에 큰 변화가 없었다. 두 지점을 연결하는 선형
이동통로인 길을 통하여 이동한 객체는 사람과 물건만이 아니다. 세계
사를 바꿔 놓은 지식, 기술, 사상, 종교, 예술, 의식주, 관광 등 문화의
흐름이 길을 통하여 전파되어 고도의 문명사회를 탄생시켰다. 오래된
길들에는 유구한 세월 동안 깊고 다양한 문화적 가치가 축적되어왔다.
따라서 역사 속의 길들은 그 길을 만든 기술 수준보다는 길에 축적된
문화적 가치로 평가받는 것이 타당하다.

삼국시대부터 조선시대까지 주요 교통로였던 문경새재는 오솔길 형

태였지만 국가통치의 신경망 기능과 백성들의 교통기능을 수행해왔다. 한강과 낙동강 유역을 연결하는 주요 교통로이며, 선비들의 과거 길로, 상인들의 교역로로 이용되면서 숱한 문화사가 누적되었다. 그러나 20세기 들어 자동차에 특화된 도로들이 생겨나고 전기통신이 확산하면서 문경새재는 교통과 통신 기능을 잃어버리고 옛길이 되어버렸다.

공동체에서 생겨난 문화는 물리적 실체인 도로를 통하여 교류되고 성장한다. 따라서 도로가 있어 문화의 교류가 가능하지만 반대로 문화 교류를 위하여 도로가 생성되고 성장하기도 한다. 어떤 교류가 일어나느냐에 따라 도로로 연결된 지역과 국가들이 하나의 공동체로 태어나며, 어떤 이유로 교류가 단절되면 공동체에서 탈락하기도 한다. 교통수단이 동력화되기 이전까지는 도로가 문화 교류에 미치는 역할은 컸지만, 속도는 느렸다. 항공, 철도와 같은 대체 교통수단과 대중 매체, 인터넷이 등장하면서 도로가 문화 교류에 미치는 영향력이 과거보다 작아졌고 새로운 역할이 생겨났다. 사람과 화물의 빠른 이동에 중심을 둔 지역 간 도로에서는 도로와 자동차와의 관계에 집중된 도로 문화가 출현하였다. 반면에 도시부 도로에서는 도로와 자동차·보행자·공간·토지 이용 간 복합적인 관계가 중요해졌다.

도로 문화를 이끄는 유럽문화도로 프로그램

유럽위원회에서 1987년 유럽문화도로협회(Cultural Route of the Council of Europe)를 창립하였다. 유럽문화도로의 목표는 '시공간적 여행을 통해 유럽의 풍부한 역사와 유산을 공유하고, 궁극적으로 다양한 유럽의 문화와 사회에서 유럽 공통의 가치를 형성하는 것'이다. 유럽연합(EU) 국가를 포함한 47개국의 정회원, 미국과 일본을 포함한 14개국의 비회원국이 가입되어 있으며, 룩셈부르크 문화도로연구소에서 운영을 주관한다. 유럽문화도로로 지정받으려면 순례, 역사와 전설, 정치, 공원, 자연, 철기, 인종, 건축, 조경, 군사, 음악, 언어, 농업, 공업에 대한 주제 가운데 최소한 유럽 3개국이 공유하는 유럽의 가치를 나타내야 한다.

유럽문화도로협회에서는 1987년 산티아고 순례길을 첫 번째로 2021년까지 4개 분야, 총 45개의 문화도로를 지정하였다. 첫째, 역사 및 문명 분야에 한자 상인, 바이킹, 합스부르그 등 14개 루트, 둘째, 예술 및 건축 분야에 모차르트, 인상파, 르코르뷔지에 등 13개 루트가 지정되었다. 셋째, 종교 유산 분야에 산티아고 순례길 등 9개, 넷째, 조경 및 공예 분야에 올리브나무, 도자기 등 4개 루트가 지정되었다.

유럽문화도로 주제별 분포

유럽문화도로 국가별 분포

바람직한 도로 문화

한 국가나 사회에 우수한 도로망이 형성되기 위해서는 도로가 국가 발전에 중요하다는 공급자의 신념, 그리고 도로가 삶에 유용하다는 이용자의 인식들이 공감되어야 한다. 그래서 당대의 도로는 그 시대의 생각이 반영된 것이고 현재의 도로는 과거의 생각들이 누적된 결과물이다. 현대 압축성장 과정에서 우리는 하드웨어 위주의 도로를 확보하기 위하여 '도로는 빨라야 한다, 도로는 어떤 환경보다 우선한다, 도로에 나서면 남보다 빨라야 한다, 도로에서는 차가 주인이다'라는 생각이 굳어왔다. 도로에 대한 올바른 생각이 부족하여 예의가 모자란 도로 문화가 만들어졌다. 그 결과 해마다 수천 명의 생명을 길에서 잃고, 쾌적한 공간과 맑은 공기가 사라져갔다. 배고픈 시절과 배부른 시절 생각이 달라지는 법이라 경제가 풍족해지면서 도로에 관한 생각이 바뀌고 있다. 멀리 떨어져 있던 아랫길이 점차 윗길로 수렴해가면서 더 올바르고 보편적인 도로 문화가 만들어지는 과정에 있다. 올바른 도로 문화는 올바른 생각에 따라 인도되어야 한다. 최초의 생각은 선구자들이 할 수 있으나 공감은 사회구성원들이 하는 것이다. 올바른 생각에 공감하여야 올바른 도로와 도로 문화가 생겨나고 자란다.

도로는 어떤 기능을 수행할까

도로가 가진 중요한 기능은 교통기능, 토지이용 유도기능, 공간기능 세 가지이다. 과거에는 국방기능도 매우 중요하였다.

교통기능

교통기능은 도로가 갖는 가장 중요한 기능으로 교통행위자가 이동하고 체류하도록 한다. 하나의 통행은 '시점 → 이동 → 분산 → 집합 → 접근 → 종점' 여섯 단계로 이루어진다. 이동·분산·집합 단계에서는 시점에서 출발한 자동차나 보행자, 자전거 등 도로 이용자가 여러 경로를 이용하여 통행하도록 한다. 접근 단계에는 주변 도로 시설이나 건물에 쉽게 출입할 수 있도록 한다. 종점 단계에는 자동차가 주차하거나 보행자가 체류할 수 있도록 한다. 도로는 기능에 따라 고속도로, 주간선도로, 보조간선도로, 접근도로, 국지도로 네 가지로 구분되는데 각자의 고유한 기능이 있다. 고속도로와 주간선도로는 이동성이 가장 높고 국지도로는 이동성이 가장 낮다. 반대로 접근성은 국지도로가 가장 높고 고속도로가 가장 낮다. 고속도로에서는 많은 자동차가 빠르게 이동하도록 하고, 국지도로에서는 자동차와 보행자가 안전하게 공존하도록 하는 것이 주목적이다.

토지이용 유도기능

토지이용 유도기능은 접근기능이 가져오는 간접효과이며, 교통시설 가운데 도로만이 가진 기능이다. 도시에 사람이 모이는 이유는 인간의 상호작용을 쉽게 해주기 때문이며 여기에 교통이 가장 큰 역할을 한다. 파리·뉴욕의 질서정연함과 자카르타·라고스의 무질서한 경관 차이는 도로망 배치에서 온다. 도로는 도심지역 지상 면적의 20~30%를 차지하여 애물단지로 인식되기도 하지만 이는 토지이용 유도기능에 대한 이해가 부족해서이다. 넓은 도로변에는 거대한 공공건축물이나 수십 층의 민간 마천루가 세워지고, 좁은 골목길에는 낮고 친숙한 건물이 들어서게 하여 교통기능은 물론 자연스러운 도시경관을 만드는 현상이 세계적으로 보편적으로 관찰된다. 알고 보면 이 모든 것들이 도로의 토지이용 유도기능에 따른 것으로 토지이용계획과 도로 폭에 따른 건축 규제 결과이다. 주변 공간을 비워야 높이 올라갈 수 있는 것이 자동차 사회에서 사는 인간계의 원리이다. 도로가 갖는 토지이용 유도기능을 정확하게 평가하지 못하면 교통기능이 마비되는 사태가 생겨난다. 이미 개발된 지역을 통과하는 도시고속도로에 많은 돈을 들여 입체화시켜가는 이유이다.

공간기능

도로는 도로변, 환경의 영향 등과 관계되는 공간기능을 갖는다. 도로의 공간적 범위는 지표 위, 지표, 그리고 지하로 구분된다. 도로와 도로변에 교류·문화·정보 소통·공공녹지와 같은 공간기능을 제공함으로써 도시의 고유한 문화적 이미지와 골격을 형성하는 역할을 한다. 구체적으로 도로가 가진 공간기능은 다음과 같다.

첫째, 일반인은 물론 교통약자와 전동차량 등에 대한 이동 편의성을 향상하는 공간을 제공한다. 통행의 시작과 끝이 보행인만큼 중심업무지구나 지하철 역세권 주변은 보행수요가 매우 높다. 전통적으로 보행자가 도시 거리의 주인인 유럽 도시들이나 미국 맨해튼 등에서는 우수한 보행환경을 제공하여 도시의 안전과 활력을 높여주고 있다.

둘째, 대중교통수단의 수용 공간을 제공한다. 토지이용이 고밀화되고 통행수단이 다양화됨에 따라 도심지 도로 공간을 보다 효율적으로 활용할 필요성이 높아졌다. 제한된 도로 공간을 친환경적이고 수송효율이 좋은 간선급행버스(BRT)나 트램 같은 대중교통수단에 내어주는 복합교통 성공사례가 해외에서 늘어나고 있으며 우리도 빠르게 따라가고 있다. 과거 신작로와 같이 사람과 자동차, 마차, 자전거, 오토바이와 같은 교통수단들이 뒤섞여 다니던 공간혼용 사례는 아직도 개발도상 국가들에서 흔하게 볼 수 있다.

셋째, 도시와 마을의 축제, 정보교환 등 문화 및 정보교류와 같은 다양한 행사를 수용하는 열린 공간기능을 갖는다. 도로 시설은 때때로 마라톤, 로드 사이클, 자동차경주, 콘서트, 축제, 시장 등의 행사 공간이 된다. 자동차 중심의 도로 문화가 정착된 우리나라에서 도로의 공간기능에 대한 고려는 서구사회에 비해서 부족하였으나 최근 들어 상당한 도로 공간이 광장이나 선형공원으로 전환되고 있다.

넷째, 교통시설과 공공 기반 시설의 수용 공간이 된다. 인체의 동맥, 정맥, 림프관에 해당하는 상하수도, 가스관, 전기·통신시설은 물론 지하철, 심지어 또 다른 지하도로까지 잉태하는 공간이 된다.

다섯째, 녹화와 경관 형성, 주변 도로 환경보전을 위한 환경친화적인 공간을 제공한다. 공원용지가 부족한 도시에서 길게 연속된 선형공원은 그 자체로 그리고 점적으로 분산된 공원들을 연결하는 공원녹지 네트워크 구축이란 훌륭한 기능을 갖는다. 하천, 성곽, 폐철도, 고가도로 상하부 등 여러 대안이 있으나 가장 확장성이 높은 선형공원은 경의선숲길 같이 가로수가 우거진 길이다. 파리 샹젤리제나 뉴욕 브로드웨이는 수많은 공원과 명소들을 연결하는 뛰어난 가로공원이기도 하다.

여섯째, 도로는 방재 기능을 갖는다. 1426년 한양에 대화재가 발생하였고, 런던(1666년)과 시카고(1871년)에서도 대화재를 겪고 도시구조를 새롭게 짜야만 했다. 도로망으로 가구를 적절히 분할하고 소방도로를 확보하는 방법이 공통적인 해법이었다.

도로와 국방

도로의 발전에 크게 이바지한 것은 파괴의 속성을 가진 전쟁이었다. 로마제국의 도로망, 고대 페르시아의 왕도, 중국 진직도와 촉의 잔도,

몽골 시대 역참, 나폴레옹 도로망, 독일 아우토반, 미국 주간고속도로망의 건설 배경에는 전쟁 수행과 국가방위가 있었다. 육·해·공 교통이 지금같이 발달한 것은 대규모 전쟁을 수행하기 위해 국가역량을 단기적이고 총체적으로 집중한 결과이기도 하다. 고대부터 현대까지 도로는 군대의 빠른 이동과 병참 기능을 수행하였다. 강대국들이 통일과 해외 진출을 위한 국내 도로망을 만들었다면 한반도와 같이 외침에 시달리던 약소국들은 좋은 도로망을 갖기를 주저하였다.

제1차 세계대전은 병참의 주요 수단이 철도에서 벗어나서 자동차에 기반한 도로수송체계가 전략수단으로 활용된 최초의 전쟁이다. 제2차 세계대전을 거치면서 내구성과 피해회복력이 강한 도로는 철도보다 네트워크의 파괴에 강한 군사교통로란 개념이 확립되었다. 미국이나 독일의 고속도로에는 건설 당시 군부의 요구로 병참은 물론 비상활주로 설치도 고려되었다. 적의 공격에 대비하여 대도시와 고속도로는 직접 연결보다 외곽에서 별도로 연결하는 것이 선호되기도 하였다.

우리의 북악스카이웨이, 남산 1·2호 터널, 한강 잠수교, 성수대교, 한남대교, 동부간선도로, 경부고속도로, 중앙고속도로 등에도 국방과 관련한 이야기가 남아있다.

도로는 국토 공간에 어떤 영향을 미치는가

공간과 도로

도로와 공간은 상호관계를 맺으면서 발전하고 쇠퇴한다. 먼 지역들을 연결하는 지역 간 도로는 교통기능이 더욱 중요하다. 반면에 도시지역 도로는 교통기능에 더해서 공간기능도 중요하다. 공간을 구획하여 도시 전체가 유기적인 시스템으로 작동하도록 하기 때문이다.

철도는 반경 1~2km 내의 좁은 역세권 지역에서 접근성을 획기적으로 개선해 수요를 집중적으로 증가시키는 반면에, 간선도로는 도로에 인접한 광범위한 지역의 접근성을 골고루 개선해 넓은 지역의 수요를 완만하게 증가시킨다. 따라서 철도의 편익은 좁은 지역이 집중적으로 누리지만 도로의 편익은 광범위한 지역이 누린다. 도시철도는 사람을 수송하는 대중교통수단이다. 도로는 사람은 물론 화물까지 처리하여 훨씬 광범위한 교통수요를 담당한다.

동물의 혈관과 마찬가지로 도시도 충분한 도로 공간을 확보해야 토지가치가 높아진다. 도로가 개별 공간을 구획하고 연결하는 공간기능을 갖기 때문이다. 서울 사대문 내부나 강남, 여의도 같이 지가가 최고로 높은 상업지역의 도로율은 다른 지역의 도로율보다 높다. 신도시의 도로율도 높다. 난개발이 진행되는 지역은 도로 등 기반 시설이 모자라고 매력도가 낮아진다. 도시재생이나 전면적인 도시 정비를 통하여 도로 기반 시설을 확보하고 적절한 용도로 개발된 지역의 부동산 가치가 더 높다. 입지가 유사하다면 도로율이 낮을수록 토지가치가 낮다는 것을 경험적으로 안다. 모든 교통기능을 지하에서 수행하는 파리 라데팡스도 건물이 높을수록 주변에는 넓은 보행로나 광장, 공원이 자리한다.

지역 간 이동성의 개선으로 부의 확대

지역의 발전이 정체되면 이동성을 개선하여 새로운 부를 만들어낸다. 도시도로망 → 지역도로망 → 전국도로망 → 국제도로망으로 경계를 확장해가면서 교류가 확대된다. 여러 지역에서 발생한 주요 문명들이 점차 확장되면서 지리적 간극이 메워졌다. 유라시아 대륙에 국제적인 길이 트여 각 권역 간 교류 및 문물 교환이 이루어진 것은 대략 10세기경이다. 로마 시대에 형성된 제국도로망은 로마제국 붕괴와 함께 쇠퇴하였다. 도시국가 체제가 된 중세에는 오히려 지역 간 도로망이 쇠퇴하였다. 공간을 극복하여 부를 만들어 낼 만한 효율적인 육상교통수단이 없었던 탓이다. 자본과 인력도 부족하여 생산력도 늘어나지 않았다. 외국과의 교역은 해상운송에 의존하였다. 육로를 통한 효율적인 외부 경제증식 방법이라곤 주변국을 침략하여 약탈하거나 식민지를 만드는 것이었다.

프랑스, 영국과 같은 근대 민족국가가 성립되고 산업혁명으로 도시화가 급진전하였다. 민간자본과 인력이 과잉으로 축적되면서 새로운 투자처를 찾아야 했다. 때마침 출현한 철도는 수송비용이 너무 비싸 관심 밖에 있던 먼 곳의 석탄, 철강, 식품 등을 옮겨 부를 만들어낼 수 있게 해주었다. 과잉이던 자본과 인력을 신속하게 투입하여 단기간에 전국적인 거대 교통망을 형성한 것이 1800년대 후반의 일이다. 개인 교통사업자는 큰돈을 벌게 되고 도로를 통행하는 마차나 자동차로부터 통행료를 받는 소위 턴파이크가 곳곳에 출현하게 된다. 이제 모두가 이동성의 개선이 새로운 부를 만들어낸다는 것을 학습하게 되었다. 그렇지만 진정한 지역 간 도로망의 발전은 20세기 자동차의 대중화까지 기다려야 했다. 오늘날 EU 국가들은 유러피안 하이웨이망을 통해 하나로 움직일 뿐아니라 아시아 국가들과도 연결된다.

도시는 도로망과 함께 성장

도시는 교통망 특히 도로망과 함께 성장한다. 먼 장래를 내다보고 넉넉한 도로망을 배치하는 것은 몇몇 행정수도나 신도시에서나 볼 수 있고 구도시에서 도로 사정은 좋지 않다. 과거 유럽의 도시 크기는 대부분 반경 3km 이내로 원형이었는데, 이는 당시의 사람들이 30분 정도에 걸을 수 있는 거리였다. 1850년대~1910년대 서구 도시는 산업혁명에 따른 농촌의 몰락으로 도시화가 급진전하였고 이에 따른 문제점들을 개선해야 했다. 첫 번째는 과밀한 시가지의 재개발로 1852~1870년 오스만 시장에 의한 파리 대개조가 대표적이다. 두 번째는 교통수단 발달에 따른 도시공간의 평면적 확산이다. 철도와 고속도로를 따라 또는 교외화나 전원도시 개발이 이루어졌다. 고속교통시설을 따라 신도시나 인근 도시가 선형적으로 개발되기도 하였다. 결국 도시의 중심부는 재개발을 통해서 입체화 고밀화되고, 동시에 고속교통망을 통해서 공간적 확장을 거듭하는 현상이 반복되면서 대도시가 되어갔다.

1913년 헨리 포드의 T-모델 출현을 계기로 서민들도 자동차를 소유할 수 있게 되면서 자동차 시대가 시작되었다. 고속도로의 발달은 도시의 광역화를 더욱 부추겼다. 마차나 자전거와 같은 개인 교통과 철도란 대중교통수단과 어울려 성장한 서구의 도시는 자동차란 파괴적인 교통수단에 대해 상대적으로 도시공간을 잘 보호하며 절충점을 찾아 나갔다. 유럽의 도시들은 도시와 교통수단 간 정합성이 갖춰진 상태에서 자동차 시대를 맞이했기 때문에 과거 유산들을 비교적 잘 보존할 수 있었고 오늘날 그 유산으로 덕을 보고 있다. 오늘날 서구 도시들이 보행자나 자전거에 대해 친화적인 것은 나름의 투쟁과 화해 과정을 겪었기 때문이다. '도시의 주인은 사람이고 도로의 주인은 보행자'라는 유럽식 가치관이 형성된 배경이다. 정리하면 서구에서는 기존 도로-마차 시스템이 19세기 후반 도로-마차-자동차 시스템을 거쳐 20세기 초에 도로-자동차 시스템으로 진화하였다. 예외적으로 자동차와 함께 성장한 미국 서부 도시들은 도로-자동차-공간 시스템을 만들어갔다.

한국 도시들은 유럽과 미국 서부지역 도시들의 특징이 절충된 압축성장을 하여 왔다. 1960년대 이후에 서울 도심은 재개발을 통해 고밀도의 업무지구로 바뀌었고, 여의도와 강남은 자동차 시대에 새로 개발되었다. 철도와 순환·방사형 고속도로를 따라서 신도시가 건설되었다. 도시 공간 발전과 도로망 확대, 자동화가 동시대에 진행되어 서구와는 차별화된 도로ー자동차ー공간 시스템이 압축적으로 형성된 것이다.

아시아는 어떤가? 식민 시대에서 벗어난 시작점은 우리와 비슷했지만, 경제발전 속도는 훨씬 더뎠다. 인구밀도가 높은 열대지방에 인구 천만 규모의 거대도시들이 여러 개 생겨났지만, 우리 정도의 교통망을 확보한 나라는 흔하지 않다. 개인 동력 교통수단이란 치명적인 유혹으로 오늘날 많은 도시에서 오토바이 물결이 넘치고 있다. 그러나 경제성장에 따른 이들의 욕구도 자동차 보유를 향하고 있다. 타이베이나 자카르타, 호치민 등 소득이 증가하는 도시들에서 현재진행형이다. 교통수요 증가 속도를 따라가지 못하는 대중교통(지하철, 버스) 시설이나 도로의 공급 부족은 단기간에 해소되기 어렵다. 결국 경쟁력 있는 사회란 불행히도 서구화라고 해석되는 한 선진국 수준에 이를 때까지 도로는 계속 개발될 것이다. 이런 지역에 미래의 도로 시장이 있다는 것은 아이러니다.

유명한 드라이브 코스를 달려요

이동에서 즐거움을 찾는 드라이브

도로를 이용하는 주요 목적은 목적지까지 빠르고 안전하게 이동하기 위함이다. 애초부터 경관을 즐기기 위해 도로를 만든 사례는 동서양에 흔하지 않다. 아름답고 볼거리가 많은 도로를 달리는 행위 자체가 목적이 되는 상황은 분명 예외적이다. 도로인이 만든 시설 자체가 편리하고, 인류의 자취가 도로 주변에 조화를 이루며, 자연이 베푼 산수가 멀리서 어울리는 아름다운 길에서는 이동의 즐거움이 더해진다. 도로 시설에다가 산수, 인물, 역사, 예술, 건축물 등과 관련된 지역별 문화유산을 주제로 연계시키면 테마 도로가 된다. 아름다운 길을 완성하는 마지막은 아름다운 이용자이다.

대부분의 인류 역사에서 도로에서 이동하는 속도는 걷기나 기껏해야 말의 빠르기였다. 길고 힘든 여행 과정이긴 하지만 도로 주변의 문물을 천천히 체험하는 즐거움도 있었다. 자동차 시대에는 과거보다 수십 배나 빠르고 편안한 이동이 가능해졌다. 여행은 더 이상 노동이 아니게 되었지만, 여행자가 도로변에 집적된 문물을 차분히 체험할 기회는 사라졌다. 어느덧 인류는 자동차 시대의 부가적인 공동생활양식으로 '경관을 즐기는 드라이브'란 새로운 도로 문화를 만들어내었다.

경관 좋은 드라이브 도로

많은 여행자에게 목적지까지 이동시간은 대부분 지루하고 아깝지만 때로는 여행 과정이 목적지보다 커다란 매력을 갖는다. 도로를 따라 시간과 공간에 따라 경치가 바뀌는 자동차 여행은 특히 그렇다. 바닷가, 산길, 너른 들판, 숲길 등 자연경관과 함께 거기에 어울려 살아온 사람들이 만들어 낸 인문경관까지 짧은 시간에 경험할 수 있기 때문이다. 경관도로란 도로와 주변 환경이 어우러져 도로 이용자가 시각적·심미적으로 쾌적함을 느끼며, 전망이 좋은 곳에서 휴식을 취함과 동시에 주변 경치를 감상할 수 있는 도로를 말한다. 모진 환경은 거친 사람을 남기고 풍요로운 환경은 아름다운 사람을 남긴다. 아름다운 길은 사람의 마음을 더욱 넉넉하게 하게 해주며, 선한 행동을 끌어내기도 한다.

도로의 경관은 도로, 연도, 원경이란 세 가지 요소로 구성된다. 이동경로 곳곳에 지역 명소를 연결하여 멈추어 체험하도록 하고 있다. 너무 빠르게 달리면 경관이 급하게 바뀌니 기억에 남을 것이 없고 사유의 시간도 길게 이어지지 않는다. 궁극의 즐거움이 길을 따라 천천히 걷는 것이지만 안락한 자동차에서 적당한 속도로 연도풍경을 즐기는 길이 차선이다. 빠르게 이동하는 고속도로에서는 원경은 즐길 수 있으나 연도의 풍경을 차분히 체험하기에는 한계가 있다.

자연과 인문 환경이 길과 어우러진 경관도로로 관광객을 유혹하는 나라들이 많다. 세상에서 가장 뛰어난 드라이브 코스를 찾는다는 것이 부질없지만, 다음의 코스들은 독특한 개성과 매력을 자랑한다. 미국 캘리포니아 주도 1번, 노르웨이 대서양 도로, 아르헨티나 국도 40번, 뉴질랜드 밀퍼드 로드, 미국 루트 163, 이탈리아 아말피 해안도로, 중국 톈먼산 도로, 호주 그레이트 오션 로드, 남아프리카 공화국 채프만스 픽 드라이브, 미국 블루리지 파크웨이, 아이슬란드 루트 원 등이 대표적이다.

추천하고 싶은 외국의 드라이브 코스 몇 개

첫째, 독일 로맨틱 가도(Romantische Straße)이다. 독일 자동차 여행의 진수는 독일 관광청에서 지정한 7개의 가도를 돌아보는 것이다. 이 7개의 가도 중에서도 손꼽히는 로맨틱 가도는 독일 최초이자 최고의 관광도로이다. 로마인들이 만들었으며 '로마로 가는 길'이란 뜻인 로맨틱 가도는 독일 프랑크푸르트 남부 뷔르츠부르크에서 시작해 로텐부르크, 딩겔스빌, 아우크스부르크, 슈방가우를 거친다. 오스트리아 국경이자 알펜 가도가 지나가는 퓌센을 마지막으로 26개의 아름다운 중세도시와 마을, 그리고 자연을 연결한다. 2차 대전에 참전한 미군들로부터 인기를 얻어 1950년대부터 관광자원으로 개발되었다. 길이가 350km에 달하는 로맨틱 가도는 옛길을 활용한 왕복 2차로 자동차도로가 기본이다. 최근에 개발된 자전거 루트와 하이킹 루트, 그리고 고속도로까지 네 가지 독립된 루트가 연계된 통합도로 시스템으로 확장되었다.

둘째, 로키의 보석이라 불리는 캐나다 컬럼비아 아이스필드 파크웨이(Icefields Parkway)이다. 캐나다 1번 고속도로와 만나는 재스퍼 근처 레이크 루이스부터 북으로 밴프까지 달리는 93번 하이웨이의 230km 구간이다. 1960년 개통된 아이스필드 파크웨이는 로키산맥의 분수계를 따라가며 3천m급 로키의 준봉들을 보여준다. 완만한 곡선과 평탄한 경사를 갖춘 도로 양쪽에 늘어선 키 작은 침엽수림 사이로 눈 덮인 산봉우리와 개울과 강이 끝없이 다가왔다 멀어져간다. 그 사이는 아찔한 계곡, 웅장한 폭포, 옥빛 호수, 만년 빙하, 야생화, 동물, 그리고 하늘과 청량한 공기들로 가득하게 채워져 있다. 도로변 자연경관만을 놓고 논하자면 아이스필드 파크웨이를 넘어서는 곳을 찾기가 쉽지 않을 것이다.

셋째, 남아프리카 공화국 채프만스 픽 드라이브(Chapman's Peak Drive)로 죄수들을 동원하여 1915년부터 1922년에 걸쳐 만들었다. 케이프타운의 상징인 테이블마운틴과 희망봉을 연결하는 60여km 산맥의 중간지점인 채프만 산(593m)에서 대서양 호웃 만(Hout Bay)으로 급하게 달려 내리는 경사면을 따라 길을 내다보니 불과 9km 구간에 무려 114

독일 로맨틱 가도   캐나다 아이스필드 파크웨이
                                                ⓒ강정규

개의 곡선부가 생겨났다. 평균 80m마다 구비가 나타나는 길의 묘미는 사방 풍경이 끊임없이 변화하며, 앞길이 예측되지 않는 긴장감에서 비롯된다. 커브를 돌 때마다 깎아지른 절벽과 대서양이 선사하는 변화무쌍한 경관은 세계 3대 해안 드라이브 코스로 꼽힐 정도이다.

넷째, 미국 서부지역 캘리포니아 주도 1번은 총연장 1,055.5km로서 태평양 해안 도시들을 연결하는 관광교통로이다. 남쪽 로스앤젤레스에서 시작하여 라구나비치, 말리부, 오비스포, 몬테레이, 카멜을 거쳐 샌프란시스코까지 연결된다. 오비스포에서 카멜에 이르는 길이 140km의 빅서(Big Sur) 구간은 1934년 만들어졌다. 험준한 언덕들이 태평양으로 곤두박질치는 경사면을 위태하게 통과하면서 환상적인 야생의 경관을 보여주는 빅서 구간은 1996년 최초로 All – American Road로 지정되었다.

걷기 좋은 길을 찾아서

걷는 길

'강산과 풍월은 본래 일정한 주인이 없고 오직 한가로운 사람이 바로 주인이다.'라는 옛말이 있다. 여유로운 노년들이나 바쁜 젊은이를 구분하지 않고 걷기를 통해 위로받는다. 걷기는 사람에게 가장 중요한 교통수단이다. 덴마크의 철학자 키에르케고르는 다음과 같은 걷기 예찬을 남겼다. '걸으려는 욕망을 절대 잃지 말라. 나는 매일 걸으면서 행복한 상태가 되고, 걸음을 통해서 모든 질병에서 벗어났다. 나는 걷는 동안 가장 좋은 생각들을 떠올렸다.' 밀란 쿤데라는 '느림의 정도는 기억의 강도에 정비례하고, 빠름의 정도는 망각의 강도에 정비례한다'라고 하였다. 느릴수록 온갖 감각을 깨우며 세세하게, 빠를수록 대강만 기억에 남는 것을 보면 기억의 총량은 경험한 시간에 비례하는 모양이다.

트레일(trail)은 비교적 평탄한 걷기 여행길 또는 걷는 길이다. 관광산업의 측면에서 트레일은 여행 목적지인 점으로 이동하는 수단으로서의 길이 아니라 스스로 여행의 목적이 되는 선형 길을 의미한다.

해외 걷기 길 조성 사례

국민의 신체와 정신을 단련하기 위하여 1960~1970년대부터 국가 주도로 걷기 길을 적극적으로 조성해 온 국가들이 많다. 영국의 내셔널 트레일, 미국의 내셔널 트레일 시스템, 일본의 장거리 자연보도, 프랑스의 랑도네, 뉴질랜드의 워크 웨이즈 등이 잘 알려진 국토 차원의 걷기 길 조성 프로그램이다. 중앙정부와 지방자치단체, 그리고 민간단체 간의 역할 분담이 명확하고, 연계·협력사업이 원활히 이루어지는 것이 특징이다.

뛰어난 걷기 길은 자체의 아름다움에 더해서 인류가 공감할만한 내적인 이야기도 가지고 있다. 세상에 가득한 걷기 길 가운데 다음 몇 개의 코스는 독특한 매력과 아름다움으로 널리 알려져 있다. 스페인 산티아고 순례길, 호주 그레이트 오션 워크, 캐나다 브루스 트레일, 미국 존뮤어 트레일, 일본 시코쿠 순례길, 제주 올레길, 영국 코츠월즈길, 미국 퍼시픽 크레스트 트레일, 미국 애팔래치안 트레일, 페루 잉카 트레일 등이다. 수백에서 수천 킬로미터에 달하는 장거리 걷기 코스들은 빼어난 인문 유산이나 자연환경과 어울려있다.

추천하고 싶은 걷기 길 몇 개

첫째, 걷기 열풍의 종착지로 꼽히는 유럽문화도로 1번, 산티아고 순례길은 프랑스에서 스페인 북부를 잇는 800km 도보여행 길이다. 주요 경유지마다 중세, 로마 시대, 기독교문화와 관련된 역사 유산이 가득하다. 헤밍웨이가 '태양은 다시 떠오른다'를 집필한 부르게테, '엘시드의 노래'의 주인공인 로드리고 디아스가 묻힌 부르고스 등 문학적 유산도 풍부하다. 중세 때부터 유럽인들의 순례길이 대부분 포함되어 지역과 지역을 연결하는 물리적인 역할을 넘어서 문화와 사회교류를 촉진하였다.

둘째, 파리지앵들에게는 일상이지만 여행객들에게는 잘 알려지지 않은 길, 프롬나드 플랑테(Promenade plantée)이다. 영화 '비포 선셋'에서 9년 만에 만난 연인, 제시와 셀린이 카페를 나와 오랫동안 걷던 길이다. 영어로 '가로수가 우거진 산책로'란 뜻을 지닌 프롬나드 플랑테는 1993년 파리 12구에 있는 옛 고가 철길을 보존하여 만들어낸 공중 산책길이다. 프롬나드 플랑테의 상부는 산책로 및 정원으로, 하부는 예술가들과 수공업자들의 작업공간으로 개념이 다른 두 공간을 입체적으로 조성하였다. 바스티유 광장에서 르위 식물원을 거쳐 뱅센 숲까지 길이 4.7km의 이 선형공원은 인근 주민들은 물론 파리시민들의 산책로로 사랑받고 있다. 세계 최초의 공중공원인 프롬나드 플랑테는 뉴욕의 하이라인과 시카고 블루밍데일 트레일 그리고 서울로 7017에도 영향을 미쳤다.

셋째, 교토에 있는 철학의 길이다. 세계문화유산 긴카쿠지에서 난젠지에 이르는 1.8km 길이의 수로를 따라 조성한 샛길로 일본의 길 100선에도 선정되었다. 봄의 벚꽃과 가을의 단풍이 아름다운 이 길의 매력은 다음 세 가지로 설명된다. 첫째 휴먼스케일이다. 오래된 종교시설과 주택지 사이, 산허리를 따라 흐르는 수로 옆에 두 사람이 다정하게 지나갈 수 있는 조그맣고 조용한 길이다. 두 번째 매력은 이 길을 따라 긴카쿠지, 에이칸도, 노무라 미술관 등 과거와 현대의 문화유산 명소들이 밀집되어 있다는 것이다. 세 번째는 작명마케팅으로 일본 초기 서양 철학자인 교토대학교 니시다 기타로 교수가 이 길을 오가며 사색을 즐겼다 하여 1972년 공식적으로 '철학의 길'이란 이름을 붙였다.

파리 플랑테 산책로   교토 철학의 길(Japan guide)

한국의 걷기 길

제주도 올레길과 지리산 둘레길에서 촉발된 국민의 걷기에 관한 관심은 여가와 건강 목적으로 최고조에 달하고 있다. 한국의 걷기 길들은 조성 목적과 특징에 따라 크게 자연형, 역사 유적형, 인문형, 예술형, 인물형 등으로 구분된다. 한국 걷기 길에서 인기 있는 이름은 마을을 뜻하는 마실길, 둘레길, 물길, 위인·예술가 이름 등이다. 제주올레, 지리산 둘레길, 한라산 둘레길, 경의선 숲길 등은 꾸준한 인기를 얻는 명품 길의 반열에 올랐다고 볼 수 있다. 우리는 현재 하나의 법이 아니라 여러 개의 법률에 근거를 두고 정부 부처별로 걷는 길 조성사업을 전개하고 있다. 중앙정부는 2007년 산림청의 산림문화체험숲길을 시작으로 문화체육관광부의 문화생태탐방로, 환경부의 생태탐방로, 국토교통부의 누리길 등의 사업을 진행해왔다. 지방자치단체와 민간단체도 걷는 길 조성사업에 경쟁적으로 참여하고 있다.

두루누비에 의하면 2022년 1월 기준 536개의 걷기 길, 2,186개 개별 걷기 코스, 68개 자전거길이 개설되어 있다. 이제 선형적인 걷기 길 조성 활동은 줄어들고 아름다운 경관을 끌어들이기 위한 인공시설물 설치 경쟁이 한창이다. 나무 데크 길은 기본이고 출렁다리, 스카이워크, 잔도, 집라인, 모노레일, 케이블카까지 규모와 비용이 나날이 갱신되고 있다. 2020년 한해에만 20개가 개통된 출렁다리는 2021년 말 208개나 된다. 옥순봉, 원주 소금산, 파주 감악산, 괴산 산막이옛길, 논산 탑정호, 예산 예당호에도 길이 수백m가 넘는 대형 보도교가 설치되었다. 대형 볼거리를 찾아 밀물처럼 찾아온 탐방객들은 몇 해 지나면 썰물처럼 사라진다. 같은 코스에 대여섯 개의 걷기 길이 중복되기도 한다. 유지관리 예산이 뒤따르지 않아 많은 걷기 길이 잊히기도 한다.

도로의 생로병사

도로의 진화

과거에는 도로 성능에 따라 탈것의 이동속도가 좌우되었다. 탈것의 이동속도를 높이기 위해 석재로 포장하기도 하였으나 건설비나 유지관리비가 비싸서 제한적이었다. 마침내 18세기 말 머캐덤도로가 출현하게 되면서 마차의 이동속도가 세 배나 빨라졌으나 이번에는 탈것의 성능이 도로의 최고성능을 따라가지 못했다. 19세기 말 동력으로 스스로 움직이는 자동차가 출현하면서 이동성은 획기적으로 높아졌다. 자동차만을 위한 고속도로가 1930년대 출현하여 일시적으로 도로 성능이 자동차보다 우위에 있었으나, 자동차의 추진력은 계속 높아져 결국 자동차 성능이 도로 성능을 추월하게 되었다. 자동차 수요가 높아지고 대량생산으로 자동차 가격은 대폭 낮아지면서 도로-자동차 시스템이 정착되었다. 이제 모든 도로는 자동차가 달릴 수 있도록 정비되어야 했고 경쟁에서 밀린 길들은 퇴보하게 되었다.

고려시대에는 도로를 대로·중로·소로로 구분하고 전국에 걸쳐 22도道 525역驛이란 방대한 역참 조직을 운영하였다. 도로가 국가 유지 발전의 신경망으로 활용된 것이다. 고려시대 도로의 많은 부분을 계승한 조선시대에 한양의 도로는 대로·중로·소로로 구분하여 정비되었다. 한양을 중심으로 한 전국 간선도로망 노선 10개가 정비되었는데, 상업용보다는 군사·행정·외교 목적의 관로적 성격이 강하였다. 중앙집권 체제를 강화하기 위해 중앙과 지방 간 행정통신을 담당하는 역참제를 운용하였다. 이외에도 변방에 발생한 전란을 보고하는 군사 통신용, 그리고 중국과의 외교 경로 확보에 중점을 두고 도로를 정비하였다. 즉 수로나 해로를 통한 조운은 물류를 수송하는 동맥 기능을, 역참은 통신을 담당하는 신경망 기능을 수행했다고 볼 수 있다. 당시의 수송력은 사람이 1이라고 하면 우마나 수레가 2~3, 배가 30 정도였다고 하니 쌀과 같이 중량이 나가는 물류는 선박을 이용해야 했다. 관로적 도로에 임진왜란 이후 공물이나 진상품 수송이나 문화 교류 기능이 차차 더해졌다. 그러나 국가 차원의 도로 정비가 부족해서 수레나 마차를 기반으로 한 육로 수송이 발달하지 못했으며, 이는 결국 상공업 발달을 지원하지 못하였다. 왜구를 비롯한 외적들의 잦은 침략도 도로망 발달에 영향을 미쳤다.

사라진 옛길들

도로의 수송기능이 강해지고 신경망 기능이 퇴화하면서 도로망 기반 역참제도는 사라지게 되었다. 문경에 있는 옛길박물관은 문경 자체가 길 박물관이라는 사실을 기억시켜준다. 문경에는 새재, 하늘재, 토끼비리, 유곡역과 같은 옛길과 근대 도로 흔적들이 가득하다. 문경 유곡역도

驛道는 조선시대 가장 큰 역참이다. 경상북도 지역의 우체국과 철도역 그리고 호텔 기능을 담당하였다. 찰방 아래 역리가 3천여 명, 노비가 800여 명이나 되어 5개 마을에 살았다고 한다. 이제는 사라진 그 당시 역참의 흔적들이 유곡역 길 비석거리와 유곡역 터에 남아있다.

조선시대 영남과 충청도를 잇던 가장 중요한 길 영남대로 문경새재 길에서 가장 험준한 구간은 토끼비리 구간이다. 현재 보전된 당시 길은 등산로나 오솔길 수준으로 과거에도 물류 기능 수행이 어려웠을 것이다.

역참 유곡동 비석거리
ⓒ강정규

영남대로 토끼비리
출처: 문화재청

사라지는 현대의 도로들

문경새재 옛길 토끼비리에 오르면 영강 물줄기와 오정산 줄기가 태극 형상으로 어우러진 진남교반이 내려다보인다. 영남 제1경 진남교반은 옛 길과 현재의 길들이 모여 있는 곳으로 철교와 3개의 도로교가 어우러져 있다. 먼저 주흘산과 문경새재를 바라보고 현재 서 있는 토끼비리는 조선시대 관료, 양반, 백성이 넘나들던 문경새재가 북으로 지척인 영남대로 옛길이다. 일제강점기에 영강을 따라 자동차가 다닐 수 있는 왕복 2차로 3번 국도가 생겼다. 유곡역과 토끼비리를 퇴역시킨 신작로는 교통량이 늘어나면서 길이 막히고 위험해졌다. 이제 그 3번 국도는 옆에 왕복 4차로 국도가 새로 생기면서 다시 옛길이 되었다. 인적이 끊기니 도로변에 살던 사람들도 대부분 떠났고, 그 옛길은 드라이버나 자전거 동호인들이 찾을 뿐 호젓하다. 그런데 장거리 여행자들은 토끼비리 밑에 있는 중부내륙고속도로 진남터널을 통과한다. 조선시대 초목과 물길까지 호흡하면서 걷던 길이 마을을 구불구불 스치며 지나가던 자동찻길로 바뀌더니, 이제는 진남교반도 못 보고 진남터널을 지나가는 것이다.

요약하면 진남교반 지역에는 옛 보행길, 구 3번 국도, 신 3번 국도, 그리고 고속도로가 공존한다. 문경시청에서 문경 IC까지 도보 하룻길이 구 3번 국도로는 1시간이 걸린다. 신 3번 국도와 고속도로를 이용하면 각각 20분과 10분이 걸린다. 때로는 옛길과 시간을 바꿀만한 충분한 이유가 있다. 옛길을 따라 천천히 체험하는 문경의 이름다운 풍광이 추억의 밀도를 높여준다.

진남교반 전경
ⓒ강정규

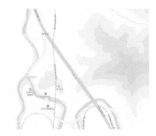

진남교반 일원 지도

조선시대 1493년 길이 개설된 미시령에 1960년경 생겨난 국가지방지원도 56호선 미시령 고갯길 구간은 2006년 미시령터널이 생기면서 거리와 통행시간이 각각 7km와 20여 분 단축되자 교통기능을 상실하였다.

심지어 고속도로마저 노선개량에 따라 폐도가 되거나 일반도로로 전환되기도 한다. 현재의 경부고속도로는 1970년 개통 때 경부고속도로와는 물리적으로 완전히 다르다. 고속국도 1호선이란 이름만 같을 뿐 도로의 기하구조, 설계기준, 건설공법, 유지관리, 운영, 이용 차량, 통행료 모든 것이 바뀌었다. 경부고속도로 건설 당시의 모습으로 현역에 있는 터널은 도내터널(현 영동터널)과 아화터널(현 경주터널) 2개소뿐이다.

영동고속도로 대관령 구간도 지방도 456번으로 전환되었으며 대관령 휴게소는 선자령과 주변 관광지 이용객들을 위한 휴게소로 운영되고 있다. 서울시 서부간선도로 9.8km 구간도 2021년 지하도로 구간이 완공됨에 따라 자동차전용도로에서 자전거와 보행자가 다닐 수 있는 일반도로로 전환을 준비하고 있다.

도로는 왜 변화하는가

신경계에서 순환계로 기능 변화

도로와 공간은 상호 영향을 미치면서 진화와 쇠퇴를 반복한다. 세월이 흐르면서 도로변 토지이용이 달라지고 도로의 기능도 변화한다. 도로는 살아있는 유기체와 같아서 주변 공간과 협력하며 끊임없이 발전하거나 쇠퇴하면서 새로운 도로－공간 시스템으로 변화해간다. 변화의 방향과 빠르기는 통치 계급의 의지와 기술 발전, 이용자들의 관심이 결정한다.

도로가 담당하는 기능은 인체의 순환계와 신경계에 비유될 수 있다. 사람과 물류가 교통하는 것은 순환계 기능이다. 중앙의 명령이나 지방의 보고, 우편물이 오가는 통신 활동은 신경계 기능이다. 유라시아 대륙에 걸친 몽골의 역참이나 조선시대의 역참은 국토를 효율적으로 통치하기 위해 중앙정부가 만들어낸 신경계였다. 19세기 중반까지는 도로가 순환계와 신경계 기능을 모두 수행했다. 도로를 따라 물류가 오가고 모든 소식이 전달되었다. 전화가 발명되고 통신이 발달하면서 도로의 신경계 기능은 급속히 줄어들고 순환계 기능이 더 중요해지게 되면서 평탄하고 넓은 길이 필요했다. 이 시기에 출현한 자동차가 다니기에 적합하지 않은 도로는 쓰임새가 적어지게 되었다. 큰길들이 새로 만들어지자 과거의 도로들은 사람들이 떠나면서 점차 사라지게 되었다. 근대화 과정에서 도시가 성장하고 공간이 밀집해지면서 도로의 공간기능이 중요해지게 되었다. 도로의 주요 기능 가운데 신경계 기능이 퇴보하고 공간기능이 그 자리를 차지한 것이다.

도로의 변화를 요구하는 압력

도로의 변화를 가져오는 대표적인 압력들은 다음과 같다.

첫째, 교통수단의 변화이다. 산업혁명 이후 토지이용과 도로에 영향을 미친 주요 교통수단은 보행, 자전거, 마차, 오토바이, 자동차이다. 1825년 영국 스탁톤~달링턴(40km)에 최초의 상업용 철도가 운영된 이후 1913년까지 철도는 아무런 동력 교통수단이 없던 도로를 밀어내고 육상교통의 제왕으로 존재했다. 오토바이와 거의 동시에 발전하기 시작한 자동차는 1913년 포드가 T-model 양산에 들어가면서 비로소 중산층의 개인교통수단으로 자리하게 되었고 마침내 도로의 지배자가 된다. 이 시기까지는 교통수단들의 성능이 도로에 미치지 못하였고 도로 폭과 기울기, 포장 상태 등이 도로용량을 좌우하였다. 그러나 자동차 성능이 비약적으로 발전하면서부터 도로의 성능을 뛰어넘게 되었다. 1930년대 시작된 서구의 고속도로 개발은 제2차 세계대전으로 주춤하였지만 1970년대까지 왕성하게 진행된다. 아이러니하게도 고속도로 시대가 열리면서 자동차의 성능은 더욱 개선되어 다시는 도로가 자동차의 성능을 넘지 못하고 있다.

둘째, 도로 건설기술과 재료의 진보이다. 로마 시대에 8층 건축물과 포장도로, 아치교가 만들어진 이후 인류의 건설기술 발전이 더딘 이유는 재료에 획기적 변화가 없었기 때문이다. 아스팔트와 시멘트 포장 기술이 개발되면서 20세기 초 숙원이던 '질 좋은 포장도로'가 생겨나자 빠르고 안전한 주행이 가능해졌다. 현대의 장대교량이 만들어진 데에는 구조공학뿐 아니라 철과 콘크리트란 재료 발전에 힘입은 바가 크다. 최장의 철 케이블 교량인 브루클린교가 1883년에, 그리고 최고 철탑인 에펠탑이 1889에 만들어졌다. 불과 50여 년 뒤인 1937년 샌프란시스코 금문교(2.8km)가 착공 4년 만에 완공되었다. 인천대교(18.38km)는 4년 만에 완공되었고, 인제양양터널(10.96km)은 3년 만에 관통되었다. 세월의 차이가 가져온 기술과 재료의 진보로 밖에 설명되지 않는다. 산이 막으면 터널을 뚫고, 물을 만나면 다리를 놓는다는 생각이 자연스러워졌다.

셋째, 토지이용의 변화이다. 도로와 토지이용은 불가분의 관계에 있어 도로가 공간 발전에 꼭 필요한 것은 사실이지만 반대로 공간 발전을 도로가 방해하는 상황도 생겨난다. 면의 개념인 토지를 구획하는 선인 도로가 너무 가늘거나 너무 두꺼워지면 공간에 악영향을 미치게 된다. 파리시장 오스만 남작은 1850~1860년에 걸쳐 파리 대개조를 통해 파리의 밀집한 공간을 도로로 질서 있게 구획하여 유기적인 도시로 재탄생시켰다. 아직 자동차가 나타나기 전이지만 기존 건물 30%를 헐어내고 샹젤리제 같은 대로를 사통팔달 개통하여 도시미관과 기능을 회복한 것이다. 마차 시대에 성장한 도시공간은 자동차 시대를 맞이하여 대규모의 개조가 필요하게 된 것이다.

넷째, 도시 공간구조의 변화이다. 교통의 본질은 파생수요로서 경제·사회·여가 활동에 파생되어 이루어진다. 따라서 통행을 발생시키는 도시의 공간구조가 바뀌면 도로에도 변화 압력이 생겨난다. 도시가 정치·경제·금융·산업·교육·종교·관광·예술·교역 가운데 어떤 핵심적인 기능을 갖는가에 따라서 교통수요가 달라지고 이를 처리하는 도로도 영향을 받는다. 연결을 목적으로 하는 도로는 연결지의 효용이 떨어지면 같이 쇠락한다. 반대로 도로가 생겨나면 도로변 맛집·관광지·특산물·경유지들이 다시 살아나기도 한다. 도심지에서 접근성보다 이동성에 초점을 둔 고속화도로가 외곽이나 지하로 옮겨지는 변화를 겪는 것은 우연이 아니다. 강남순환고속도로나 샌텀지하도로, 경인·경부고속도로 지하화, 서부간선도로 지하화 등이 대표적인 사례이다. 청계천 고가도로 철거도 도시 공간의 변화에 대응하는 도로 개조의 한 사례이다.

다섯째, 기후 환경 변화이다. 고가도로와 지하도로로 설명되는 도로의 입체화는 토지비용의 상승이라는 경제적 이유와 생활권단절 해소라는 이유가 크지만, 이제는 환경적 이유가 더 크다. 전기차 증가로 주유소가 충전소로 바뀌고 도로 시설도 재생에너지 발전소로 활용된다.

여섯째, 도로 문화의 변화이다. 자전거길과 걷기 길이 갖춰지는 것은 문화적 요구가 있어서이다. 애초부터 수요를 반영하여 태어난 신도시 도로와는 달리 구도심의 도로들은 변화가 필요하다. 최고 제한속도가 낮아지고, 신호교차로가 회전교차로로 바뀌며, 스쿨존 통행 규제가 강해진다. 문화적 요구로 도로의 기능과 형상이 바뀌는 것이다. 풍광 좋은 해안이나 숲 명승지를 연결하는 도로들이 개설되는 것은 휴양과 휴식을 위한 요구를 따라가는 것이다.

걷는 시민이 도시의 주인이자 도로의 소유자가 되기 위해서는 도시 가로를 바꾸어야 하는데 두 가지 전제가 있다. 첫째, 보행이 활성화되려면 대중교통 역할이 보다 강화되어야 한다. 둘째, 도로 공간을 보다 화물차 친화적으로 바꾸어줘야 한다. 화물차의 이동 공간을 얘기하는 것이 아니라 도시에 짐을 실어다 주는 화물차의 조업 공간을 얘기하는 것이다. 거의 모든 도시 물류는 각종 화물차에 의해 움직이고 전달된다. 주요 목적지에 화물차 조업 공간을 마련해주고 간선도로나 이면도로변에 승용차보다 화물차가 신속하게 정차하고 조업할 수 있는 공간을 마련해줄 필요가 있다. 화물차에 대한 공간 배려가 선진국 도로와 한국 도로의 횡단면 구성에서 가장 큰 차이로 보인다. 문제는 이 자동차 수요가 어디로 가야 하는가이다. 당연히 용량이 높은 도시고속도로나 순환도로를 통해 보내야 한다. 시가지 도로는 더 느리게, 도시고속도로는 더 빠르게 되도록 시설을 정비하고 도로 횡단면을 바꾸어야 한다.

현대 도로를 만든 사람들

도로의 개척자

역사적으로 동력 교통수단이 없던 시절에 도로를 발전시킨 인물들은 제국의 통치자들이었다. 제국 통치를 위한 통신망이나 교역, 그리고 전쟁과 국가방위 목적으로 도로망을 정비해왔다. 로마 가도를 완성한 카이사르 등 황제들, 왕도를 만든 페르시아 다리우스 1세, 진직도를 비롯한 통일 중국의 간선도로를 만든 진시황, 그리고 프랑스의 나폴레옹 등이다. 현대 도로에 영향을 미친 주요 인물들은 누굴까? 크게 정치가와 전문가로 구분해서 살펴보자.

현대 도로를 발전시킨 양지의 정치가와 사업가들

나폴레옹의 프랑스 황제 재위 기간은 불과 9년(1804~1812)이었지만, 그가 유럽 도로망에 미친 영향은 로마 가도 이후부터 자동차가 출현하기 이전까지를 통틀어 최대치였다. 광활한 유럽대륙에서 벌어지는 전쟁과 전투에 대포와 물자, 병력을 신속하게 이동하는 전략자산의 핵심이 도로였다. 단기간에 방대한 도로와 터널, 교량을 건설하기 위해서 막대한 비용과 인력을 투입하였다. 1747년 설립된 그랑제꼴 국립토목학교(École des Ponts ParisTech)는 인재 양성의 요람이었다. 나폴레옹의 원대한 도로망 계획은 중단되었지만, 도로의 전략상 가치는 점점 커졌다.

1885년 등장한 자동차는 도로의 기능과 형태를 서서히 바꾸어갔으며 제1차 세계대전에서 많은 임무를 수행했다. 20세기 도로발전에 가장 큰 영향을 끼친 사람으로 포드, 아이젠하워, 히틀러를 꼽을 수 있다. 1944년 제2차 세계대전에서 적장으로 만난 아이젠하워와 히틀러, 그리고 이들 사이에는 포드의 자동차가 있었다.

1933년 굶주린 국민을 기회로 권력을 쟁취한 히틀러는 실업문제를 긴급하게 해결해야 했다. 대규모 고용을 만들어내기 위해서 히틀러는 자동차, 레이싱, 고속도로 건설 등을 나치 제국의 주요 과제로 설정한다. 히틀러는 '앞으로는 자동차가 주행하는 도로의 길이가 한 민족의 수명을 예측하는 척도가 될 것이다'라고 하였다. 포드가 이뤄낸 세상의 대변화를 부러워했던 히틀러는 싸고 성능 좋은 국민차 제작이란 도전적인 과제에 착수했다. 결과적으로 나치 독일은 신속하게 전국 고속도로망을 구축하였고 포드의 도움으로 국민차 개발에도 성공한다. 1938년 독일 최고의 훈장을 받은 포드는 이듬해 히틀러에게 답례 선물을 보낸다.

제1차 세계대전이 종료된 다음 해인 1919년 아이젠하워 중령은 기계화 부대로 링컨 하이웨이를 이용한 대륙횡단 작전에 참여하였다. 워싱턴 DC에서 샌프란시스코까지 5천여km를 가는 데 무려 62일이나 걸렸으니 쓸 만한 왕복 2차로 도로가 얼마나 간절했을까? 결과적으로 이

작전은 미국 최초의 대륙횡단 자동차도로인 링컨 하이웨이를 널리 알리는 계기가 되었다. 훗날 연방정부가 질 좋은 간선도로를 건설해야 한다는 홍보로도 자주 활용되었다. 그로부터 25년 뒤, 아이젠하워는 제2차 세계대전 연합국 최고사령관으로서 노르망디 상륙작전을 거쳐 독일로 입성한다. 1945년 독일 미국 점령지 사령관도 역임한 아이젠하워는 당시 세계 최고도로인 아우토반의 우수함을 경험하고 감탄하게 된다. 1919년 호송 작전과 1944년 제2차 세계대전 두 가지의 경험을 바탕으로 끈질긴 노력 끝에 1956년 6월 29일 '연방도로지원법'에 서명한다. 오늘날 국방이란 단어가 포함된 '연방고속도로(The Dwight D. Eisenhower System of Interstate and Defense Highway)의 아버지'란 칭호를 얻게 된 배경이다. 전쟁을 통해 태어난 독일과 미국의 고속도로는 자본주의를 통해 성장했고, 오늘날 국토의 물리적 모습과 삶, 그리고 문화를 완전히 바꿨다.

음지의 도로 전문가들

칼 피셔(Karl Fischer, 1874~1939)는 초기 자동차산업과 고속도로 건설 그리고 자동차경주 분야에서 활약한 천재 사업가이다. 자전거, 자동차부품, 자동차대리점 등의 사업으로 돈을 모은 그는 '인디애나폴리스 500' 경기장을 만들어 1911년 8만 관중 앞에서 성공적인 자동차경주대회를 개최하였다. 1912년 뉴욕시와 샌프란시스코를 연결하는 미국 최초의 횡단 도로인 링컨 하이웨이를 구상하고 개발에 참여하였으며, 1914

년 미시간에서 마이애미에 이르는 딕시 하이웨이 개발을 선도하였다. 인생 후반을 마이애미비치 개발과 부동산업에 열중한 그는 허리케인과 1929년 대공황으로 파산했지만, 미국 현대 도로의 개척자로 기억된다.

미국 역사상 최대의 프로젝트인 연방고속도로망 개발과정에서 대를 이어 헌신한 세 명의 도로 전문가들이 있다. 미국 고속도로의 선구자인 토마스 맥도날드(1881~1957)는 7명의 대통령 아래서 34년 동안 공공도로 국장(훗날 연방도로청장) 등으로 재임하면서 총 350만 마일에 달하는 도로 신설을 주도하였다. 토마스 맥도날드 밑에서 공공도로국 경력을 시작한 허버트 페어뱅크는 기획과 도로 시설기준 보고서에 참여하였으며, 연방고속도로 설계기준 확립에 공헌하였다. 아칸소주, 알래스카 하이웨이, 필리핀 등 도로 건설 현장에서 잔뼈가 굵은 프랜시스 터너(1908~1999)는 아이젠하워 대통령에 의해 42,000마일에 달하는 주간고속도로망 계획위원회의 책임자로 임명되었으며 연방도로청장(1969~1972)을 지냈다. 미국 버지니아주 매클레인(McLean)에 소재한 연방 교통부 도로연구소의 공식 명칭이 1983년 'Turner—Fairbank Highway Research Center'로 지어진 것은 미국 고속도로에 대한 이들의 공헌을 기억하고자 함이다. 뉴욕의 랜드마크이자 맨해튼을 대표하는 기념비적인 현수교 브루클린교(1.83km)는 존 로블링과 그의 아들, 며느리까지 2대에 걸친 용기와 헌신 끝에 14년만인 1883년에 개통되었다.

독일 카를스루에 대학에서 공학을 공부하던 프리츠 토트(1891~1942)는 제1차 세계대전에 참전한 이후 토목회사에서 일하였다. 1922년 나치당에 입당해 훗날 장군이 되었으며, 1931년 뮌헨대학에서 박사학위를 취득하였다. 아우토반 건설을 발표한 히틀러는 토트에게 아우토반 건설의 전권을 부여하였다. 토트는 1935년에 프랑크푸르트와 다름슈타트 구간을 연결하는 최초의 아우토반을 건설한다. 1938년까지 3,000km, 1942년까지 3,819km가 건설된 아우토반은 경제발전은 물론 전시에 독일군의 빠른 기동에도 이바지하였다. 1942년, 히틀러를 만나러 가던 토트는 수송기 폭발사고로 51세에 세상을 떠난다.

아프리카의 남아프리카 공화국 케이프타운 시내에서 희망봉으로 가는 길(Chapman's Peak Drive)가에 낡고 소박한 조형물이 세워져 있다. 남아공의 위대한 도로 엔지니어 토마스 베인(1830~1893) 추모비이다. 베인은 1854년부터 1887년까지 24개 구간, 총연장 900여km에 달하는 도로를 케이프 식민지에 건설하였으며, 오늘날 사용하고 있는 많은 산악 도로의 원형을 만들었다. 맨눈으로 복잡한 지형을 통과하는 최적 도로 노선을 찾아내는 능력을 갖추어 인간 측량기라고 불렸던 종합 토목인이었다. 그의 헌신을 기려서 케이프 지역 5곳에 그를 기리는 조형물이 설치되었고, 그의 묘비는 케이프타운 문화박물관에 보존되고 있다. 후세에게 가장 대접받는 행복한 도로 엔지니어 중의 하나이다.

참고문헌(3부 1장)

[단행본]

한국도로공사, ≪한국도로사≫, 1981.

[논문 및 보고서]

김도형, <걷는 길 조성사업의 추진실태와 개선방안>, 한국지방행정연구원
    KRILA Focus 23, 제52호, 2012. 10.

서울특별시, <2021년도 도로통계>, 2021. 02.

[전자문헌]

위키미디어 커먼스 https://commons.wikimedia.org/

한국민족문화대백과, 한국학중앙연구원.

행정안전부 도로명주소 https://www.juso.go.kr/openIndexPage.do

https://theculturetrip.com/north−america/usa/articles/the−12−most−b
    eautiful−scenic−roads−in−the−world/

[국외문헌]

Council of Europe, <Cultural Routes of the Council of Europe>,
Booklet for Cultural Routes

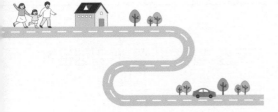

2장

도로와 예술

도로를 다룬 소설과 기행문학 강정규

길을 노래한 시와 가곡 강정규

예술가들의 이름을 붙인 도로명 강정규

길을 노래한 대중가요 강정규

도로에 들어온 미술 강정규

길과 다리를 그린 외국 그림 강정규

그림에 나타난 우리 옛길 강정규

영화로 보는 길과 도로 강정규

로드 무비 따라가기 강정규

우표로 본 한국의 도로 권영인

우표로 본 해외의 도로 권영인

도로를 다룬 소설과 기행문학

미국 도로 문학과 예술의 원천-66번 도로

오래된 길은 낡아가거나 성숙하면서 위대한 예술가들의 가슴에 파고
들어 문학이 되고 그림과 음악으로 태어났다. 66번 도로는 미국 공공
도로국이 1926년 길이 3,940km 구간에 대해 노선 지정을 한 미국 최초
의 연방 도로이자 어머니의 길로도 불린다. 일리노이주 시카고에서 시
작되어 서남쪽 대각선 방향으로 미주리, 캔자스, 오클라호마, 텍사스,
뉴멕시코, 애리조나주를 지나 캘리포니아주 로스앤젤레스 싼타모니카
해변에서 끝나기까지 8개 주, 3개의 시간대를 거친다. 개통 당시에
1,280km에 불과한 포장 연장이 1938년까지 전 구간이 포장 완료되었
다. 연방고속도로 건설사업이 1956년 시작되면서 66번 도로는 불과 30
년 만에 해체되기 시작하였다. 애초 대각선 노선인 66번 도로가 격자형
고속도로의 동서(짝수)와 남북(홀수) 노선 I-55, I-44, I-40, I-15,
I-10 번으로 편입되었다. 66번 도로는 결국 59년만인 1985년 공식적으
로 노선 해제가 되면서 수명을 다했다.

자동차 대중화가 시작되고 도로 건설이 활발해지면서 66번 도로의
인기는 드높아졌다. 미국 대공황 시기는 물론 서부 이주 물결, 장거리

자동차여행 문화 등을 타고 도로변 마을들에 상점과 숙박시설, 주유소 등이 생겨나면서 활력이 생겨났다. 생명력을 가진 어머니의 젖줄이라고 해서 '마더 로드', 타운과 타운을 잇는 중심도로라 해서 '메인 스트릿', 피 끓는 정열이 담겨 있는 곳이라고 해서 '블러디 66', 그리고 길 자체의 대명사란 의미로 '더 루트'로 불렸다. 미국 문학·예술에 지대한 영향을 미쳐 자동차시대 도로 문화를 활발하게 만들어냈다.

미국인들의 사랑을 듬뿍 받았던 66번 도로의 흔적과 주요 지점은 아직도 많은 이들이 찾고 있다. 1999년에 빌 클린턴 대통령은 66번 도로 보존 법안에 서명했다. 국립 미국 역사박물관과 오클라호마 박물관에 기념물들이 전시되고, 당시의 길들이 곳곳에 보존되고 있다. 로스앤젤레스 서민들에게 가장 인기 있는 태평양 변 싼타모니카 해변에는 1908년 건설된 널찍한 공공 피어(선창)가 있다. 피어에 있는 기념품 가게에서는 Route 66 관련 기념품과 엽서를 판매하며 레스토랑들도 이를 테마로 하고 있다. Route 66의 종착지가 싼타모니카인 만큼 공공 피어는 66번 도로에 대한 헌정이자 박물관인 셈이다.

66번 도로변 상점
ⓒ강정규

싼타모니카 피어
ⓒ강정규

소설 분노의 포도와 길 위에서

오래된 길에 대한 미국인들의 애틋한 마음과 사랑은 수많은 영화와 문학작품의 배경이 되었다. 존 스타인벡의 대표작인 ≪분노의 포도≫ (The Grapes of Wrath, 1940)는 1929년 미국 대공황기 농민들의 수난사를 그린 소설이다. 미국 대평원의 농토에 닥친 가뭄과 모래바람으로 농사를 망쳐버린 농민들은 살길을 찾아야 한다. 66번 도로를 타고 오클라호마-텍사스-뉴멕시코-애리조나-네바다를 거쳐 캘리포니아까지 먼 길을 떠난다. 흙먼지로 가득한 사막길은 고통스럽고 세상은 절망으로 가득하다. 겨우 도착한 캘리포니아도 낙원은 아니어서, 노동조합 가입에 내몰리는 가난한 사람들의 눈 속에서는 분노의 포도가 점차 커진다. 퓰리처상을 수상한 이 소설은 영화화되어 1941년 아카데미상(여우조연상, 감독상)을 수상하였다. 1960년에는 Route 66이란 TV 시리즈가 방영되었으며, 디즈니 애니메이션 '카'의 배경이 되었다.

1957년 발표된 ≪길 위에서≫(On the Roads)는 비트 세대의 대표적인 작가인 잭 케루악(1922~1969)이 친구들과 미국 서부와 멕시코를 여행하고 쓴 자전적 로드 소설이다. 그의 나이 스물아홉인 1951년 마약에 취한 채 단 삼 주 만에 완성했다고 한다. 젊은 작가 샐 파라다이스가 정열적인 딘 모리아티와 함께 뉴욕에서 덴버, 샌프란시스코, 텍사스, 멕시코시티까지 약 1만 3,000km를 여행한다. 공동체적 삶과 아름다움을 찾아 길 위를 방랑하며 술과 음악, 히치하이크를 통해 세상과 소통한다. 기존 문학 형식을 파괴하였지만, 비트족의 바이블로서 히피 운동 등 문화 전반에 큰 영향을 미쳤고 결국 문학의 고전이 되었다. 샌프란시스코의 자유 저항 정신을 대표하며 여러 로드 무비가 만들어졌다. 도로 문학의 본질은 물리적인 이동을 통한 개인의 변화이기 때문에 규범을 깨뜨리는 어떤 것으로서 반항은 도로 문학의 중요한 특징 중 하나이다.

한국의 기행문학

고전의 장수비결은 '과거를 통한 현재의 설명'이라고 한다. 여행자가 자신의 주변에 존재하지 않는 것을 찾아, 낯선 곳으로 떠나 행하는 '낯섦과의 체험'이 여행이다. 새롭고 신기한 곳에 다녀온 여행경험담을 타인에게 전하고 싶어 하는 것은 과거나 현재나 다를 바 없다. 여행을 통하여 얻은 체험이나 견문·감상을 문학적으로 기술한 것이 기행문학이니 주로 길을 통하여 이루어진 여행이 서사의 중심에 있다. 객관적으로 존재하던 자연은 여행자의 주관적 관점에 의해 풍경이나 경치로 바뀌게 된다.

≪왕오천축국전≫은 신라의 승려 혜초가 723년부터 727년까지 4년간 인도와 중앙아시아, 아랍을 순례하고 그 행적을 적은 불교 여행기로 727년에 저술되었다. 가장 오래된 유람 기행은 고려말 임춘의 ≪동행기≫로 동해안 지역의 여행기이다. 이규보의 ≪남행월일기≫는 전주 지역의 여행기이다. 금강산에 대한 기행문학으로는 고려조 이곡의 ≪동유기≫에 이어 조선조에 남효온의 ≪금강산기행≫, 김창협의 ≪동유기≫가 있다. 이밖에 백두산, 한라산, 속리산, 소백산, 묘향산, 천관산, 계룡산, 관악산, 북한산 등 명산을 순례하고 남긴 기행문 다수가 있다. 국문으로

창작된 유람 기행 작품으로 ≪의유당 관북 유람일기≫ 중 ≪동명일기≫
를 비롯한 수많은 작품이 남아있다(한국민족학대백과사전, 기행문학).

수백 명의 인원이 중국의 연경을 다녀오는 연행 사절이나 일본의 교
토를 다녀오는 통신 사절 기간은 각각 반년과 1년이었다. 이들은 많은
견문기를 통하여 육로와 수로를 통하여 접한 이국 풍물에 대한 경이와
회고, 공무, 사무 등을 기록하였다. 대표적인 중국견문기는 박지원의
≪열하일기≫와 서유문의 ≪무오연행록≫이다. 신숙주의 ≪해동제국기≫
를 비롯하여 송희경, 김성일, 경성, 강홍중, 김세렴, 남용익, 조엄 등이
일본견문기를 남겼다.

≪표해록≫은 조선 성종 시대 사대부 최부가 남긴 중국견문록이다.
제주에서 돌아오던 최부와 일행 42명은 태풍을 만나 표류하다가 중국
절강성에 상륙한다. 이후 북경을 거쳐 조선 땅으로 돌아오기까지 148일
이 걸렸고 이 파란만장한 과정을 일기체로 기록하였다. 명나라 남부 수
로와 도로 주변의 시가지 풍경과 방대한 문물을 상세하고 객관적으로
기록하였다. 운하를 가로지르는 각종 다리(무지개다리, 석교, 목교, 지붕이
있는 다리)의 형상과 교통 시스템인 포鋪·참站·역驛 등에 대해서도 자세
히 기록하였다. 당시 중국 정보가 모자라던 일본에서 조선보다 더 인기
가 있었으며 ≪동방순례기≫, ≪입당구법순례행기≫와 함께 세계 3대
중국 여행기로 꼽힌다.

조선시대 전국 명승지를 유람했던 5대 문인으로 꼽히는 매월당 김시
습, 교산 허균, 난고 김병연, 우담 정시한, 옥소 권섭은 견문한 바를 방
대한 문학작품으로 남겼다. 근대에 들어 많은 기행문학이 신문이나 잡
지를 통해서 발표되었다. ≪간도기행≫(김기림), ≪간도를 등지면서≫

(강경애), ≪만주기행≫(이태준), ≪대지의 아들을 찾아서≫(이기영), ≪상해에서/만주에서≫(이광수) 같은 작품들이 있다. 독립운동가들도 많은 작품을 남겼는데 ≪북대륙의 하룻밤≫(한용운), ≪서백리아방랑기≫(현경준), ≪남북만주편답기≫(함대훈), ≪북지견문록≫(임학수), ≪북만순려기≫(안용순) 등이다. 이 무렵 최남선의 ≪백두산 근참기≫를 비롯하여 안재홍, 이은상, 이병기 등 문인들도 명산들과 명승지를 순례하면서 빼어난 기행문들을 남겼다.

해외 기행문학

≪예루살렘(보르도인) 여정≫은 가장 오래된 기독교 기행문으로, 이름이 알려지지 않은 순례자가 서기 333~334년 동안 보르도에서 성지 예루살렘까지 2년여의 여정을 기록한 것이다. 주요 경유지인 이탈리아, 콘스탄티노플, 소아시아, 시리아, 로마, 밀라노는 물론 주요 경유지에 도달하는 도로 이정을 자세하게 기록하였다. ≪Vinland Sagas≫는 13세기 바이킹이 신대륙에 도달하는 여정을 기술한 탐험기이다. ≪동방견문록≫으로 번역된 ≪세계의 서술≫은 베네치아인 마르코 폴로의 24년(1271~1295)에 걸친 아시아 여행담이다. 3권의 책(1권: 서아시아·중앙아시아, 2권: 원나라, 3권: 일본·동아시아·남아시아·아프리카)으로 기록하였다. 여행한 지역의 자연과 풍습, 거리와 방향, 통치방식, 사회제도, 문물 등을 자세하게 기록한 방대한 여행기이자 탐사 보고서로서 유럽 귀족들의 필독서가 되었고 유럽인들의 동방에 대한 인식을 바꿔 놓았다. 존

번연(1628~1688)이 1678년 저술한 ≪천로역정≫은 한국 최초로 번역된 서양 소설로 ≪성경≫ 다음으로 많이 읽힌 기독교의 고전 문학이다.

≪서하객유기≫는 명나라 말기 지리학자이자 여행 작가인 서굉조(1587~1641)가 30여 년에 걸쳐 중국 각지를 여행하며 관찰한 유람기이다. 애초 20여 권의 일기 형식으로 남긴 것을 후대에서 ≪서하객유기≫로 정리하였다. 과학적이고 문학적인 문체로 기술되어 지리학의 가치는 물론 문학적 가치가 높아 중국 기행문학의 최고봉으로 평가받는다.

'현존하는 가장 재미있게 글을 쓰는 저널리스트'라고 평가받는 빌 브라이슨은 수많은 화제작 가운데 특히 기행문학에서 빼어난 역량을 발휘했다. ≪발칙한 미국 산책≫, ≪발칙한 미국 횡단기≫, ≪발칙한 영국 산책≫, ≪발칙한 영어 산책≫, ≪발칙한 유럽 산책≫, ≪대단한 호주 여행기≫, ≪셰익스피어 순례≫, ≪거의 모든 것의 역사≫ 등의 작품이 있다. 특히 ≪나를 부르는 숲≫(A Walk in the Wood)은 애팔래치아 트래일을 종주하면서 마주한 수많은 어려움에도 불구하고 자연과 숲이 하이커들에게 주는 즐거움과 위로, 그리고 깨달음을 유쾌하고 생생하게 묘사하고 있다.

길을 노래한 시와 가곡

가지 않은 길과 빛나는 길

문학 특히 시에서는 도로란 형이하학적인 용어보다는 길이란 형이상학적인 용어가 즐겨 다루어지고 있다. 로버트 프로스트의 '가지 않은 길'(The Road not Taken), 월트 휘트먼의 '열린 길의 노래'(Song of the Open Road), Tolkien의 '길은 계속된다'(Roads Go Ever On), 러디야드 키플링의 '숲속의 길'(The Way Through the Woods), 버나드 스펜서의 '길 위에서'(On the Road), 헤르만 헤세의 '빛나는 길' 등이 길을 인생에 비유하여 노래한 대표적인 시이다.

프로스트의 '가지 않은 길'은 숲속에서 마주한 두 갈래의 길을 제재로 삶이라는 이름 아래 한 길만을 선택해야 하는 인생 행로를 회고하고 있다. '노란 숲속에 길이 두 갈래 갈라져 있었습니다/…. 중략./훗날에 훗날에 나는 어디에선가/한숨을 쉬며 이 이야기를 할 것입니다./숲속에 두 갈래 길이 갈라져 있었다고,/나는 사람이 적게 간 길을 택하였다고,/그것으로 해서 모든 것이 달라졌더라고.'

월트 휘트먼의 '열린 길의 노래'는 긴 서사시로 '가벼운 마음으로 열린 길로 나아가자/건강하고, 자유롭고, 내 앞에 있는 세상,/내가 선택한 곳으로 이끄는 긴 갈색 길이 내 앞에 있다…. 후략.'고 노래한다.

헤르만 헤세의 '빛나는 길'에서는 '길, 길, 멀리 돌아 나간 길에/푸른 하늘이 깃발같이 그립다/인생은 길이다./사랑은 길이라/쉬어서 쉬어서/오늘도/우리는 길을 걸어보리니.'라고 표현한다.

길이란 제목을 가진 한국 시

길이란 제목은 인생이나 민족사에 빗대어 길을 노래하는 시인들의 큰 사랑을 받았다. 김기림, 김명인, 김소월, 김용택, 문인수, 문태준, 박남준, 박목월, 신경림, 안도현, 유치환, 윤동주, 윤제림, 이응준, 이하석, 천상병 등의 작품이 남아있다. 고은('눈길'), 권지숙('길은 아름답다'), 김소월('길', '가는 길', '산', '진달래꽃'), 도종환('가지 않을 수 없던 길', '처음 가는 길'), 맹문재/문인수('산길'), 백석('쓸쓸한 길'), 박용래('황토길'), 박후기('새벽길'), 신경림('고행길', '길은 아름답다') 등도 길에 관한 아름다운 시를 남겼다.

김소월은 '길'(1925)에서 일제 강점기 고향을 잃은 작가와 민족의 심정을 읊었다. '…./여보소 공중에 저 기러기/공중엔 길 있어서 잘 가는가?/여보소 공중에 저 기러기/열십자 복판에 내가 섰소./갈래갈래 갈린 길이라도/내게 바이 갈 길은 하나 없소.'

윤동주(1917~1945)는 길 2부작과 거리 3부작을 남겼다. '새로운 길'(1938)에서는 '언제나 가야 하는 길이지만 언제나 가야 할 길을 새로운 길'이라며 인생을 상징하는 길로서 미래지향적인 의지를 나타내고 있다. '길'(1941)에서는 바람직한 삶의 길을 '잃은 것'으로 형상화했고, 진정한 존재의 의미에 다다르기 위한 과정을 길을 통해 상징하였다.

윤동주가 각각 북만주·한국·일본에서 지은 거리 3부작, '거리에서'(1935)·'간판 없는 거리'(1941)·'흐르는 거리'(1942)에서는 거리라는 새로운 공간을 통하여 당시 어두운 시대적 상황을 비유하였다. 근대적 자본주의 도시에 등장한 거리는 기존의 길과는 다른 개념으로 등장하였다. '거리에서'(1935)는 암울한 시대 상황을 의미하는 회색빛 밤거리를 외로이 걸으며 희망과 절망이 교차하지만, 희망을 잃지 않는 마음을 담고 있다.

박목월은 '길처럼'(1939)에서 멀리 사라져가는 호젓한 길의 이미지를 슬픈 정서로 표출하고 있다. '···./뵈일 듯 말 듯한 산길/산울림 멀리 퍼져나간다/산울림 홀로 돌아나간다/···. 어쩐지 어쩐지 울음이 돌고/생각처럼 그리움처럼···./길은 실낱같다.'

유하는 '길 위에서 말하다'에서 '길 위에 서서 생각한다/무수한 길을 달리며, 한때/길에게서 참으로 많은 지혜와 깨달음을 얻었다고 믿었다/···. 중략./길은 질주하는 바퀴들에 오랫동안 단련되었다/바퀴는 길을 만들고/바퀴의 방법과 사고로 길을 길들였다/···. 후략/.'

길 위의 시인 신경림

민중시인 신경림은 길 위의 시인이란 평가를 받을 만큼 길에 관한 많은 작품을 남겼다. 시인의 두 번째 시집 제목 '새재'(1979)는 문경새재를 의미한다. 시집 후반부에 수록된 표제작인 새재에서는 장장 70페이지에 걸쳐 민중의 분노와 저항을 역사적 깊이에서 천착하였다. 신경림의 여섯 번째 시집 제목은 아예 '길'(1990)이다. 표제작인 길에서는 '사람들은 자기들이 길을 만든 줄 알지만/길은 순순히 사람들의 뜻을 좇지는 않는다/ …중략…./길이 사람을 밖으로 불러내어/온갖 곳 온갖 사람살이를 구경시키는 것도/세상 사는 이치를 가르치기 위해서라고 말한다/…. 중략…./그것을 알고 나서야 사람들은 비로소/자기들이 길을 만들었다고 말하지 않는다.'라고 노래한다. 산문집 '바람의 풍경'(2000)에 실린 길 이야기에서는 '생각해 보면/내게는 길만이 길이 아니고/내가 만난 모든 사람이 길이었다./나는/그 길을 통해 바깥 세상을 내다볼 수 있었고/또 바깥 세상으로도 나왔다./그 길은 때로 아름답기도 하고/즐겁기도 하고 고통스럽기도 했다./하지만 나는 지금 그 길을 타고,/사람을 타고 왔던 길을 되돌아가고 싶은 생각이 문득 들기도 하니/웬일일까.'라고 하였다.

슈베르트 겨울 나그네와 길을 노래한 한국 가곡

빌헬름 뮐러의 시에 슈베르트가 곡을 붙인 연가곡 '겨울 나그네'는 총 24개의 곡으로 구성되어 있다. 원제목인 독일어 'Rise'(여행, 방랑)는 영어권에서 '겨울 여행'(Winter Journey)으로 번역되었지만, 우리나라에서는 '겨울 나그네'로 의역되었다. 슈베르트 사망 1년 전인 1827년에 작곡되어, 친구 바리톤 포글이 슈베르트의 사망 이후에 초연하였다. 노래의 내용은 사랑에 실패한 사나이가 추운 겨울 방랑의 길을 떠나게 되면서 느끼는 감정과 겨울 풍경을 담고 있다. 주제가 그렇고 죽음을 앞둔 슈베르트의 심정이 담긴 듯 전체적으로 어둡고 우울한 분위기이다. 그중에서 제5번 보리수, 8번 회고, 13번 역마차, 20번 이정표, 21번 숙소, 24번 길거리 악사 등에서 거리의 풍경과 길에 관한 가사가 포함되어 있다.

서민들이 체험할 수 있는 고급 예술문화가 부족하였던 1970년대에 한국 가곡이 대중들에게 큰 사랑을 받기 시작했다. 한국 시를 노랫말로 하여 민족 정서와 예술성이 짙은 성악곡인 한국 가곡은 대중가요에 대비되는 고급 예술문화로 인식되었다. 널리 불리는 한국 가곡 가운데 가사나 제목에서 길이 중요하게 다루어진 곡은 다음과 같다. '길'(김소월 시, 구두회 곡), '과수원길'(박화목 시, 김공선 곡), '그리움'(고진숙 시, 조두남 곡), '그집 앞'(이은상 시, 현제명 곡), '꿈'(황진이 시, 김성태 곡), '바위고개' (이흥렬 시 이흥렬 곡), '보리밭'(박화목 시, 윤용하 곡), '님이 오시는지'(김규환 곡), '동심초'(설도 시, 김성태 곡), '가는 길'(김소월 시, 이유선 곡), '산' (김소월 시, 하대응 곡), '선구자'(윤해영 시, 조두남 곡), '산길'(양주동 시, 박태준 곡), '오늘'(박정희 시, 한성석 곡), '옛날은 가고 없어도'(손승교 시, 이호섭 곡), '진달래꽃'(김소월 시, 김동진 곡), '추억'(조병화 시, 김성태 곡) 등이다.

예술가들의 이름을 붙인 도로명

우리나라에서는 지역적 특성, 역사성, 위치, 예측성, 영속성 등을 고려하여 도로명을 부여한다. 서울의 세종로, 퇴계로, 을지로, 도산로 등 역사를 빛낸 위인들의 이름이나 시호를 딴 도로명이 꽤 발견된다. 그러나 당대에 큰 업적을 남기고 후대에 교훈과 감동을 준 예술가들의 이름을 붙인 도로명은 그렇게 흔하게 찾아지지 않는다. 역사적으로 예술가들의 사회적 신분이 높지 않고 역할이 존중받지 못한 경험 때문일 것이다.

음악가

국악 작품 주인공들의 이름을 도로명으로 앞세운 사례는 제법 발견된다. 판소리의 고장 전북 남원시에는 춘향로, 향단로, 월매길 그리고 흥부로가 있다. 곡성군에는 심청로가 있다. 한국의 대표민요인 아리랑을 도로명으로 택한 사례도 많은데 밀양시의 밀양아리랑길은 4개의 구간으로 조성되어 있다. 영동군, 해남군, 평창군에는 아리랑길, 진도군에 진도아리랑길이 있다. 평창군에는 아라리고갯길이 있다. 판소리 유파의 이름을 딴 구례군에는 동편제길, 보성군에는 강산길, 완도군 청산도 서편제길은 각각 판소리 유파의 이름을 도로명으로 부여하고 있다. 서편제보성소리득음길은 보성군에서 2011년부터 조성한 판소리와 녹차를 테마로 조성한 둘레 길이다. 국악의 역사적 인물을 딴 이름도 많은데 충주와 고령의 우륵로, 전주 권삼득로, 광주 임방울대로, 고창군 김소희 길 등이다. 이동백소리솔바람길은 조선시대 명창 이동백의 생가터와 득음터를 연결하는 서천 희리산 등산로이다.

우리나라에서 세계적인 클래식 음악가가 많이 배출되었지만, 아직 도로명으로 기억되는 인물은 드물다. 동양의 정신이 충만한 현대 음악 작곡가 윤이상의 통영 생가 근처 도천음악마을에 윤이상이야기길이 2001년 만들어졌다. 애국가 작곡자 안익태가 살던 스페인 마요르카섬에 안익태선생의거리(CARRER D'EAKTAI AHN)가 생겨났고, 재즈 페스티벌로 유명한 프랑스 쥬나스에는 재즈 가수 나윤선의 이름을 붙여 윤선나로가 2018년에 붙었다.

아직 세월의 평가가 완료되기에는 짧지만, 현대를 살다 간 대중 음악가들의 이름도 도로명으로 남아 무심한 길에 애잔함을 더하고 있다. 서울 용산 삼각지에는 배호길이 있고, 대구시 중구에 김광석다시그리기

청산도 서편제길(완도군청)

윤이상거리(통영시청)

길, 성남시 분당구에 신해철거리가 조성되어 있다. 도로명은 아니지만 '덕수궁 돌담길엔 아직 남아 있어요/ 다정히 걸어가던 연인들/…. 중략…./언덕 밑 정동길엔 아직 남아 있어요/ 눈이 덮인 조그만 교회당'이라는 광화문 연가를 만든 이영훈의 노래비가 정동교회 맞은편 덕수궁 돌담길 아래에 세워져 있다.

문학인

문학가들의 이름을 붙인 도로명은 꽤 많다. 김삿갓문학길은 과거 장원에도 불구하고 가정사로 인해서 20세 이후 인생의 대부분을 길에서 방랑하며 수많은 시를 남긴 천재 방랑시인 김병연(1807~1863)을 기린다. 길은 그의 문학적 기록이 모여있는 김삿갓 문학관에서 시작하여 김삿갓면 사무소에서 끝난다. 김삿갓의 출생지인 양주시에도 3개 구간 총 21km에 달하는 김삿갓풍류길이 조성되어 있다. 율곡 이이의 어머니이자 대표적 여류 문인인 신사임당의 이름은 서울특별시 서초구 사임당로와 강릉 바우길 11코스 신사임당길로 남아있다.

서울 남산 허리께를 휘돌아가는 소월길은 진달래꽃 시인 김정식의 호를 따와 붙여진 도로명이다. 숭례문에서 한남동까지 남산 남쪽 순환도로 3.7km 구간이다. 폭 20m, 왕복 4차로인 소월길은 조망이 좋은 산책로일 뿐 아니라 남산터널을 우회하는 차량의 교통로이기도 하다. 역시 남산에 있는 소파길은 아동문학가 방정환의 호를 따왔다. 청록파 시인 박두진의 고향 안성의 금광 호수 둘레길 2.4km 구간에 박두진문학

길이 조성되어 그의 대표 시들이 전시되어 있고, 인근에 집필실도 보존되어 있다. 강원도 평창군에 소설 메밀꽃 필 무렵의 작가 이효석을 테마로 한 효석문학100리길이 조성되어 있다. 봉평면에서 평창읍까지 총 53.5km, 5개 구간 중 제1구간인 문학의 길에서는 소설에 등장하는 주요 장소인 메밀꽃밭, 물레방앗간, 전통 시장을 체험할 수 있다.

전남 장흥군에는 현대 소설가 이청준·한승원 문학길이 조성되어 있다. 장흥 이청준 생가에서 천관 문학공원까지 조성된 문학 탐방길은 2개 코스로 조성되어 있다. 태백산맥문학기행길은 조정래의 소설 태백산맥의 실제 무대인 보성군 벌교의 다양한 현장을 걷는 연장 8km 길이다. 청주시 수암골에 드라마 작가 김수현 거리가 김수현 아트홀과 함께 조성되어 있다. 강원도 춘천시 신남면에 위치하던 신남역은 2004년 12월 춘천 출신의 단편 문학 작가 김유정을 기리기 위해 김유정역으로 바뀌었다. 소설 토지의 작가인 통영에 조성된 박경리의 길은 강구항 문화마당에서 출발하여 박경리 생가, 하동집, 세병관, 충렬사 등을 거친다. 통영이 배경인 소설 김약국의 딸들과 통영의 명소들이 어우러져 있다. 소설 토지의 배경인 하동에는 박경리토지길이 있다.

미술가

제주도 서귀포시에 조성된 이중섭 거리는 한국전쟁 당시 피난 와서 살던 집 주변 366m 구간에 조성되었다. 주택, 미술관, 공원, 거리 등 이중섭을 기념하는 다양한 시설이 많이 세워져 있다. 서귀포에는 길이

4.9km의 작가의 산책길도 조성되어 있다. 서귀포에 머물며 명작을 남긴 예술가들의 삶과 발자취를 더듬어보는 도보 탐방프로그램으로 이중섭 미술관, 기당 미술관, 서복전시관, 소암기념관 등 미술가들의 작품과 원도심, 그리고 자연을 함께 느낄 수 있는 서귀포시의 대표적 문화예술 탐방 프로젝트이다. '아기 업은 소녀'와 '빨래터' 등의 작품을 남긴 박수근의 고향 양구에는 2002년 생가터에 박수근미술관이 세워지면서 마을을 지나는 도로명에 박수근로가 지정되었다. 이제는 다리로 이어진 고향 신안군 안좌도에 김환기길이 있다. 수원시 팔달구 나혜석거리는 최초의 여류 서양화가인 나혜석을 기념하기 위함이다.

이중섭 거리(서귀포시청)

작가의 산책길

길을 노래한 대중가요

해외 대중가요

샹송 '샹젤리제에'는 길에 관한 노래 중 가장 명성을 얻은 노래로, 파리 에투알 개선문부터 콩코르드 광장을 잇는 샹젤리제 거리를 찬양한다. 귀엽고 세련된 목소리의 소유자 다니엘 비달이 경쾌하게 부르는 '해가 뜨거나 비가 오거나/대낮이거나 한밤이거나/샹젤리제에는 당신이 원하는 것이 다 있어/오~샹젤리제, 오~샹젤리제….' 노래를 기억하지 못해도 '오~ 샹젤리제'라는 인상적인 후렴구는 안 들어 본 사람 찾기가 더 어려울 것이다. 폭 70m, 길이 1,880m로 광화문 거리와 비교되는 샹젤리제 거리가 세계적으로 유명한 거리가 되기까지 이바지한 많은 문화유산 가운데 이 노래를 빠트릴 수 없다.

바비 트루프는 제2차 세계대전 후 미국에서 가장 유명한 도로인 66번 도로를 여행하는 도중에 '(Get Your Kicks on) Route 66'(66번 도로를 신나게 달리세요)이란 노래를 만들었다. 경쾌한 리듬과 신나는 가사로 1946년 냇킹 콜이 최초로 녹음을 한 이후 리듬과 가사가 다른 수백 가지의 버전이 발표되었다. 빙 크로스비, 척 베리, 존 메이어, 페리 코모, 디페 쉬 모드, 폴 앵카, 롤링 스톤즈, 밥 딜런 등 내로라하는 가수들이 포함되는데 냇 킹 콜, 롤링 스톤즈, 척 베리 버전이 많은 사랑을 받았다.

시대를 이어가며 사랑받는 명곡 '컨트리 로드'(Take me Home, Country Roads)도 길에 관한 노래에서 빠질 수 없다. 1970년 12월 29일, 수도 워싱턴 D.C. 조지타운의 클럽에서 존 덴버와 빌 대노프, 태피 니버트가 공동으로 작업한 '컨트리 로드'가 처음으로 소개되었다. G, Em, D, C와 같은 단순한 기타 코드와 경쾌한 컨트리 리듬, 그리고 시와 같이 아름다운 가사 내용으로 지금까지 큰 사랑을 받고 있다.

'마이웨이'는 미국 국민가수 프랭크 시내트라가 은퇴 즈음인 1969년 발표하여 오랫동안 히트한 발라드 걸작으로 원곡은 샹송 'Comme D'Habitude'(평상처럼)이다. 인생의 황혼에 도달한 남자가 자기 삶을 돌아보며 후회가 없었다고 확신에 차서 부르는 감동적인 노래이다. 아름다운 선율에다 도로(highway)와 삶의 궤적(way)을 절묘하게 대비시킨 가사 때문에 환갑이나 정년퇴직을 맞은 장년들의 오래된 애창곡이다.

광복 이전 거리에 관한 가요

제목이든 내용이든 길에 관한 내용을 담고 있는 대중가요는 꽤 많다. 사회 사정과 경제 상황에 따라 길의 의미는 만남과 이별을 반복하며 변천해왔다. 1950년대까지는 한국전쟁으로 인한 가족 간 이별의 아픔을 그린 내용이 많았다. 백년설이 1940년 부른 '나그네설움'은 광복 이전 음반 판매량이 가장 많았다고 한다. 종로경찰서에서 고초를 겪은 조경환이 청진동 해장국집에서 바라본 종로 거리의 풍경을 그린 가사에 한국의 슈베르트라는 이재호가 곡을 붙인 것이다. 식민 지배받는 민족의 상황을 나그네로 비유하여 큰 사랑을 받았다.

남인수가 부른 '감격시대'(1939)는 지난 1995년 광복 50돌 기념식에서 연주돼 친일가요 논란이 있었다. 한편에서는 광복을 그려보며 부푼 감정을 밝고 역동적인 정서로 노래한 것으로 알고, 한편에서는 일제가 전쟁 준비로 뒤숭숭하던 분위기를 다잡기 위해 권장한 가요라고 주장해 왔다.

1950~1960년대 가요

한국전쟁 동안 진중가요와 실향민들을 위한 망향가가 인기를 얻었다. '비내리는 고모령'(현인, 1949)에 이어 1950년대에 고개나 다리와 같은 길을 통한 이별의 아픔이나 여인들의 한을 노래한 대표적인 곡은 '울고 넘는 박달재'(박재홍, 1950), '전선야곡'(신세영, 1952), '굳세어라 금순아'(현인, 1953), '봄날은 간다'(백설희, 1954), '방랑시인 김삿갓'(명국환, 1955), '피난길 고향길'(원봉남, 1955), '단장의 미아리고개'(이해연, 1956), '아리조나 카우보이'(명국환, 1955), '내 고향으로 마차는 간다'(명국환, 1956), '시골버스 여차장'(심연옥, 1957), '하이킹의 노래'(도미, 1959) 등이 있다. '시골버스 여차장' 가사는 '오라이 스톱 두 시간 연착이오/차 속에서 여손님 옥동자 낳소/황소가 길을 막아 늦은 데다가/빵구로 마차시켜 끌고 왔지요/뿌붕뿡 덜컹 덜컹 기어가는 차지만/시골버스 여차장은 친절하당께'이다. 사람과 마차와 자동차가 뒤섞인 비포장 신작로 길을 털털거리며 가는 버스 풍경이 실감 나게 그려졌다. 도로 포장률이 4%에 불과한 1960년 이전 우리 도로 문화의 한 단면을 잘 보여주고 있다.

1960년대에는 미8군에서 활약하던 가수들이 일반무대에 진출하고 해외 진출을 시작하였다. 텔레비전 방송이 시작되고 도시화가 활발하여 떠나온 고향을 그리워하거나 생활 터전인 서울을 찬양하는 노래도 인기를 얻었다. 이 시기에 인기를 얻은 길에 관한 노래들은 '이정표'(남일해, 1960), '비개인 서울거리'(하춘화, 1961), '외나무다리'(최무룡, 1962), '하숙생'(최희준, 1965), '추풍령'(남상규, 1965), '슬픈 거리를'(현미, 1962), '나그네'(마일스톤, 1972), '9월의 노래'(패티김, 1969), '돌아가는 삼각지'(배호, 1967), '안개'(정훈희, 1967), '팔도강산'(최희준, 1967), '여자의 일생'(이미자, 1968), '마포종점'(은방울자매, 1968), '보고 싶은 얼굴'(현미, 1969), '서울의 찬가'(1969), '천리길'(나훈아, 1969) 등이 대표적이다.

무명 가수 배호를 스타로 만들어준 '돌아가는 삼각지'는 1967년 발매 후 20주간 인기 순위 1위에 올랐다. 노래 제목은 '떠난 연인을 그리워하는 사나이가 찾아왔다 쓸쓸하게 돌아간다'라는 가사 내용을 로터리에 비유한 것이다. 1967년 12월 27일 완성된 한국 최초의 입체 회전교차로인 삼각지 로터리는 이 노래로 유명해졌다. 스물아홉인 1971년에 요절한 배호에 이어 삼각지 로터리도 27년 만인 1994년 철거되었지만, 배호의 자취는 동상(6호선 삼각지역 안), 노래비, 그리고 배호길로 남아있다.

1970-1980 포크시대 가요

박인희는 부드럽고 서정적인 목소리로 길과 관련한 노래를 부르고 사랑한 가수이다. '그리운 사람끼리'(뚜아에무아, 1970)부터 시작하여 '봄이 오는 길'(1974), '끝이 없는 길'(1975), '방랑자'(1976), '들길'(1983), '세월이 가면' 등 앨범마다 길에 관한 노래를 하나씩 포함했다.

대한민국 거리의 노래, '아침이슬'(양희은, 1971)과 '상록수'(양희은, 1979)를 작사·작곡한 김민기는 길에 관한 많은 노래를 만들었다. '길'(1971), '눈길'(1971), '봉우리'(1985), '서울로 가는길'(1992), '새벽길'(1993), '천리길'(1993), '고향가는 길'(1993)까지 길에 대한 철학적 사유가 깊은 노랫말을 짓고 곡을 붙였으며 직접 부른 음반도 남겼다. 이 외에도 '꽃반지 끼고'(은희, 1971), '물레방아 도는데'(나훈아, 1973), '김포가도'(남진, 1974), '멀고 먼 길'(한대수, 1974), '들길 따라서'(양희은, 1976), '제3한강교'(혜은이, 1979)가 잘 알려진 길을 주제로 한 노래이다.

'서울의 찬가'(페티김, 1967)와 함께 양대 서울 찬양 노래인 '서울'(이용, 1982)의 가사대로 2014년 제69회 식목일을 맞아 서울 종로에서 가로변에 사과나무와 감나무를 심어 유실수 거리를 조성하였다.

도로에 들어온 미술

바르셀로나 람블라스 거리 호안 미로의 그림

　스페인 바르셀로나시, 중심 카탈루냐 광장부터 바닷가 콜럼버스 기념탑까지 약 1.2 킬로미터에 이르는 람블라스 거리는 늘 관광객으로 넘치는 거리이다. 피카소, 달리, 미로 등 유명 화가들이 사랑한 명소로 매력적인 볼거리와 즐길 거리가 풍부하다. 대표적인 재래시장인 보께리아 시장에 이르러서는 바닥으로 시선을 내려 영원한 카탈루냐인 호안 미로가 남긴 모자이크 조형물을 찾아야 한다. 몬주익 언덕에 있는 호안 미로 미술관보다 훨씬 많은 보행자가 이 모자이크 조형물을 감상한다. 바

람블라스 미로 모자이크 조형물　　　가우디 가로등 (픽사베이)

르셀로나의 천재 건축가 가우디는 걸작 건축물들 이외에도 다양한 가로등 디자인을 바르셀로나 거리에 남겼다. 고향에 대한 유대가 강한 예술가들의 손길이 더해진 바르셀로나 도로 문화는 이국적이고 독특하다.

개선문, 지극히 남성적인 조형물

개선문은 전쟁에 승리한 황제와 장군, 그리고 군대를 환영하거나 기리기 위해서 세운 지극히 남성적인 건조물이다. 사람이 거주하는 건축물이 아닌 조형물의 용도로 태어났으니 통행이 빈번한 교차로나 광장에 위치한다. 제정 로마 시대에는 도로 건설에 공이 큰 황제에게도 개선문을 바쳤다고 한다. 평소에는 교통이나 전망용으로 활용되다가 위인·명사들의 장례식이나 국가적 행사가 열릴 때면 언론에 노출되는 개선문은 시민들에게 가장 사랑받는 도로 건축물이자 도로 미술품일 것이다.

고대 로마와 로마의 지배를 받았던 영토에 주로 세워진 개선문은 아직도 많은 유적이 남아있다. 티투스 개선문과 같이 큰 아치 한 개로 이루어진 단공식, 콘스탄티누스 개선문과 같이 큰 아치 좌우에 작은 아치 두 개가 있는 삼공식, 파리 개선문과 같이 4면에 아치가 있는 십자형 등이 기본형식이다. 개선문 구조물에 당대를 대표하는 미술가들이 장엄한 부조, 화려한 조각품과 회화를 더하여 종합미술품이 되었다.

국가주의가 대두한 근대 유럽에서도 많은 개선문이 세워졌다. 파리의 에투알 개선문(4면 아치형)과 카루젤 개선문(3공식), 도리스식 원주 6개를 배열한 베를린의 브란덴부르크 개선문 등이 대표적이다. 애초 베

릴린의 관문으로 지어졌던 브란덴부르크문을 통해 나폴레옹 군대(1806년)와 프로이센 군대(1871년)가 개선식을 하였다. 파리 신도시 라데팡스 지구에도 에투알 개선문을 마주 보도록 신 개선문이 세워졌다. 높이가 112미터에 가운데가 빈 상자 모양의 사무실 건물이다.

도로와의 관계에서 살펴보면 군대가 개선문을 통과하던 당시에는 당연히 통로 일부로 쓰였다. 그러나 자동차 시대에 접어들어 넓은 도로폭이 필요하게 되자 개선문은 도로 한 쪽에 비켜서거나 파리 개선문과 같이 회전교차로의 중앙섬 역할을 하기도 한다.

파리 에뚜왈 개선문(픽사베이)

브란덴부르크 개선문

산업 시대의 신 개선문-고속도로 요금소

각 지자체 경계부 도로변에 표지판 등을 설치하여 지명이나 특산물, 인물 등을 알리고 있다. 주로 문자를 통한 정보전달에 그치고 있으며 시각적이나 회화, 조형적인 요소의 사용은 활발하지 않다. 애초 의도한 바는 아니지만, 고속도로 위에 설치된 요금소는 산업화에 성공한 자동차 시대의 산업개선문으로 볼 수 있지 않을까? 아쉽게도 대부분의 영업소가 통행료 지불 기능에 충실한 문주형이라 기억에 남는 형상은 많지 않다. 그러나 전통 한옥의 솟을대문 형태로 위풍당당한 전주영업소를 마주해본 이들은 가보지 않은 전주 한옥마을이 금방 친숙해지고 전주를 전통 도시로 기억하게 된다. 효봉 여태명이 쓰고 김종연이 판각한 '전주'라는 대형 편액도 일품이다. 경주와 함양 요금소도 한옥 형식을 채택하여 고전 도시의 얼굴이 되고 있다.

중국 닝보 고속도로 영업소는 무지개색 꽃을 형상화한듯하다. 참고로 닝보와 상해를 연결하는 길이 36km 항저우만 대교의 난간도 무지개색으로 단장하였다. 지방자치단체의 특성을 살려 해당 도시를 형상화할 수 있는 요금소를 지자체와 도로 당국이 머리를 맞대고 찾아볼 일이다.

한국도로공사 전주영업소   중국 닝보 고속도로영업소

출처: www.archilovers.com/projects/118476

도로에 들어온 미술관과 트릭 아트

고속도로 휴게소들의 기능이 진화되면서 예술서비스까지 확장되고

있다. 경부고속도로 하행선 천안 부근 망향휴게소 북쪽 공간에 크고 작은 조각품, 꽃과 나무 모양의 아트 벤치, 가느다란 산책로로 구성된 열린 미술관을 조성하였다.

망향 열린 미술관   맷돌이 깔린 산책로와 조각

©강정규

서해안고속도로 화성(목포 방향)휴게소에도 약 390평 규모의 꽃길미술공원이 2019년 생겨났다. 트릭 아트는 2차원 평면에 원근, 음영 기법을 활용해 입체적인 착시를 일으키는 예술이다. 트릭 아트를 도로에 접목하면 즐거움과 각성효과를 통한 안전 운전 효과도 얻을 수 있다.

길과 다리를 그린 외국 그림

길을 그린 그림

길의 시각적 특징은 무엇일까? 넓은 들판에 가득한 들꽃이나 가로수 사이를 구불거리면서 먼 산, 숲, 호수, 마을, 하늘을 향해서 가늘어지다가 한 점으로 사라지는 길을 상상해보자. 길의 이미지는 늘 똑같지 않은 환경에서 어디엔가 도달한다. 화가들은 자연과 생활 속 미지의 연결하는 길을 통해 인생길 또는 삶의 길을 표현하고 싶은 것이 아닐까?

탁 트인 경관을 수직 구도로 갈라가면서 소실점으로 사라지는 도로, 산악지형을 굽이치며 멀어져가는 아름다운 경관은 동서양을 막론한 미술의 소재였다. 네덜란드 출신의 바로크시대 화가 마인데르트 호베마(1638~1709)의 '미델하르니스의 가로수길'은 그림 중앙에 방사형으로 뻗은 가로수 길 양옆으로 펼쳐진 평화로운 네덜란드 시골 풍경을 묘사하고 있다. 수직으로 뻗은 가로수길의 끝에서 수평으로 펼쳐진 지평선과 만나는 구도로 원근법이 적용된 교과서적인 풍경화이다.

반 고흐와 모네 등 인상파 화가들을 매료시켰던 일본 전통 다색목판화 우키요에는 속세의 모습을 목판에 새겨 찍어낸 그림으로 10세기부터 발달하였다. 도쿄의 니혼바시에서 교토에 이르는 514km의 도카이도 도 중에는 명승지가 많아 예부터 그림의 소재로 자주 이용됐다. 에도시대 후기 화가 우다가와 히로시게(1797~1858)는 1832년 8월부터 말을 진상 하기 위해 교토의 황궁으로 파견되는 쇼군의 수행원으로 뽑혀 에도에서 교토까지 여행을 다녀왔다. 히로시게는 출발지점인 니혼바시와 도착 지 점인 교토를 포함하여 53곳의 역참과 도시에서 보이는 풍경들을 시리즈 로 '도카이도의 53 경치'로 제작했다. 판화로 대량 생산된 그림으로 보 는 도로 기행은 당시 서민들 사이에 일대 여행 붐을 일으킨 인기작으로 일본 국립중앙박물관 일본 실에 연작이 보존되고 있다. 교량, 시골길, 마을 길 등 당시 도로 상태와 하급 무사들과 서민들의 생활상, 그리고 풍경 등 도로 문화가 집약되어 있다.

미델하르니스의 가로수길(호베마, 1689)　　　도카이도의 53 경치(히로시게, 1832)

인상파 화가 구스타프 카유보트가 그린 '비 오는 날 파리 거리'(1877) 는 재개발로 새로 지어진 6층 건물들을 배경으로 정장 차림 남녀 한 쌍 이 우산을 함께 받쳐 쓰고 있다. 오스만 시장의 파리 대개조로 현대식 으로 넓게 정비된 보도와 차도는 주로 보행자들이 점하고 단 한 대의 마차만이 보인다. 그림의 원경은 뿌옇게 표현하고, 빗물에 젖은 벽돌 포장된 도로까지 사실적으로 표현하고 있다. 카유보트는 신식 6층 건물이 늘어선 오스만 대로와 관련한 여러 점의 그림도 남겼다.

비 오는 날 파리 거리(카유보트, 1877)　　눈 내리는 오스만 대로(카유보트)

삶의 밝은 모습을 아름답게 표현한 르누아르가 그린 '베르사유에서 쉬렌느로 가는 길'(Route de Versailles à Louveciennes)은 중앙에서 대각선으로 깊숙하게 사라져가는 길을 중심으로 양쪽의 나무와 사람이 부드

베르사유에서 쉬렌느로 가는 길　　　　1867년 파리박람회 샹젤리제 거리
(르누아르, 1895), 위키미디어커먼즈　　　　　(르누아르, 1867)

럽게 표현되어 있다. 이와는 대조적으로 에펠탑이 세워진 파리박람회 당시의 샹젤리제 거리풍경은 보다 사실적이다. 센강 변에 살았던 르누아르는 퐁네프, 퐁데자르 다리와 관련된 많은 작품을 남겼다.

다리를 그린 그림

인상파를 대표하는 빈센트 반 고흐(1853~1890)는 '아를의 다리'를 비롯하여 다리를 소재로 한 그림 여러 점을 남겼다. 프로방스의 충만한 빛에서 자유와 안식을 얻은 고흐는 고향인 네덜란드의 엔지니어가 아를에 설치한 도개교를 즐겨 그려 십여 개의 밝은 연작을 남겼다. 대표작인 '아를의 다리'와 '빨래하는 여인들'에서는 도개교를 건너가는 마차 뒤에 사이프러스 나무가 솟아있고 아래 물가에는 빨래하는 여인들이 모여 있다. 파리의 화가들에게 센강의 다리들은 매력적인 소재였다. 고흐도 밝고 풍부한 색조로 그린 '센강의 다리'에서 기쁨과 감탄을 표현하고 있다.

아를의 다리와 빨래하는 여인들(고흐, 1888)

센강의 다리(고흐, 1887)

빛을 그린 인상주의 클로드 모네(1840~1926)는 1883년 안식처 지베르니로 이사해 모네의 정원을 가꾼다. 일본식 다리 아래 연못에 핀 수련을 끊임없이 그렸다. 모네의 그림에 영향을 미쳤다는 일본 우키요에의 대표적인 다리 그림과 비교해 보는 것도 흥미롭다. 모네는 영국 템즈강 워털루 브릿지를 대상으로 1900년부터 1904년까지 41점의 작품을 남겼다.

수련과 일본풍 다리(모네, 1897),　　도카이도의 53 경치(히로시게, 1832)
위키미디어 커먼즈

새로운 다리란 뜻을 가진 퐁네프(Pont Neuf)는 센강에 있는 37개 다리 중 가장 오래되었다. 폭 22m에 보도까지 설치된 석조다리로 당대의 신기술을 적용하여 1604년에 완성되었다. 19세기 나폴레옹 3세의 파리 대개조로 퐁네프 근처는 밝고 깨끗해졌다. 피사로와 르누아르는 서로 반대편에서 각각 시테섬과 백화점을 배경으로 퐁네프 풍경을 그렸다.

퐁네프(피사로, 1902), 위키미디어커먼즈   퐁네프, 파리(르누아르, 1872)

　　교량은 도로에서 가장 뛰어난 경관을 자랑한다. 연결이란 속성을 가
진 교량은 물이나 계곡 같은 장애물을 건너는 수단이고, 더 나은 장소
로 이동하기 위한 매개물이다. 노르웨이 화가 에드바르 뭉크(1863~
1944)는 표현주의를 대표하는 걸작 '절규' 연작 네 점(유화 2, 템페라와 1,
파스텔화 1)에서 현대인의 불안하고 절망적인 심리상태를 대각선의 길
(다리)을 배경으로 역동적인 곡선으로 표현하고 있다. '미친 사람만이 그
릴 수 있다'는 낙서를 남긴 뭉크는 공포에 사로잡힌 주인공과 대조적으
로 뒤에 따라오는 두 친구를 평온하게 표현하였다. 낭만적인 노을마저
하늘이 뒤틀리는 공포로 느껴질 만큼 외롭고 불안정했던 뭉크는 평생
어두운 그림을 그릴 수밖에 없었다. 노르웨이 백야의 풍경을 그린 '다리
위의 소녀들' 12편 연작은 예외적으로 밝은 색채를 사용한 작품이다. 여
기에서도 원근법이 적용된 다리와 길은 원경에서 소실된다.

절규(뭉크, 1910), 위키미디어커먼즈   다리 위의 소녀들(1902)

그림에 나타난 우리 옛길

노상파안과 봉생천

　단원 김홍도가 그린 '노상파안'은 양반과 서민 가족이 길 위에서 우연히 만나는 광경을 재치 있게 그린 그림이다. 서로 어색하게 인사를 하는 두 그룹 구성원 나름의 인사방식과 심지어는 말과 닭도 나름대로 실감이 나는 표정을 짓는 해학이 넘치는 풍속화이다.

　오늘날 600m쯤 원형이 남아있는 토끼비리는 2007년 국내 최초로 명승으로 지정된 영남대로 옛길구간이다. 고려 태조 왕건이 토끼가 뛰어간 비리(벼랑의 사투리)를 따라가 길을 개척하였다는 데에서 유래한 이름이다. 영강 수면에서 30~60미터 높이의 험한 벼랑 허리께를 파서 만든 돌길은 무수한 발길이 오가는 동안 반들반들하게 달았다. 겸재 정선의 진경산수화 화풍을 따랐다는 권신응(1728~1787)이 그린 '봉생천'이란 그림 상단에 당시 토끼비리를 지나다니는 사람들의 모습이 아스라하게 묘사되어 있다.

김홍도 '노상파안'

권신응 '토끼비리' (봉생천)

정조대왕 환어행렬도 · 능행반차도

즉위 20년과 어머니 혜경궁 홍씨의 회갑을 맞은 정조 임금은 1795년 100여 명의 기마 악대를 앞세우고 깃발을 날리며 7박 8일의 행차를 시작한다. 어머니 혜경궁 홍씨의 회갑연을 3일에 걸쳐 열고 1789년 새로 조성한 아버지 사도세자의 묘소인 현륭원에도 참배하기 위해서였다. 불꽃놀이와 축포까지 터뜨린 이 행사는 시작부터 끝까지 성대한 구경거리로써 백성들에게는 놓칠 수 없는 구경거리였다. '화성행행도'는 이 7박 8일의 수원 행차 동안 치러진 중요한 여덟 가지 행사를 그린 병풍으로 당대의 화가인 김득신·김홍도 등 궁중 화원들이 참여한 것으로 알려졌다. 특히 7번째 그림인 '환어행렬도'는 창덕궁으로 돌아오는 과정에 수원 지지대고개에서부터 시흥행궁에 이르는 장대한 행렬을 그린 것이다. 말, 수레, 도보로 이동하는 수백 명의 인원과 길가에 운집한 백성들을 생동감 넘치는 표정까지 화려한 색감과 세밀한 묘사를 통해 18세기 최고의 풍속화이자 조선시대 최고의 궁중 기록화를 탄생시켰다. 특히 이 그림은 주요 배경이 되는 '시흥로'를 갈 짓자 구도로 배치하여 10여 명이 나란하게 행진하는 행렬 수백 명을 표현하였고, 길이 꺾이는 공간에 산수와 마을을 묘사하였으며, 길가에 구경나온 백성들의 자유로운 표정까지 세밀하고 생동감 있게 표현하였다. 현재까지도 수원시는 화성문화제 때 정조의 수원 행차를 따라 서울에서 현륭원까지 정조의 먼 여행을 재현하고 있다.

이때의 행사는 ≪원행을묘정리의궤≫라는 책에 상세하게 기록되어 있는데 한강에 설치된 배다리 건설 등 방대한 내용이 수록되어 있다. 화성으로 가는 모습을 기록한 '정조대왕 능행반차도'는 서울 청계천 광교와 삼일교 좌안에 세계 최대의 도자벽화(길이 194m, 높이 2.4m)로 재현되었다. 백자 도판 4,960매를 이어 붙여 1,770명의 인원, 770필의 말이 행진하는 모습과 구성원들의 지위까지 상세하게 담아서 청계천 산책 시 즐거운 볼거리가 되고 있다.

환어행렬도(작자 미상, 정조대)　　　　　청계천 '능행반차도'

조선통신사 행렬도

'조선통신사에 관한 기록'은 1607년부터 1811년까지 총 12차례에 걸쳐 일본에 파견한 조선통신사에 관한 기록(외교문서, 기행문, 일기, 서화 등)을 총칭하는 것이다. 2017년 10월 유네스코 세계기록유산에 등재되었다. 조선통신사 일행 500여 명은 도쿄까지 왕복 6~8개월에 걸친 여정에서 60여 개 지역을 방문하면서 일본인들과 교류하였다. 당시 조선과 일본의 사회상과 문화상이 자세히 담겼으며, 특히 거리에 대한 그림이 상당수 남아있다.

먼저 '조선통신사행렬도'는 조선 인조 14년(1636) 제4차 통신사 일행이 일본 에도로 들어가는 총 475명의 사행단을 그린 것이다. 세로

30.7cm, 가로 595cm의 대작으로 국립 중앙박물관에 소장되어 있다. 모두 말을 탄 통신사 구성원들의 상단에 이들의 직책이 기록되어 있고 행렬의 순서와 의장, 기물들도 자세하게 기록되어 있다.

 '조선통신사내조도來朝圖'는 에도(지금 도쿄)에 도착한 조선통신사 일행이 국서 봉정을 마치고 숙소로 돌아가는 광경을 담았다. 통신사행렬은 물론, 호기심 가득한 일본인들의 표정과 복장, 그리고 니혼바시日本橋 거리를 화려한 색감으로 보여주고 있다.

조선통신사행렬도

조선통신사내조도(일본 고베 박물관)

영화로 보는 길과 도로

감성 영화

길을 소재로 한 영화에서 가장 먼저 떠오르는 '길'(La Strada)은 페데리코 펠리니가 감독한 이탈리아 영화이다. 줄리에타 마시나·앤서니 퀸·리처드 베이스하트가 주연을, 니노 로타가 음악을 맡았다. 1954년 흑백으로 제작되어 베네치아영화제 은곰상과 아카데미 국제영화상을 수상한 길은 우리나라에서도 인기가 높았고, 세계 영화사상 고전의 반열에 올랐다. 가난 때문에 유랑 서커스단에 팔려 간 착하고 맑은 영혼의 소유자 젤소미나와 잠파노가 길을 떠돌며 펼치는 비극적인 삶의 과정을 그린다. 조금은 부족한 젤소미나가 몇 번 선택의 갈림길에서 스스로 고른 길은 결국 그녀를 비극적인 죽음으로 이끌었다. 주인공들의 고단하고 슬픈 삶을 서정적이고 아름다운 트럼펫 선율로 만들어낸 니노 로타의 걸작 등 이탈리아 영화계의 특급 인재들이 제작에 참여하였다.

흑백영화 '애수'(1940)는 세기의 선남·선녀 로버트 테일러와 비비언 리가 주연으로 본래 제목은 '워털루 브리지'이다. 제1차 세계대전이 한창이던 어느 날 영국 런던 템스강 워털루 브리지에서 산책하던 영국 육군 대위 로이 크로닌은 러시아 발레리나 마이러 레스티를 만나 빠르게 사랑에 빠지게 된다. 행복한 시절은 잠시, 전쟁과 생활고와 오해로 정조를 잃은 자책감에 절망한 마이러는 그들이 처음 만났던 워털루 브리지에서 달려오는 자동차에 몸을 던져 짧고 비극적인 사랑과 생을 마감한다. 세월이 흘러 영국이 독일에 선전포고를 한 1939년 9월 3일 저녁 마이러가 준 마스코트를 만지작거리면서 안개 자욱한 워털루 브리지에 나타난 48세의 로이 대령은 아직도 독신이다. 차이콥스키 '백조의 호수'와 스코틀랜드 민요 '올드 랭 사인' 선율마저 구슬프다. 1817년 개통된 첫 번째 교량을 대신하여 두 번째 교량이 1938년에 착공하여 1942년 개통되었다. 전쟁에 나간 남성들을 대신하여 여성들이 건설에 참여하여 '여성의 다리'(Ladies' Bridge)로도 알려졌다.

'나의 산티아고'(2016)는 최고의 전성기를 누리던 코미디언 하페가 과로로 쓰러져 수술 뒤 무력감에 빠진 후 충동적으로 오른 산티아고 순례길에서 겪는 고통, 외로움, 동지애, 그리고 완주의 기쁨을 그린 독일 영화이다. 국내 영화 '산티아고의 흰 지팡이'(2019)는 1급 시각장애인과 대안학교 고등학생이 서로 의지하여 완주하며 나를 찾는 과정을 그렸다.

'퐁네프의 연인들'(1991)은 파리의 중심 센강에서도 가장 유명한 다리 퐁네프에서 펼쳐지는 우울한 러브스토리이다. 시력을 잃은 화가 미셸(줄리엣 비노쉬)과 수면제에 의존하는 노숙자 알렉스(드니 라방) 보수공사로 폐쇄된 퐁네프에서 노숙한다. 절망 속의 사랑과 갈등, 이별을 거쳐 다시 재회한 두 남녀는 서로 부여안고 센강으로 투신하지만, 모래운반선에 구조되고 여행은 계속된다.

'매디슨 카운티의 다리'(1995)는 1965년 매디슨 카운티에 있는 나무

교량들을 찍으러 온 사진작가 로버트 킨케이드(클린트 이스트우드)와 아이오와 농장에 사는 프란체스카 존슨(메릴 스트리프) 간 중년의 로맨스이다. 로버트 제임스 윌러가 1992년 발표한 동명의 인기 소설이 원작이다. 4일간의 강렬한 사랑 뒤 가정을 지키려는 프란체스카는 함께 떠나지 못하고 남는다. 그들은 다시 만나지 못한 채 차례로 세상을 떠나고 프란체스카는 3권의 일기를 남긴다. 자녀들은 프란체스카의 유언에 따라 추억이 담긴 로즈맨 다리에 유골을 뿌린다.

'비포 선셋'(2004)은 전작 영화 '비포 선라이스'(1995)에서 기약 없는 비엔나의 이별 후 9년 뒤 파리, 오래된 셰익스피어 서점에서 다시 만난 제시(에단 호크)와 셀린(줄리 델피)의 이야기이다. 다양한 파리 여름 거리 풍경을 멋지고 낭만적으로 보여준다. 처음 만난 셰익스피어 서점부터 시작해서 카페로 이동하는 블록으로 포장된 골목길은 하얀 건물들과 어울린다. 공원에 갔다가 유람선을 타기 위해 걷는 센 강변의 가로수길도 아름답다. 이 영화 촬영지의 백미는 파리의 대표적인 공중산책로인 플랑테 산책로이다. 꽃과 녹음이 우거진 파리 스카이라인의 허리께를 9년간의 헤어짐에 대해 대화하며 오랫동안 손잡고 걷는다. 서로의 진심을 확인하는 가운데 해는 저물고, 또다시 헤어져야 할 시간이 다가온다. 참고로 전작인 '비포 선라이스'(1995)는 파리와 비엔나를 연결하는 유럽 횡단 열차에서 만난 남녀의 만남과 사랑을 그린 낭만적인 기차여행과 빈의 명소를 다룬다. 세 번째 시리즈인 '비포어 미드나잇'(2013)에서는 그리스 해변마을 카르다밀리에서 현실 부부가 된 두 사람의 결혼 후 이야기가 그려진다. 비포 시리즈 3편의 배경이 된 도시들의 사랑의 경로를 따라 영화 투어와 기차여행이 인기를 얻기도 했다.

비엔나 거리('비포 선라이즈')   플랑테산책로('비포 선셋')

액션 영화

'데이라잇'(1996)은 뉴저지와 맨해튼을 연결하는 유서 깊은 홀랜드 터널이 배경이다. 하루 50만 명이 이용하는 터널이 유독 폐기물을 실은 트럭의 폭발로 아수라장이 되자 전직 응급구조대장 킷(실베스터 스탤론)이 생존자들과 함께 위기를 극복하고 밝은 햇살을 보게 되는 내용이다. 제임스 캐머런 감독의 '트루라이즈'(1984)에서 하이라이트는 해리(아널드 슈와즈네거)가 딸을 구하기 위해서 해리어 전투기를 타고 매버릭 미사일로 플로리다 키웨스트 교량을 박진감 있게 때려 부수는 장면이다. 철거 예정이었던 다리를 실제 미사일로 폭파했다.

'미션임파서블3'(2006)에서 이단(톰 크루즈)을 추격하면서 폭격하는 다리는 버지니아주의 체사피크만 다리로 설정되었지만, 두 달 동안 만든 세트에서 촬영한 것이라 한다. 자동차 추격 장면을 찍기 위해 '매트릭스 2-리로디드'(2003)에서 미국 캘리포니아 앨러미다 해군기지에 3.2km 길이의 고속도로를 만들었는가 하면, '터미네이터3'(2003)에서는

1km 길이 4차로 고속도로를 만들었다고 한다.

이밖에 '콰이강의 다리'(1957), '더 브릿지'(1959), '레마겐의 철교'(1969), '머나먼 다리'(1995)도 다리를 소재로 한 전쟁영화이다.

스피드와 라라랜드의 배경이 된 고속도로 입체교차로

영화 '스피드'와 '라라랜드'와 같은 히트작의 명소가 된 고속도로 입체교차로도 있다. 로스앤젤레스 국제공항 동쪽에 고속도로 105번과 110번이 만나는 입체교차로는 1993년 완공되었으며 최고점의 높이가 39m에 달한다. 교차로 이름은 I-105 고속도로 건설 분쟁 소송을 주관한 연방법원 판사 Harry Pregerson 이름을 붙였다. 키아누 리브스와 샌드라 블록이 주연한 영화 '스피드'(1994)는 폭발물이 설치된 버스가 시종일관 로스앤젤레스 도심 도로를 질주하는 액션 영화다. 아직 연결되지 않은 고가도로 구간을 버스가 점프하는 하이라이트 장면은 개통 전에 촬영되었으며 CG 작업으로 단절구간을 만들어냈다. 뮤지컬 영화 '라라

I-105/I-110 Judge Pregerson 입체교차로, 위키미디어커먼즈

고속도로 오프닝('라라랜드')

랜드'(2016)에서 교통체증에 짜증을 내던 운전자들이 고가도로에서 펼치는 춤과 노래 Another Day of Sun도 여기에서 촬영되었다. LA 다운타운을 배경으로 하여 교통을 차단하고 40명의 댄서와 60대의 차량 그리고 수백 명의 엑스트라가 동원된 6분간의 장면은 2016년 최고의 오프닝 장면으로 선정되었다.

브루클린교와 금문교를 배경으로 만들어진 영화

미국 동쪽 뉴욕 브루클린 다리와 서쪽 샌프란시스코 금문교는 미국의 번영과 기술력을 상징하는 문화재급 현수교로 수많은 영화의 배경이 되었다. '온 더 타운'(1949), '백만장자와 결혼하는 법'(1953), '투 포더 시소'(1962), '멋진 광기'(1966), '프렌치 커넥션'(1971), '콘도르의 3일'(1975), '마라톤 맨'(1976), '토요일 밤의 열기'(1977), '블랙 레인'(1989), '루시가 떨어진다면'(1996), '더 시즈'(1998), '바닐라 스카이'(2001), '하우스 오브 D'(2004), '투 머니'(2005), '스테이'(2005), '미스터 & 미스 스미스'(2005), '매혹'(2007), '섹스 앤드 시티'(2008), '트랜스포머: 타락한 자의 복수'(2009), '리미트리스'(2011), '라스트 베가스'(2013), '존 윅'(2014) 등 수백 편에 이른다. 1940년대부터 현재까지 촬영 시기에 따라 브루클린교의 변화를 보는 것도 재미있다.

샌프란시스코의 상징인 금문교는 1937년 완공 당시 세계에서 가장 큰 다리였다. 강렬한 오렌지색으로 단장된 수려한 디자인과 영화 때문에 유명세가 높아 100편이 넘는 영화가 촬영되었다. '다크 패세지'(1947),

'자신을 속인 남자'(1950), '온 더 비치'(1959), '더티 해리'(1971), '그라운드 제로'(1973), '하이 앤사이어티'(1977), '수퍼맨'(1978), '눈에는 눈'(1981), '잭 베어'(1993), '뱀파이어와의 인터뷰: 뱀파이어 연대기'(1994), '와일드 캘리포니아의 모험'(2000), '프린세스 다이어리'(2001), '더 룸'(2003), '헐크'(2003), '엑스 맨: 라스트 스탠드'(2006), '더 브리지(I)'(2006) 등이다.

도로 스포츠 영화

스포츠와 감동을 결합한 스포츠 감성 영화는 끊임없는 사랑을 받았다. 특히 도로에서 열리는 마라톤, 로드 사이클, 자동차경주 등은 필연적으로 도로가 주요 배경일 수밖에 없어서 도시를 홍보하는 좋은 소재이다.

마라톤을 소재로 한 외국영화는 '마이웨이'(1975), '포레스트 검프'(1994), '리틀 러너'(Saint Ralph)가 있다. 한국 영화는 '러브'(1999), '말아톤'(2005), '맨발의 기봉이'(2006), '페이스 메이커'(2012), '보스턴 1947'(2020)이 꼽힌다.

한 나라나 도시의 도로를 파악하거나 홍보하는데 최고의 소재는 로드 싸이클 경기이다. 세계 최고의 로드 싸이클 경기인 뚜르 드 프랑스를 배경으로 '챔피언프로그램'(2016), '뚜르 드 프랑스: 기적의 레이스'(2014), '체이싱 레전드 2010'(2010), 한국 영화 '뚜르: 내 생애 최고의 49일'(2017)이 만들어졌다. '파풍'(2016), '프리미엄 러쉬'(2013), '플라잉 스코츠맨'(2007), '겁쟁이 페달'(2015), '나스 안달루시아의 여름'(2003)도 싸이클 영화이다.

로드 무비 따라가기

여정을 다루는 로드 무비

　로드 무비(Road Movie)란 주인공이 여정을 떠나는 와중에 벌어지는 사건들을 다룬 영화이다. 목적지가 아니라 장소의 이동을 따라가는 여정을 다루며 이야기가 진행되는 특성이 있다. 주인공에게는 어떤 장소, 물건 혹은 사람을 찾아서 길을 떠나야 하는 이유가 있으며, 그 과정에서 주인공에게 일어나는 사건과 주인공 자신의 정신적 성장이나 파멸이 로드 무비의 주제이다. 영화가 관심 있는 것은 목적지 도착 성공 여부가 아니라 여행과 여정에서 주인공에게 일어난 변화이기 때문이다. 여정 영화라고 부를 수 있는 로드 무비에서 삶은 인생길의 축소판인 길을 따라 걷거나 자동차로 여행하는 것이다. 로드무비 주인공들은 대부분 상처받은 사회적 약자들이며 그들의 삶은 대부분 고단하다.

외국의 로드 무비

　로드 무비의 고전인 '오즈의 마법사'(1939)가 나온 이래 수없이 많은 영화가 길의 서사를 사용했다. 지금과 같은 로드 무비라는 개념이 자리 잡은 건 제2차 세계대전 후이다. 이미 1940년대 이전부터 자동차가 일상에 자리 잡았으나 스튜디오 촬영을 중심으로 제작이 진행되었다. 현장 촬영과 현실감을 중시하는 네오리얼리즘을 거치면서 변화가 시작되었다.

1960~1970년대 전 세계를 풍미한 뉴웨이브 영화들은 로드무비의 전통을 세우게 된다. 아서 펜의 '우리에게 내일은 없다'(Bonnie and Clyde, 1967)와 데니스 호퍼의 '이지 라이더'(1969), 빔 벤더스의 '도시의 앨리스'(1974), '길의 왕'(1976) 등이 그 대표작들이다.

이후 로브 라이너의 '스탠 바이 미'(1986), 빔 벤더스의 '베를린 천사의 시'(1987), 리들리 스콧의 '델마와 루이스'(1991), 로저 에반 래리의 '노킹 온 헤븐스 도어'(1994), 알렉산더 패인의 '어바웃 슈미트'(2002) 등이 발표되었다.

영화 '보니와 클라이드'(1967)는 한국에서 우리에게 '내일은 없다'로 개봉되었다. '길 위에서'에 이어 사회적 비평과 반항이란 관점에서 새로운 지평을 열었다. 남성 커플이 주인공이던 '길 위에서'와 달리 남성과 여성 커플이 주인공으로 등장한다. 대공황에 시달리던 1930년 무렵 카페 웨이트리스를 하던 보니(페이 다나웨이)는 감옥에서 출소한 클라이드(워런 비티)를 만나 은행 강도 생활을 하던 중 경찰을 살해하게 되고 2년여의 도망길에 오른다. 결국 경찰의 함정에 빠진 그들은 무차별 총격에 생을 마감한다.

리들리 스콧 감독의 '델마와 루이스'(1991)에서는 이제 여성 커플이 로드 무비의 주인공으로 등장한다. 가부장적인 남편에게서 벗어난 델마와 불안전한 일터에서 탈출한 루이스가 함께 도망하는 과정에서 점차 능동적이고 주체적으로 변화한다. 살인과 도둑질, 트럭 폭파를 일으키며 FBI 추적에 쫓기다가 그랜드 캐니언 절벽 위 막다른 길에 몰리게 된다. 두 여인은 미소를 지으며 두 손을 꼭 잡고 자동차를 몰아 투신을 선택하는 극적인 종말을 보여준다. 남성 중심 사회에 투항하기보다는 죽음을 주체적으로 택함으로써 여성의 운명을 스스로 결정하였다.

한국의 로드무비

이만희 감독의 '삼포 가는 길'(1975) 이후 이장호 감독의 '바보 선언'(1983) · '나그네는 길에서도 쉬지 않는다'(1987), 배창호 감독의 '고래사냥'(1984), 임권택 감독의 '만다라'(1981) · '서편제'(1993) · '취화선'(2002), 이명세 감독의 '개그맨'(1988), 여균동 감독의 '세상 밖으로'(1994), 조민호 감독의 '정글 쥬스'(2002), 김인식 감독의 '로드 무비'(2002) 등이 대표적이다.

1973년 발표된 황석영의 원작 소설을 영화화한 '삼포 가는 길'(1975)은 이만희 감독의 49번째 작품이자 유작으로 한국 로드무비의 출발로 평가받는다. 고향을 잃어버린 막노동꾼 영달(백일섭), 전과자 정씨(김진규), 술집에서 일하는 백화(문숙) 세 사람이 정씨의 고향으로 설정된 가상의 마을 삼포를 찾아간다. 눈 덮인 설원의 추위를 서로의 체온에 의지해 견디며 가는 길에 이제는 많은 사라진 풍경들이 길가에 나타난다. 곡절 끝에 도착한 삼포는 산업화로 개발 중이어서 더 이상 고향이 아니다. 길은 거기서 끝나고 세 사람은 다시 각자의 길을 떠난다.

이청준의 동명 소설을 1993년 영화화한 '서편제'는 임권택 감독, 김명곤·오정해·김규철이 주연을 맡았으며 김수철이 영화음악을 담당하였다. 서울 단성사에서 196일 동안 1백만 관객, 전국 290만이란 신기록을 세웠으며 '천년학'이 수록된 OST 앨범도 70만 장을 넘겼다. 판소리와 한을 소재로 하여 한국 영화는 물론 한국 전통문화가 부흥하는 계기가 되었는데 영화 배경으로 보성의 소릿재, 청산도 서편제길 등이 주요 배경으로 나온다. 득음을 위해서 고민하던 수많은 고비와 실제 길들은 선택과 결과란 관점에서 유사하다. 이른 봄날, 파릇파릇 싹이 나기 시작한 보리밭 사이로 갈지자로 난 돌담길을 따라 주인공 일가족 세 명이 멀리서부터 걸어오며 진도아리랑을 흥겹게 부르며 춤을 추는 5분여의 롱테이크 장면은 한국 영화사상 가장 아름다운 장면으로 손꼽힌다. 연출, 연기, 배경, 촬영, 음악이 어우러진 이 장면 하나만으로도 서편제의 존재 이유가 충분하다고 할 수 있을 지경이다. 완도군 청산도 슬로길 1코스에 포함된 서편제길은 보리싹이 짙어지고 유채꽃이 흐드러지게 피는 3~4월이면 전국에서 손꼽히는 걷기 길이 된다.

영화 '로드무비'(2002)에서는 세상이 버린 세 사람의 남녀가 정처 없이 길을 떠나고 카메라는 그들의 길을 따라간다. 황정민의 데뷔작으로 당시로서는 불편한 소재인 남성 간 사랑을 현실적이고 치밀하게 다루었다.

'고래사냥'(1984)이란 뛰어난 로드무비를 만들었던 배창호 감독은 영화 '길'(2004)에서 페데리코 펠리니 감독의 길과 동명의 제목을 택하여 예술영화에 대한 애착을 강조하였다. 친구와 아내의 불륜을 오해한 대장장이 태석(배창호)은 전국의 장터를 떠돌아다니면서 평생을 길 위에서 보낸다. 마침내 친구의 장례식장에서 아내에 대한 오해를 해결하여 상처를 지우고 새로운 길을 떠나게 된다. 영화 곳곳에서 70년대 이후 사라져 가는 전라도·강원도의 흙길, 황톳길, 둑길, 오솔길, 산길들이 아름다움과 그리움을 뽐내지만, 그 길들은 전혀 반듯하지 않고 구불구불 휘돌아 가면서 삶의 길이 전혀 녹록지 않다는 것을 암시한다.

노동석 감독의 '우리에게 내일은 없다'(2006)는 암울한 현실을 벗어나려는 청년들이 주인공으로 나오는 청춘 영화다. 고등학교를 그만두고 세차 일하는 종대(유아인)는 대리운전하며 생활하는 이웃 형 기수(김병석)와 답답한 현실에서 벗어나려다가 사기를 당하고, 김 사장(최재성)이 운영하는 안마시술소에 취직하면서 사건에 휘말리게 된다. 이윤기 감독의 '멋진 하루'(2008)는 1년 전에 헤어진 여자친구 희수(전도연)에게 빌린 돈 350만 원을 갚기 위해 길을 나선 병운(하정우) 두 사람의 불편한 하루 여정을 그렸다. 58곳에 달하는 서울의 구석구석을 담담하게 보여준다.

우표로 본 한국의 도로

우표는 과거, 현재, 미래를 상징하는 거울

우편요금을 냈다는 것을 증명하는 '우표'는 정부가 발행하는 증표이다. 우표는 그 나라와 사회의 문화적 성격과 생활상이 그대로 담겨 있고 우수한 문화와 국민적 정서와 가치가 담겨 있기도 하다. 우정사업본부의 우표 발행기준은 국제행사와 범국민적 행사, 역사적으로 기념할 중요 인물이나 사건, 자연과 생물과학, 문화재, 전통문화 등 국내외 홍보가 필요하다고 판단되는 경우이다.

행정안전부의 국가기록원은 우리나라의 공공 및 주요 민간·해외 기록물을 수집하고 보존하며, 기록물의 열람 서비스를 제공하고 있는데, 국가기록원에 게시하고 있는 '국토의 대동맥 경부고속도로 건설—길을 보여주다' 섹션은 경부고속도로 관련 주요 기록물을 기록정보 컨텐츠로 개발하여 국가의 변화 발전상을 국민과 공유하고자 제작하였으며, 총 502건의 주요 기록물을 웹으로 제공하고 있는데, 국가기록원은 경부고속도로의 건설을 기념하기 위한 별도의 '고속도로 길 우표' 섹션을 구성하여 1968~2001년에 발행된 고속도로 길 우표들의 우표대장과 안내카

드의 기록을 보존, 열람하고 있다. 국가기록원에 의하면 우리나라 우표에서 도로가 등장한 것은 1968년 제2차 경제개발 5개년 계획의 고속도로와 입체교차로의 건설을 계획하면서부터이다. 그 이후 1970년 서울-부산간 경부고속도로 준공을 기념하고, 새마을 사업의 도로건설, 2001년 경부고속도로 30주년 기념 우표 등이 있다.

경제개발과 함께 건설된 고속도로 기념우표 및 스탬프들

한국의 아름다운 도로와 관광지의 길

우정사업본부는 도로의 기능을 넘어 수려한 풍광 사이를 관통하며 비경을 품고 있는 한국의 아름다운 4개의 도로를 2017년에 선정하여 우표로 발행했다. 고창담양고속도로는 남도의 아름다운 산새를 따라 빼어난 경관을 즐길 수 있고, 당진영덕고속도로는 험준한 산악 구간의 변화무쌍한 자연의 풍경을 감상할 수 있으며, 익산포항고속도로는 험악한 산악 지대에 숨어있는 사계절의 수려한 경치를 보여주며 주왕산의 청송과 대게의 고장 영덕을 연결해 준다. 흑산일주로는 흑산도의 해안선을 따라 조성되어 남해에 떠 있는 수많은 섬이 만드는 비경과 문화유적, 하늘 위에 떠 있는 느낌을 주는 하늘 도로, 열두굽이길을 만날 수 있다.

한국의 관광지의 아름다운 길은 '한국인이 꼭 가봐야 할 관광지' 시리즈의 두 번째 묶음으로, 제주 올레길과 월정사 전나무숲길, 하동 십리벚꽃길, 영덕 블루로드의 4개 길을 선정하였다. 제주 올레길은 제주도 해안 지역을 중심으로 오름, 해안길, 산길, 들길 등을 연결해 제주도의 아름다운 경치를 즐기며 걸을 수 있으며, 월정사 전나무숲길은 강원도 평창 월정사의 80년 이상 된 전나무 1,800여 그루가 빼곡한 길로 유명하다. 하동 십리벚꽃길은 50~70년 수령의 벚나무 1,200여 그루가 4월이면 터널을 이루는 길로 화개장터에서 쌍계사로 들어가는 구간이다. '영덕 블루로드'는 영덕의 수려한 해안 풍경을 즐기며 걸을 수 있는 해안 도보 길로 '환상의 바닷길'로 알려져 있다.

한국의 아름다운 도로 우표들(2017)

한국의 관광지의 아름다운 길 우표들(2016)

해안 경관도로

삼면이 바다인 우리나라의 동해, 서해, 남해의 아름다운 풍광을 감상할 수 있도록 아름다운 해안 경관도로 4개소를 2021년에 선정하여 기념우표로 발행하였다.

강릉 헌화로는 동해안 최고의 드라이브 코스로 손꼽히며 강릉시 금진해변에서 심곡항을 거쳐 정동진항까지 이어지는 2.4㎞ 코스로 도로변 난간 높이가 낮아 강원도의 바다를 차 안에서도 한눈에 감상할 수 있다. 삼국유사에 실린 '헌화가'의 배경이 이곳 풍경과 유사하다고 한다.

서해안의 영광군 백수해안도로는 원불교 영산성지에서 구수리, 대신리를 거쳐 백암리까지 이어진 약 18.4㎞ 구간으로 해넘이를 차 안에서 파노라마로 만끽할 수 있고 멈추어 바다 풍광을 즐길 수도 있다. 백수해안도로는 2006년 '국토해양부 한국의 아름다운 길 100선'에 선정되었고, 2011년 '제1회 대한민국 자연경관대상' 최우수상도 수상하였다.

제주도 신창풍차해안도로는 해상풍력단지가 조성되어 있어 도로를 따라 줄지어 서 있는 풍차를 만날 수 있고 하얀 풍차와 에메랄드빛 바다, 멀리 보이는 차귀도 등 구불구불 해안도로를 중심으로 다양한 볼거리가 눈앞에 펼쳐지는 해안도로를 달리다 보면 생태체험장을 지나게 된다.

　　남해 물미해안도로는 구불구불 굽이도는 길에 꽃과 단풍, 기암괴석, 에메랄드빛 바다까지 어우러진 모습이 마치 비단처럼 곱다 하여 '한려 해상을 품은 비단길'이라고 불리기도 한다. 남해의 대표 12경 중 하나로 선정되었으며, 도로 중간에 남해바다 전망대가 설치되어 있다.

해안 경관도로의 풍경을 담은 도로(2021)

우표로 본 해외의 도로

　세계도로대회(World Road Congress)는 1909년 설립되고 122개 국가의 정부가 회원이다. 프랑스 파리에 본부를 둔 비영리 단체인 세계도로협회(PIARC)가 4년마다 개최하는 세계 도로인의 축제로서 각국의 도로국장이 대표가 되는 국제대회이다. 우리나라도 1996년 정부회원으로 가입하였으며 2015년 제25회 서울대회를 개최하였다.

　세계도로협회는 세계도로대회 개최를 기념하는 우표를 개최국의 협조로 여러 차례 발간하였는데, 첫 번째 발행은 1955년 터키 이스탄불이다. 이후 1959년 브라질 리오드자네이로, 1967년 일본 동경, 1971년 체코 프라하, 1975년 멕시코 멕시코시티, 1979년 오스트리아 비엔나, 1991년 모로코의 말라퀘에서 각각 세계도로대회 개최를 기념하는 우표가 발행되었다. 멕시코의 경우 50년의 도로건설 역사를 기념하고, 오스트리아는 터널기술을 강조하는 우표로 발행되었다.

　캐나다 몬트리올은 1995년, 말레이시아 쿠알라룸푸르는 1999년에 양국의 세계도로대회 개최를 기념하고 도로기술을 상징하는 교량과 도로 우표를 발행하였다.

세계도로협회의 세계도로대회를 기념하는 각국의 우표들

한편 민간이 주축이 된 세계도로연맹인 IRF(International Road Federation)도 캐나다에서 IRF가 주관한 세계도로대회 기념우표를 발행하였으며, 일본의 해외협력단인 JICA(Japan International Cooperation Agency)도 방글라데시에 지원한 일본의 도로사업을 우표로 발행하였다. 뉴질랜드의 경우 1964년에 사회문제화 되고 있는 도로교통안전 캠페인을 위한 우표가 국가무사고의 날에 발행되었고, 실크로드 노선을 보여주는 우표가 이란에서 2018년 발행되었다. 호주의 경우 도로관광 홍보를 위한 시리즈 우표를 발행하였다. 캐나다의 경우 캐나다 횡단도로 150주년을 기념하는 단풍잎 모양을 우표를 발행하기도 하였다.

기념 우표의 발행과 함께 발행한 첫날에 처음으로 우표를 붙인 봉투를 초일봉투라고 하는데, 일반 봉투와는 다르게 그날 발행되는 우표와 관련된 그림이 인쇄되어 있고, 해당 기념우표와 일부인이 찍혀 기념우표와 함께 발행되어 소장가치가 높게 평가된다.

캐나다가 발행한 세계도로대회 기념우표

말레이지아가 발행한 세계도로대회 기념우표

IRF와 JICA 등이 발행한 도로 기념우표

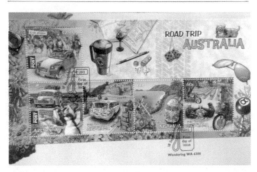

말레이시아, 캐나다와 호주의 세계도로대회 등 기념 초일봉투(1983)

참고문헌(3부 2장)

[단행본]

이세기, ≪죽기 전에 꼭 봐야 할 한국 영화 1001≫, 마로니에북스, 2011.

[전자문헌]

국가기록원(www.archives.go.kr) <고속도로 길 우표>, 2022. 2. 25. 접속.

두루누비(https://www.durunubi.kr/) 2022. 2. 01. 접속.

한국민족문화대백과사전, 기행문학 2022. 2. 01. 접속.

http://www.kroad.kr/kroad_27.html, 2022. 2. 25. 접속.

https://journeyjottings.com/blog/2012/10/australia−road−trip−stamps−by−australia−post/.

https://stampaday.wordpress.com/2020/01/08/iran−yt−bf64−the−silk−road/.

https://teara.govt.nz/en/postage−stamp/32067/road−safety−stamp, 2022. 2. 25. 접속.

https://www.fnnews.com/news/201608110949422733, 2022. 2. 25. 접속.

https://www.khan.co.kr/article/201709271200021, 2022. 2. 25. 접속.

https://www.korea.kr/news/policyNewsView.do?newsId=148620961.

Postal Stamps and World Road Congresses, PIARC, N°61, 2014.

[국외문헌]

Cassandra Capewell, The American Road Narrative: A Brief History, 2015.

3장

도로와 사회

도로의 입체화 강정규

도로와 도시성장의 관계 강정규

도로 형태와 정치구조 강정규

좌로 가는 나라 우로 가는 나라 강정규

도로 공급 비용을 낮출 수는 없는가 강정규

도로와 토지 비용 강정규

도로를 이용하는데 통행료를 내야하나 강정규

도로가 만들어낸 일자리 강정규

국가유산으로 지정된 도로와 시설 강정규

도로에서 벌어지는 스포츠 이벤트 강정규

도로의 입체화

도로 입체화 배경

세계 주요 도시의 간선도로 개발과정에서 발견되는 공통적인 현상들이 있다. 초기에 도로나 철도 등 교통시설은 당연히 지상에 건설되었다. 주요 교통시설 주변으로 사람이 몰리고 토지이용 밀도가 높아져 혼잡이 생겨났다. 소득과 자동차등록 대수가 빠르게 증가하면서 자동차 중심의 교통시설을 확보하는 데 모든 역량이 집중된다. 기존 교통시설 위에 새로운 교통시설이 고가구조물 형태로 들어선다. 사회의식이 점차 성숙하면서 도시경관이나 환경, 보행자에 대한 고려가 높아진다. 시대와 환경에 따라 운전하기 좋은 도로와 도시를 만들 것이냐 살기에 적합한 도시를 만들 것이냐 하는 가치관은 변화한다. 고가구조물을 철거하여 지상 도로는 대중교통과 보행자에게 돌려주고, 대신에 돈과 기술을 바탕으로 지하 교통시설을 늘려간다. 도로축의 이동성은 지하도로가 담당하고, 접근성과 공간기능은 지상 도로가 담당하는 것이 현재의 흐름이다.

이동성과 토지이용 효율, 안전성 등의 장점으로 대도시에서 도시고속도로 필요성은 높아진다. 서울시에서 내부순환로나 올림픽도로와 같은 도시고속도로 8개 노선(208.9km)이 운영되고 있는 이유이다. 그러나 도시고속도로변 토지이용이 점차 고도화됨에 따라 도로의 양측이 단절되고 접근성이 제한되는 단점이 커지게 되었다. 새로 만들어지는 간선도로가 공중으로 올라가거나 지하로 내려가는 사례가 늘어난 배경이다.

고가도로 동향

고가도로 건설은 지하도로보다 기술이나 재정 측면에서 덜 도전적이지만 지역단절, 배출가스, 소음, 미관 등의 문제가 있다. 미국 보스턴, 샌프란시스코 등 서구의 많은 고가도로는 논란 끝에 역사에서 사라졌다. 반면에 1964년 도쿄올림픽을 준비하면서 대거 건설되었던 일본 도쿄와 오사카 시내에는 수백km에 달하는 고가도로 네트워크가 아직도 유지되고 있다.

1970년대 서울시 간선도로에 생겨난 교통혼잡을 완화하기 위해 주요 병목지점에 많은 고가도로가 건설되었다. 비용과 기술에서 상대적으로 자유로울 뿐 아니라 아직 도시경관이나 환경과 관련된 반대가 거세지 않던 시기라 가능했다. 삼각지로터리고가도로(1967년)·아현고가도로(1968년)를 시작으로 청계천고가도로(1969)·서울역고가도로(1970) 등이 건설되어 최고 101개에 도달하였다. 그러나 고가도로는 운전하기에는 편리했지만 쾌적한 보행이나 아름다운 도시환경과는 거리가 있었고, 교통량이 줄어드는 곳도 여럿 생겨났다. 시간이 흘러 고가도로 시설 노후에 따른 안전성 저하·지역 슬럼화·경관 저해 등의 내적 문제가 커졌다. 지하철과 중앙버스전용차로 등 대중교통·보행·무동력 교통수단 활성화란 외적 원인도 더해져서 고가도로들이 생명을 이어가지 못하게 되었다. 삼각지로터리(1994년)·떡전(2002)·노량진수원지(2003)·원남(2003) 고가도로에 이어 1976년 생겨난 청계고가도로가 2003년에 헐렸다. 1970년 태어난 서울역 고가도로는 2017년 보행자전용길인 서울로7017로 용도가 바뀌었다. 2015년 서대문고가도로까지 18개가 철거되었고, 2016년에 계획된 한남2·구로·노들남·노들북·선유·사당·강남터미널·영동대교북단 고가차도 철거가 완료되면 도로나 철도 횡단이나 도로기능 유지를 위한 75개 고가차도 정도만 유지될 것이다. 현재 서울시 고가차도는 94개소의 총연장은 85.54km에 달한다. 부산에서도 도시재생의 방편으로 1995년 준공된 동서고가도로(10.86km)에 대한 철거 논의가 진행 중이다.

지하도로

이동성 확보에 대한 갈망은 자연스럽게 지하공간의 활성화로 진전하게 되었다. 2000년대 들어 세계 주요 도시에서 본격적으로 지하도로가 개통되기 시작하였다. 2006년 보스턴의 빅 딕(147억 불)에 이어 2007년 마드리드 M30 지하화(37억 유로)가 마무리되었다. 파리 A86 West 동·서 터널(2.23억 유로)이 각각 2009년과 2011년, 그리고 도쿄의 야마테 터널(1조 5,600억 엔)이 2010년 1단계에 이어 2014년 최종 완공되었다. 이상의 사례들은 모두 십 년 이상의 장기적인 계획과정을 거쳤고, 천문학적인 공사비와 기술적인 도전을 감내하면서도 입체교차로를 확보하여 도로의 네트워크 기능을 강화하였다는 공통점이 있다.

외국 주요 지하도로의 건설 유형은 크게 두 가지이다. 첫째는 기존 도로 지하에 신규 도로를 건설하여 교통기능을 높이는 것이다. 도로 네트워크 효과가 높은 외곽순환고속도로 건설 구간에 이런 유형이 많은데, 일본 도쿄 중앙환상선 야마테널, 프랑스 파리의 A86 고속도로 서부 구간 등이 대표적이다. 둘째는 기존 지상부 도로의 교통기능을 지하로 옮기면서 지상부 도로의 공간기능을 회복하는 도시재생 유형이다. 보스턴의 빅 딕이나 마드리드의 M30 고속도로가 대표적이다.

한국 지하도로 동향

서울시에는 현재 터널 48개소(연장 25.3km)와 지하차도 163개소(연장 54.2km)가 설치되어 있다. 토지취득 비용이 많이 들고, 환경·공간에 관한 관심 고조, 건설기술의 발전, 통행시간 가치 증가 등 종합적인 사업 타당성이 상대석으로 높아졌기 때문이다. 친환경 자동차와 자율주행의 비중이 높아질수록 지하도로 선호도는 높아질 것으로 예상된다.

우리나라에서도 대규모 지하도로 프로젝트가 상당수 진행되었고 제안되고 있다. 분당~내곡 고속화도로가 판교신도시를 통과하는 2.3km 구간에 광장지하차도가 2009년부터 운영되고 있다. 국도 48호선이 김포 한강신도시를 통과하는 2.2km 구간에 장기지하차도가 2012년 완공되었다. 서울시 강남순환로 23.2km(2017)에 이어 2021년 서부간선도로(10.33km)와 제물포터널(7.55km)도 개통되었다. 영동대로 지하 환승센터와 경부고속도로 동탄 구간(1.2km) 지하화도 진행되고 있다.

현재 민간 투자로 진행되고 있는 수도권 지하도로 사업은 동부간선도로 지하화(13.5km), 장수~김포 고속도로(18.4km) 등이 있다. 오산~용인 고속도로와 서창~김포 고속도로에는 장거리 대심도 지하터널이 포함되어 있다. 이를 통하여 단순한 링크뿐 아니라 IC, JC 등 지금보다 훨씬 고도화된 지하 입체교차로가 들어설 예정이다.

부산시에서도 도로용량 확보나 도심 재생 목적으로 지하도로 건설을 적극적으로 추진하고 있다. 2015년 동서 간 4개 축과 남북 간 1개 축 총 5개 축 88km에 달하는 대심도 지하도로 계획이 발표되었다. 동명오거리 지하차도에 이어 을숙대교~장림지하차도가 2020년 개통되었고, 내부순환로의 일부인 만덕~센텀지하도로(9.62km)와 북항 배후도로 1.9km(충장대로) 지하화도 2019년 착공되었다. 사상~해운대 간 22km 구간에 동서·우암 고가도로를 대체하는 민자 지하 고속도로 사업이 논의되고 있다.

2022년 1월 확정된 제2차고속도로건설계획(2021~2025)에서 경부선(동탄~양재 32.3km), 경인선(19.3km), 수도권 제1 순환선(퇴계원~판교) 구간에 대한 지하화 계획이 포함되었다. 고밀화가 진행되는 우리나라 대도시에서 지하도로 확대는 향후 중요한 흐름이 될 것이다.

도로와 도시성장의 관계

도로와 도시 탐구의 전제

오늘날 한국 인구의 90% 이상이 도시에 살고 있는데 이는 1960년 33.8%와 비교하면 현격한 차이이다. 도로망과 도시 공간구조는 상호 영향을 미치며 성장하고 쇠퇴한다. 교통의 본질은 파생수요이다. 교통은 독자적이 아니라 경제·사회·여가 활동과 함께 존재하는 현상이라는 것이다. 따라서 도시가 어떤 핵심적인 기능을 하고 있는가에 따라 교통 특징과 교통망도 다르다.

기종점과 중간 교차점을 포함한 교차로 주변은 상대적으로 커다란 혜택을 받는다. 수도와 같은 중앙 대도시에서 별 모양으로 도로망이 뻗어나가는 구조에서는 기종점인 대도시에 힘이 집중된다. 여러 개의 기종점이 존재하면 교차로에 힘이 집중되면서 새로운 기종점으로 성장하기도 한다. 접근성이 좋아서 토지이용 밀도가 높아지니 도시철도 역들은 대부분 교차로에 자리 잡는다. 이 교차로를 어떻게 계획하고 관리하느냐가 도로는 물론 도시공간 업무의 핵심이라고 보면 된다.

도로망과 도시 공간의 상호작용

도로변에 건축물이 생겨나며 면적으로 넓어지다가 입체적인 확장을 하는 과정으로 도시공간구조가 확장되고 이는 반대로 도로망에 변화를 가져오게 된다. 도시 중심지는 기본적으로 주구단위의 바둑판 모양으로 형성되는 것이 토지이용 측면에서 효율적이다. 모든 시설물에는 출입문이 필요하고 이 출입문은 도로에 연결되어야 하니 결국 모든 시설물은 도로에 연결되어야 한다. 어떠한 이유로 큰 길이 1차적으로 생기면 도로를 따라 선형으로 집을 짓다가 모자라면 2차적으로 큰길을 가로지르는 중간 길을 내어서 그 양옆에 집을 짓는다. 그것도 모자라면 마지막으로 3차적인 작은 골목길까지 내어서 면적으로 성장한다. 요즘 개념으로 골목길은 접근로, 2차 도로는 집산도로, 1차 도로는 간선도로인 셈이다. 각급의 도로가 만나는 지점에서는 교차로가 생겨난다. 결국 간선도로에는 기종점을 연결하는 통과교통은 물론, 이면 지역에 접근하는 교통까지 연결되니 교통수요가 가장 높을 수밖에 없다. 통과교통 기능이 중요한 간선도로는 넓고 빨라야 하니 교차로나 간선도로에 지어진 건축물 출입을 이면도로에서 하도록 한다. 그런데도 횡단보도나 대중교통수단 정류장 등의 간섭으로 통과교통 기능은 떨어져 간다. 애초 선형에서 면적으로 발전하던 도시에 인구가 집중되면서 도시는 입체적인 방향으로 발전을 모색하게 되었고 이는 도로와 새로운 상호작용이 요구되었다.

어떤 공간에 어떤 용도와 얼마나 높은 건축물을 지을 수 있는지는 토지이용규제 사항이긴 하지만 넓은 도로변에 높은 건물이 세워지는 것이 일반적이다. 어떤 지역에 건축물로 숲을 만들고 싶으면 넓은 도로를 격자형으로 배치하고 각 격자에 높은 건축물을 세우면 된다. 뉴욕 맨해튼의 마천루를 생각하면 쉽게 이해가 된다. 맨해튼은 일방통행제를 도입하여 교차로 신호를 4현시에서 2현시로 바꾸고 신호주기를 절반으로 줄여 격자형 도로망의 한계를 극복했다.

인구와 건축물의 밀도가 높은 입체화된 도시를 원한다면 도로율도 높은 것이 자연스럽다. 국토의계획및이용에관한법률에서 정한 용도지역별 최고용적률은 80~1,500% 범위이지만, 실질적으로 지방자치단체의 조례로 결정된다. 뉴욕 중심부의 용적률은 1,800%라고 한다. 만약 대중교통의 분담 없이 모든 교통수요를 자동차로만 처리하려고 들면 도시공간의 절반을 도로와 주차장에 내어줘도 부족하다는 교훈은 로스앤젤레스에서 배울 수 있다. 반대로 뉴욕은 상대적으로 낮은 도로율로도 거대한 입체 도시 형성이 가능했다. 지하철 덕분이다. 서울의 주요 도심이 고밀도로 바뀌면서도 가로변 경관이 말끔해지고 도로 소통이 양호해진 것은 지하철과 버스의 분담률이 63%를 넘기 때문이다.

도시는 일자리가 있고 인간의 상호작용을 쉽게 하는 특징 때문에 권역을 대표하여 성장했다. 서구와 마찬가지로 한국 도시들의 확장에는 자동차와 도로 특히 고속도로 공급이 크게 이바지했다. 지역 간 고속도로는 도시 간 교류를 촉진하고, 도시고속도로는 도시 내부의 상호작용을 촉진한다. 도시의 경계를 두르는 외곽 순환 고속도로는 내부 지역의 동질성을 유지하면서 외부와 교류한다. 따라서 지역 간 고속도로는 중앙정부가, 도시고속도로는 시 정부가 계획하고 만들고 유지한다. 도시의 경계에 있는 순환 고속도로는 상황에 따라 차이가 있으나 중앙정부 역할이 우세하다.

그러나 도시고속도로는 기존 사회를 단절시키고 각종 공해를 가져오는 부작용이 있다. 도시고속도로 노선은 전적으로 시 당국이 조정하고 결정하는 것이 원래 의도였다. 중앙정부에서 교통체계 일부로서 고속도로를 건설하지만 도시 전체로서의 관점을 보아야 하는 도시계획에서는 토지이용과의 조화를 중시하여야 한다. 토지의 발전을 추종하는 방식이 될지 토지이용을 선도하는 방식이 될지는 장래 도시성장을 잘 예측하여 결정되어야 한다.

도시부 도로의 미래

전국 인구의 절반 이상이 집중된 수도권에서 서울의 인구는 점차 감소하고 있는 반면에 경기도의 인구는 증가하고 있다. 경부고속도로, 수도권 제1 순환선, 제2 순환선 주변은 계획에 없던 신도시들이 포도송이처럼 채워졌고, 현재진행형이다. 순환도로 주변에 물류단지, 쇼핑몰, 위락시설 등 많은 개발이 따라왔다. 도로가 만나는 입체교차로 주변에 큰 힘이 생긴다. 고속도로를 따라 진행된 수도권 광역화는 결국 고속도로의 간선도로화를 가져왔다. 고속도로의 애초 목적인 이동 기능은 떨어지고 접근 기능이 올라간 것이다. 결국 수도권 고속도로망의 이동성을 회복하기 위해서 지하화가 진행되고 있다. 고속도로망의 전체 연장을 늘리는 것과 도로 폭을 확장하여 용량을 늘리는 것은 중요한 선택의 문제이다.

도시 내부에서 도로의 이동속도는 교통혼잡과 3050정책으로 더 느려졌다. 지하철은 네트워크가 더욱 촘촘해지고 빨라져 사람들은 도로에서 지하철로 빠르게 이동하고 있다. 도시 내부 도로 기능과 공간 배치에 새로운 변화가 요구되는 것이다. 도시의 활력을 유지하는 물류는 도로가 전적으로 담당하고 있다. 물류 수송 차량이 기능을 제대로 발휘하도록 공간을 배정해야 한다. 하나의 교통수단으로 모두를 만족시킬 수는 없으니 도로에 기반을 둔 다양한 교통수단을 발전시켜야 한다. 승용차, 자전거, 오토바이, 보행, 대중교통(버스, 트램), 택시, 그리고 화물차가 조화를 이루어가는 이동의 용광로로 재편성되어야 한다. ITS나 자율주행 등 신기술이 통합의 매개가 되어야 할 것이다.

도로인들은 어떤 도로를 만들어야 할까? 자동차를 운행하기에 좋은 도시를 만들 것인가? 살기가 좋은 도시를 만들 것인가? 과거와 달리 이제는 후자이어야 한다. 그런데 자동차 운행에 편리한 도시가 살기 좋은 도시일 수는 없는 것일까? 경이로운 자연, 인간이 만들어낸 유구한 문화, 그리고 창의적인 건설기술이 현명하게 조화되면 좋겠다.

도로 형태와 정치구조

중앙집권적인 방사형 도로망

도로는 주요 목적지를 지형이 허용하는 한 짧은 선으로 연결한다. 그 사이에 여러 개의 목적지가 있으면 조금씩 구부러지며 연결되지만, 기본적으로 수직선과 수평선, 사선, 그리고 원으로 구성된다. 수도와 같이 강력한 거점이 있으면 주변의 거점들은 중앙거점을 향해서 최단 거리로 연결된다. 정치·종교·예술·문화 시설이 집중된 중심에서 멀어질수록 도로 사이 거리가 멀어진다. 따라서 별 모양으로 발전하게 되며 중심에서 멀수록 개발밀도가 낮고 도로변에 개발이 집중된다. 방사형 도로들은 파리 개선문광장처럼 널따란 원형광장에서 모이게 되며 이를 둘러싼 필지들은 사다리꼴 모양을 갖는다. 도시의 중심에 성당, 시청, 박물관, 극장 등이 밀접한 파리, 런던 등 유럽 주요 도시에서 방사형 도로망이 우세한 이유는 근대까지 이어진 강력한 중앙집권제의 결과이다. 국가 단위 도로망에서도 지역 중심과 수도 연결이 최우선이어서 수도를 향한 방사형 도로망이 우세하다.

대도시 소통과 활력을 지원하는 방사 순환형 도로망

도시가 커지면서 방사형 도로망의 효율이 낮아지고 여러 가지 문제가 생겨났다. 자동차 시대에 들어서면서 도시를 보호하던 성벽은 도시 성장을 막는 걸림돌이 되었다. 성곽은 넓은 원형의 순환도로로 변화되었고 도로변에 공공건물, 상업건물, 민간건물 등이 개발되었다. 순환도로변에 시청과 오페라하우스 등 도시를 대표하는 건축물들을 만들어 낸 비엔나가 대표적이다. 방사형 도로망을 가진 많은 대도시가 순환도로를 만들기 시작한 것이다. 현대 대도시들은 전체적으로는 방사환상형, 중심업무지구는 격자형 도로망을 가진 사례가 우세하다. 자동차 시대에 맞추어 토지이용과 도로망이 최적의 조합을 찾은 결과이다.

애초 순환도로는 도시와 지역의 경계에 만들어졌지만, 현대 도시의 확장과 규모 조절 역할을 한다. 도시 확장 초기에 방사형 간선도로를 따라 별 모양으로 선형 성장을 한다. 간선도로 사이, 즉 별꼭지 사이 토지가 개발되면서 도시는 점차 면적으로 성장하게 된다. 두 가지의 문제가 발생하게 된다. 첫 번째는 간선도로들이 만나는 도심지가 특히 붐비게 되고, 두 번째는 외곽에서 외곽 특히 별꼭지 간 접근성이 지극히 떨어진다. 이를 해결하고자 방사형 도로들을 도시 외곽에서 순환도로에 연결하면 수레바퀴 형상의 방사 순환형 도로망이 생겨난다. 혼잡한 도심을 통과하는 것보다 통행길이가 길어지기 때문에 우회도로의 속도는 빨라야 하니 순환도로는 도시고속도로가 선호된다. 별꼭지에 해당하는 외곽지역 간 접근성은 즉시 개선된다. 거대도시 서울시는 여러 개의 순환도로가 있다. 한강을 경계로 내부순환도로와 강남순환도로가 8자 모양으로 자리하고, 시계에 수도권 제1순환고속도로가 있다. 수도권이 넓어짐에 따라 수도권 제2순환고속도로가 만들어지고 있다.

민주적이고 평등한 격자형 도로망

사상은 공간에 반영되고 공간은 도로망에 영향을 미친다. 민주 사회에서는 지역에 따른 위계 차이가 뚜렷하지 않고 평등하다. 따라서 도시에서도 뚜렷한 중심이 모호하다. 같은 도시 내에서 여러 개의 중심 업무지구들이 경쟁하기도 한다. 서울의 사대문, 강남, 여의도를 떠올리면 된다. 밀집된 중심업무지구는 체계적이고 효율적인 도시개발에 유리한 격자형의 모양을 갖는다. 여러 개의 중심 업무지구들은 서로 도시고속도로나 간선도로로 직접 연결된다. 자동차 시대에 성장한 미국이나 캐나다 북미 대도시들 중심부는 격자형 도로망 각 구획에 초고층 건물들이 밀집해있다. 뉴욕시의 중심부인 맨해튼은 전체가 12개의 애비뉴와 214개의 스트리트(가로길)로 이루어진 격자형 도로망으로 이루어져 있다. 어떤 지역이 중심이라 하기 어려울 정도로 서로 경쟁하고 어울린다. 격자형 도로와 1개의 사선길(브로드웨이)이 만나는 지점에는 공원과 광장 같은 다양한 공간이 생겨났다.

도시를 넘어서 국토 전체에 격자형 도로망을 구축하려면 국토 균형발전이란 국가적 합의가 필요하다. 전국 격자형 고속도로망을 최초로 구축한 나라는 자유와 평등을 건국이념으로 삼은 미국이다. 1916년 연방지원도로법에서 태동한 전국 격자형 고속도로망 구상은 1921년 연방도로법에서 구체화하였다. 1956년 아이젠하워가 서명한 연방지원도로법에 의해서 격자형 연방고속도로망 실현이 가속화되었다. 유료도로 건설 타당성이 낮다는 것을 파악하고 건설비의 90%를 국가가 부담하여 무료화하였다. 이렇게 태어난 고속도로망 78,441km는 모든 미국인과 지역에 평등한 이동의 자유와 발전을 선물했다. 전 국토의 균형적 발전을 통해 미국 민주주의 완성에 이바지한 전국 격자형 고속도로망은 서구와 아시아 국가들에 시차를 두고 확산하였다.

한국 도로망은 방사형에서 격자형으로 변화

삼국시대부터 조선시대까지 도성 내부는 토지이용에 효율적인 격자형 도로망이 유지되었다. 왕조시대에는 중앙정부 통치를 강화하기 위한 신경망을 위주로 하고 군사 · 외교 · 물자 수송을 지원하기 위한 수도 중심형 방사형 전국도로망이 유지되었다. 조선왕조 도성의 대로는 숭례문, 흥인문, 창의문, 돈의문, 소의문, 혜화문, 광희문으로 연결되었으며 이 대문들은 지방으로 연결되는 9개 대로의 출발점이 되었다.

1900년대 초 조선통감부 시절에 식량과 자원의 수탈 목적에서 한반도의 도로망 건설이 시작되었다. 조선총독부 시기에 식민지 지배를 위한 전국적인 도로망을 만드는 과정에 군부가 강한 영향력을 미쳤다. 1945년 8월 광복 당시의 도로망은 24,031km는 조선시대와 마찬가지로 경성에서 10개 방향으로 뻗어나가는 방사형이었다.

균형발전 시대를 위한 격자형 도로망

경제발전 초기 1968년 수립된 최초의 고속도로 계획에 경부, 경인, 영동, 호남, 남해선이 포함되었다. 인천, 목포, 부산, 강릉에서 서울로 향하는 방사형 고속도로 이면에는 수도 위주의 중앙집권 개념이 자리하였다. 소득 1만 불을 넘어 국토 균형발전이 화두가 된 1998년 세워진 7×9 계획에서 현재와 같은 격자형 간선도로망 계획이 수립되었다. 민주주의가 진전되면서 균형발전을 위한 격자형 도로망 구축이 목표가 된 것이다.

제2차 도로정비 기본계획(2011~2020)에서는 전국도로망(7×9)과 수도권 도로망(7×4+3R)을 하나로 통합하여 7×9+6R망(7,331.4km)을 구상하였다. 지역 차별 없이 국가균형발전을 목표로 하는 민주국가의 도로망 구축이 성숙하기 시작했다.

2차 국가도로망종합계획(2021~2030)에서는 종래의 도로망을 보완하여 $10×10+6R^2$(7,782km)망을 구상하였다. 남북 10축, 동서 10축으로 재정비하여 격자형 간선도로망이 더욱 촘촘하게 지역을 연결하도록 하고 대도시의 방사축 고속교통망을 보완하였다.

좌로 가는 나라 우로 가는 나라

도로 통행 방향

통행 방향을 선택하는 데는 사회적, 정치적인 영향력뿐만 아니라 동물이 끄는 수레나 마차의 사용에 영향을 받은 것으로 추정된다. 왼쪽에 칼을 찬 무사는 칼집이 서로 부딪치지 않도록 왼쪽으로 걷는 것을 선호하였다고 하나 보행자 대부분은 지팡이나 짐을 쥔 오른손이 서로 부딪히지 않게 하려고 우측을 유지하려는 성향이 있었다. 마차나 자동차의 진행 방향은 마차의 도입 시기와 끄는 말의 숫자에 따라 영향을 받은 것으로 추정된다. 마부들은 도로중심선에 가까이 앉아야 마주 오는 마차와 충돌사고 가능성이 작아진다. 말 한 마리가 끄는 마차의 기사는 오른쪽에 앉아 대부분 초기에는 좌측 통행이 자연스럽게 주류를 이루었으나, 이륜마차나 기수장 마차가 주종을 이루는 지역에서는 우측 통행이 채택되었다.

마차 문화가 성행하던 유럽은 대부분 좌측 통행을 하였으며 전투방식 역시 좌측에서 우측으로 공격하는 전법을 지켜왔다. 오른손에 무기를 쥔 사람에게 유리한 방식이었다. 그러다가 18세기 말 유럽 전쟁 때

나폴레옹이 오른쪽에서 왼쪽으로 공격하는 새로운 방식을 채택하였다. 나폴레옹의 이 전술은 보수적인 영국을 제외한 유럽의 모든 진보적인 나라들에 영향을 끼쳐 마차들까지 우측 통행하게 되었고, 우측 통행하던 프랑스는 정복한 국가들이 프랑스 관습을 따르도록 하였다. 마차 시대의 도로 통행 방식은 자연스럽게 자동차 시대로 이어져 왔다.

나라별 통행 방법을 살펴보면 차량의 통행 방법과 보행자의 통행 방법이 같다는 것을 알 수 있다. 즉 차량이 우측 통행하는 나라에서는 보행자도 우측 통행하고, 차량이 좌측 통행하는 나라에서는 보행자도 좌측으로 통행한다.

한국의 도로 통행 방법

자동차와 보행자 모두 우측으로 통행하는 현재 통행 방법이 정착되기까지 지난 120년 동안 몇 번의 변화가 있었다.

조선시대에 우측 통행을 하였다는 것은 종묘의례나 의궤에서 알 수 있다. 1915년 7월 22일 조선통감부령 제6호로 자동차취체령이 공포되었다. 당시 경성에 자동차가 50대에 불과했지만, 오늘날 자동차법과 도로교통법의 모체가 된 것이다. 달릴 때는 필히 길 가운데로 가되 마주오는 차·마를 피할 때는 좌측으로 가야 한다고 하였다. 이어 1921년에 조선총독부령 제142호에서 사람과 자동차 모두 좌측 통행하도록 하였다. 영국의 영향을 받은 일본의 방식을 따른 것이다.

광복 이후 1946년 미군정 시절 차량은 우측으로 통행하고, 보행자는 좌측으로 통행하도록 규정하였다. 보도와 차도 구분이 없던 당시의 신작로에서는 좌측 길가를 걷는 보행자가 다가오는 자동차를 마주 보게 되니 안전한 방법이었다. 이 통행 방법이 65년간 지속되는 동안 도로교통 환경에 많은 변화가 오면서 주로 보행자 측면에서 여러 가지 문제점들이 발생하였다. 첫째, 우측 통행에 익숙한 외국인들과 좌측 통행에 익숙한 한국인들이 계단이나 보행통로에서 서로 마주치는 일이 잦아졌다. 둘째, 오른손에 짐을 든 보행자들이나 오른손에 스틱을 잡은 등산객들이 좌측 통행하면서 오른쪽이 서로 충돌하는 상황이 자주 발생했다. 셋째, 건널목에서 좌측 통행하면 보행신호 초기에 정지하는 자동차와 충돌 가능성이 컸다. 넷째, 반시계 방향으로 회전하는 건물의 회전문과 방향이 일치하지 않았다. 다섯째, 에스컬레이터에서는 자동차 방식과 같이 추월 시 좌측 공간을 이용하고 있었다. 여섯째, 차도와 분리된 보도에서 좌측 통행하는 보행자는 자동차를 등지고 걸어야 하니 불안하였다.

사람과 차량이 같은 방향으로 움직이는 로직이 같아야 시스템 내에서 사람과 차량이 효율적으로 운영된다는 당연한 상식에도 불구하고 2009년 당시까지 하나의 행동에 따른 습관으로 보고 간과하고 있었다. 마침내 2009년 개정된 도로교통법을 통하여 2010년부터 '자동차와 보행자 모두 우측으로 통행'하는 현재의 통행 방법이 정해졌다. 구체적으로 첫째, 차량은 늘 우측 통행해야 한다. 둘째, 보행자는 보도와 차도가 구분된 도로에서는 언제나 보도로 통행하되, 보도에서는 우측 통행을 원칙으로 한다. 다만 셋째, 보도와 차도가 구분되지 않은 도로에서는 교통안전을 위해서 자동차와 마주 보는 길 가장자리로 통행하도록 도로 여건에 따라 예외를 두고 있다.

좌로 가는 나라 우로 가는 나라

식민지와 제국 시대에는 전 세계에 있는 식민지에 대해서 점령국의 관습이 일방적으로 적용되곤 했다. 현재 좌측 통행하는 많은 나라들은 영국의 영향(미국과 캐나다는 예외)을 받은 것이고, 나폴레옹의 유럽점령으로 유럽대륙의 국가들 대부분은 프랑스방식대로 우측으로 통행하게 되었다. 오스트리아, 체코, 헝가리는 제2차 세계대전 도중에 점령국인 독일에 맞추어 좌측 통행에서 우측 통행으로 전환하였다. 기타 많은 나라에서 여러 가지의 이유로 통행 방향을 변경하였다.

현재 알려진 바에 의하면 약 70%의 국가에서는 우측 통행하고, 약 30%의 국가에서는 좌측 통행한다. 인구 비율로는 약 33%, 도로망 기준으로는 약 25%에서 좌측 통행한다.

영국과 유럽대륙을 오가며 자동차를 운전할 때는 흔하게 발생하는 일이지만, 한국과 일본 간에도 카페리를 이용하여 여행국에서 자국 자동차를 운전하는 경우가 있다. 이처럼 국경을 맞대고 있으면서 통행 방향이 다른 사례는 중국(우)－파키스탄(좌), 아프가니스탄(우)－파키스탄(좌), 홍콩, 마카오(좌)－중국(우), 태국(좌)－라오스(우), 나미비아(좌)－앙골라(우), 콩고(우)－우간다(좌) 등에서 발견된다. 일부 국가에서는 해당 국가의 표준과 다르게 제어 장치가 배치된 차량의 수입을 제한하지만 외국인 관광객은 일반적으로 방문하는 동안 반대쪽 운전석 차량을 운전할 수 있다. 이런 비표준 차량에는 일반적으로 'RHD(오른쪽 핸들)' 또는 'LHD(왼쪽 핸들)'라는 표지판을 뒤쪽에 부착하는 것이 안전하다.

운전자는 도로의 중앙선 쪽 좌석에 앉는 것이 더욱 안전하다. 그러나 자동차를 제조하지 못하는 개발도상 국가들에서는 해외에서 중고차를 수입하기 때문에 운전석이 반대에 있는 자동차가 상당수 운행되고 있다. 우측 통행하는 동남아시아나 아프리카 국가들에서 운전석이 우측에 있는 일본 중고차가 흔하게 발견된다. 트럭이나 버스 같은 상용차들은 조수들의 조력을 받아 안전 문제를 해결한다. 심지어 좌측 통행을 시행하는 미국령 버진아일랜드에서는 좌측 운전석이 표준이다.

이 밖에 통행 방향보다는 작업의 효율성을 위해서 운전석이 반대에 있는 특수용도 차량이 있다. 미국 일부 우편 배달 차량은 운전자가 내리지 않고 도로변 우편함에 접근하기 위해서 우측에 운전석이 있다. 통행료는 어떻게 낼까? 자동 지불 방식이면 문제가 없겠지만, 수동의 경우에는 양쪽에 요금소를 설치하기도 한다. 이도 저도 아니면 내려서 내는 수밖에 없다.

도로 공급 비용을 낮출 수는 없는가

도로에는 어떤 비용이 들어가는가

1970년 완공된 경부고속도로 428km 사업비가 429.73억 원이었으니 1km당 1억 원 정도가 소요되었다. 당시 국가 1년 예산의 23% 정도가 경부고속도로 하나 짓는 데 필요하였다. 오늘날 왕복 4차로 고속도로 건설비용이 평균 481억 원(4,070만 달러) 정도이니 원화 기준 480배, 달러 기준 118배 정도 상승한 것이다. 2013년~2019년 설계 준공된 4차로 고속도로 7개 노선 설계단가 평균치(IC, JCT 포함)는 공사비 431억 원, 용지비 50억 원 합쳐 481억 원/km에 달한다. 세부 공종별 건설단가는 토공 314억 원/km, 교량 549억 원/km, 터널 311억 원/km이다. 2016년~2020년 공사발주 된 4차로 국도 설계단가 평균치는 공사비 251억 원, 용지비 66억 원 합쳐 317억 원에 달한다. 세부 공종별 건설단가는 토공 173억 원/km, 교량 566억 원/km, 터널 307억 원/km으로 교량이 가장 비싸고 토공이 가장 낮다. 국도에 비해 고속도로의 총사업비는 1.52배, 그리고 토공, 교량, 터널 공종 비가 각각 1.82, 0.97, 1.07배이다.

도대체 왜 도로 건설비용이 이렇게 높아졌는지 알아보자. 도로 사업비는 물가, 도로설계기준, 토지비용, 건설기술, 환경비용에 따라 영향을 받는다. 지형이 험하거나 도시지역에서는 교량이나 터널의 비중이 높아지니 사업비가 올라간다. 토공보다는 터널이, 터널보다는 교량이 평균 공사비가 비싸다. 도시지역에서는 공사 여건이 어렵고, 토지보상비용이 높으며, 방음벽과 같은 환경시설 요구가 많아 지방지역보다 사업비가 비싸다. 고속도로는 설계속도가 높을수록 공사비가 커지는데, 입체교차로 설치도 큰 영향을 미친다. 국민소득이 높아질수록 인건비나 자재비가 비싸고 환경영향평가와 같은 각종 인허가 업무가 많아 공기가 길어지는 이유로 사업비가 커진다. 반면에 터널이나 교량은 km당 단가는 비싸지만 도로 총연장을 줄일 수 있으니 전체적인 공사비를 줄이는 데 도움이 된다. 건설기술의 발전과 기계화시공으로 대형 터널이나 장대교량 건설단가를 낮출 수 있었고 경제적으로 불가능했던 사업도 가능해졌다.

도로 건설단가의 상승

도로 건설이 활발했던 시기의 도로 건설비를 10년 단위로 파악해보니 1980년, 1990, 2000년대에 평균 건설단가가 각각 16.24억 원, 32.03억 원, 125.3억 원이었다. 2000년대에 평균 건설단가가 급하게 상승한 이유로 인플레이션을 꼽을 수 있다. 2010년 기준 소비자물가지수에 의해 화폐가치의 변화를 계산해보면 1985년 0.342, 1995년 0.602, 2005년 0.862, 2015년 1.098, 2019년 1.152이다. 둘째, 도로의 고 규격화로 2000년대에 평균 건설단가가 3배 이상 심하게 증가하였다. 1970년과 최근 만들어진 고속도로 간 시설기준 차이는 매우 크다. 최고설계속도가 100km/시에서 120km/시로 높아졌고, 갓길을 포함한 횡단 폭원도 넓어 졌다. 고속도로를 곧고 평탄하게 만들어야 하니 교량·터널의 비중이 높 아지고 산을 깎고, 골을 메우는 토공작업량도 차이가 있다. 비용이 많이 들어가는 IC와 JC 개소 수도 많아졌다.

친환경설계를 하다 보니 절개지 공사면을 완만하게 하고 방음벽도 높 게 세워야 한다. 지능형교통시스템 도입에 따라 ITS 설비와 센터 등이 추가되게 되었다. 아름다운 경관을 만들어내기 위해 경관설계가 도입되 었다. 교통사고를 줄이기 위해 안전시설을 보강하고 위험도로를 개량해 야 했다. 각종 평가와 인허가 등이 늘어나 사업 기간도 10년여가 걸리게 되었다. 이동성·교통안전·친환경·경관·지능형이란 화두가 시대를 달 리하며 튀어나올 때마다 도로 사업비가 10%씩 늘어났다는 전문가들의 회고도 있다. 이는 이동성만을 추구하던 비교적 단순한 도로—자동차 시 스템이 훨씬 광범위한 시스템으로 확장되고 있다는 것을 의미한다.

2015년 세계은행에서 저·중소득 국가를 대상으로 건설단가를 비교 한 결과를 보면 첫째, 규모의 경제가 작용하여 공사 구간이 50km가 넘 으면 건설단가가 10~12% 낮다. 둘째, 국내업체들이 공사하는 것이 해 외 합작회사에 의한 공사보다 24~28% 비싸다. 셋째, 부패가 심한 나라 들의 단가가 15% 비싸다. 넷째 국가 정정이 불안한 나라의 단가가 30% 정도 높다. 지역별로 볼 때 사하라 남쪽 아프리카 국가들의 건설단가가 가장 높고 라틴 아메리카와 동아시아 국가는 이보다 각각 20%와 49% 낮다. 가장 소득이 낮은 아프리카 국가들의 도로 건설단가가 정치 불안, 부패, 기술 부족 등의 이유로 가장 비싸다고 이해하면 된다.

도로 방음시설 비용의 상승

고속도로나 간선도로에 근접하여 택지개발이 늘어나면서 소음 피해를 두고 각종 분쟁이 확산하고 있다. 도로 소음 피해 최소화를 위해 기존의 방음벽 대신 터널형 방음시설(방음덮개, 방음터널) 설치가 빠르게 증가하고 있다. 2016년 '도로터널 방재시설 설치 및 관리지침'이 개정되면서 방음터널도 일반터널에 준하여 기준을 적용하게 되었고 방재시설 설치도 의무화되었다. 전국적으로 대세가 된 방음터널 설치로 경관과 안전, 그리고 고가의 건설 및 유지관리 비용 등의 문제점들이 나타나고 있다. 고속도로 확장 예비타당성평가에서 과도한 방음시설 비용 때문에 경제적 타당성이 낮아지는 사례도 보고되고 있다. 가장 큰 문제는 고가의 설치비용이다. 2011년 서울외곽순환고속도로 동판교(판교JC~성남IC) 600m 구간에 방음터널이 들어서는데 511억 원이 소요되었다. 영동고속도로 광교신도시 1.8km 구간에 설치한 방음벽 공사비가 1,000억 원 (2012년)이다. 광주 제2순환도로 1.84km 구간에도 방음터널(468억 원) 설치가 결정되었다. 2022년 완공 목표인 분당－수서 고속화도로 판교신도시 1.9km 구간에 방음터널 설치와 덮개공원 조성 사업비는 애초 1,800억 원에서 2,100억 원으로 늘었다. 이와 같은 방식은 경부고속도로 동탄신도시 1.2km 구간에서 시공 중이며, 경부고속도로 서초구 구간, 올림픽대로 압구정동 구간 등에서도 제안되어 점차 사례가 늘어날 것으로 예상된다.

건설 원가와 건설 기간의 증가

단순 계산으로 1970년 1년 국가 예산 1,500억 원으로 4차로 고속도로를 1,500km 정도 만들 수 있었다. 그로부터 51년 뒤인 2021년 국가 예산 558조 원으로 훨씬 질이 좋은 4차로 고속도로를 11,601km나 만들 수 있을 만큼 경제 규모가 커졌다. 도로 산업의 지속가능성에 의문이 생겨난 배경에는 건설 원가와 건설 기간의 증가가 있다. 이는 바퀴 달린 자동차를 다루는 방식이 지난 100년 동안 변화하는 과정에서 환경, 경관, 안전과 같은 부정적 결과를 겪은 경험이 누적되었기 때문이다. 한국의 도로 건설산업은 원자로와 같이 건설 경험이 늘어날수록 건설비용은 더 늘어나고, 건설 기간은 더 오래 걸리는 부정적 학습곡선을 가지고 있다. 부정적 학습곡선을 가진 도로 산업을 기반으로 긍정적 학습곡선을 가진 자동차산업이 번창하는 것이다. 도로 건설 비용을 계속 증가시키든지, 건설기술을 혁신시켜 비용을 낮추든지, 아니면 미래 환경의 변화를 수용하여 새로운 부가 기능을 만들어 내든지 고민이 필요하다.

도로와 토지 비용

도로와 토지

도로가 만들어지면 도로 주변의 토지 가치는 빠르게 올라간다. 농업이든 공업이든 상업이든 접근성이 좋아지기 때문이다. 통상 도로 계획발표 때, 착공 때, 완공 때 3차례 토지가격이 오른다고 한다. 시점에서 종점까지 도로를 개설하기 위해서 계획단계에서 많이 고민하게 된다. 값비싼 터널이나 교량, 연약지반 등의 장애가 없다면 최단 거리로 도로를 만드는 것이 좋겠지만 가장 걸리는 것이 토지이다. 필요한 토지를 저렴하게 짧은 시간에 확보해야 하는 것이 도로 용지 담당자들의 임무이다.

도로를 만들려면 상당히 넓은 토지가 필요하다. 왕복 4차로 도로를 만든다고 하면 포장면 너비가 25m 정도면 되겠지만 경사면이나 접도구역, 장래 확장 등의 필요로 50여m가 필요할 수도 있다. 길이 60km만 계획해도 여의도 면적만 한 $3.0km^2$의 토지가 필요하다. 이러니 우리나라 도로 112,977km(미개통 6,145km 포함)에 얼마나 많은 토지가 필요하겠는가?

그럼 도로에 필요한 용지를 취득하는데 얼마나 큰 비용이 들어갈까? 최근 4년 동안 고속도로와 국도 4차로 1km를 신설하는데 각각 56억 원과 64억 원의 용지비가 소요되었다. 건설단가에서 용지비가 차지하는 비중은 고속도로가 11.8%, 국도가 20.5%이다. 같은 토지라도 도시지역이 훨씬 비싸다. 시가지에 새로운 도로를 만들려면 천문학적인 비용이 필요한데 때로는 토지보상비가 전체 사업비의 90%에 달하기도 한다. 따라서 도시부에서는 재개발사업을 시행할 때 기부채납을 통해 도로를 확보하지 않으면 적정한 도로 시설을 확보할 도리가 없다.

도로 용지의 확보

이처럼 황금알을 낳는 도로가 내 땅 옆으로 지나가기를 원하는 것은 당연하다. 노선 결정에 정치나 권력이 개입하는 것은 동서고금을 통해 피할 수가 없다. 우리 도로 건설역사를 돌아보면 문중 묘역 보전이나 관련자 이익 등 무수한 이유로 도로 노선이 영향을 받은 의혹이 많았다. 특히 산업발전 초기 변변한 수입원이 없는 나라들에서는 토지보상비도 받고 토지가격도 올라가니 권세가들이나 투기꾼들에게는 피하기 힘든 유혹이다. 미국에서도 주간 고속도로망을 개발할 때 도로 노선 인근의 토지에 대한 투기가 성행하였으며, 대도시의 개발에도 부패한 정치인들이나 재력가들 심지어 시장까지도 막대한 토지투기 이익을 얻었다. 국가 재정이 빈약한 아프리카 국가들에서도 재정사업이나 민자사업을 막론하고 도로 사업이 늦어지는 동안에 토지보상비용은 끝없이 올라가 애초 기대했던 비용 – 편익 비가 무의미해지는 사례가 자주 관찰된다.

한국의 GDP 대비 지가총액 비율이 주요 선진국들보다 높다. GDP 대비 지가총액이 장기간에 걸쳐 4~5배 사이에서 작게 변동한다는 것은 경제성장에 맞추어 지가도 꾸준하게 올라가고 있다는 것을 의미한다. 따라서 GDP가 높아질수록 지가도 상승하며 이는 다시 도로 개발사업의 비용 증가로 이어지는데 특히 대도시권에서는 이런 경향이 뚜렷하다. 최근 들어 교통수요가 높은 대도시에 주로 건설되는 민자고속도로의 경우 사업 기획 단계부터 토지 매입 시기 사이에 용지비가 크게 올라 국가 재정에 부담이 높아지고 있다.

명확한 토지 보상체계와 실행력 높은 계획에 따라 신속하게 사업이 진행되어야 과도한 토지비용 상승을 피할 수 있다. 경부고속도로의 빠른 건설에는 박정희 대통령이 시도지사들까지 동원하여 적극적인 토지 보상 및 확보가 있었다. 애국하는 심정으로 보상비를 받지 않는 분들도 있었다고 한다. 우리나라에서는 국가, 또는 지방자치단체 등이 '공익사업을 위한 토지 등의 취득 및 보상에 관한 법률'에 따라 도로에 필요한 토지를 확보하고 있다. 도로계획이 발표되고 타당성조사·기본설계 실시설계·인허가 및 관계기관 협의·도로구역결정고시까지 5년 이상이 지나고서야 용지보상에 들어서니 이 사이에 여러 가지 일이 일어날 수 있다.

도로가 차지하는 토지 면적

국토교통부 지목별 토지 현황 자료(2021)에 의하면 2020년 말 기준 도로 면적은 3,386.3km²로 국토 면적의 약 3.4%를 점유한다. 2001년에 2.4%, 2010년에 2.9%를 점유하였으니, 2001년~2020년 사이에 연평균 0.053%씩 점유율을 높여온 셈이다. 도로 사업을 위해서 취득한 도로 면적은 2018년 38.5km², 2019년 26.9km², 2020년 20.8km²로, 도로 용지 매수 비용은 각각 2.78조 원, 4.27조 원, 3.37조 원이다. 전 국민이 거주하는 대지면적 3,243km²(3.1%)보다 넓은 토지를 도로가 점유하고 있는 셈이다. 요약하자면 도로는 우리나라 국토 면적의 3.4% 국공유지의 9.9%(우리나라 면적에서 국공유지가 차지하는 비율은 34.3%)를 점유한다.

개도국에서 가능하면 경제성장의 초기에 저리의 해외차관을 도입하여 고속도로 특히 대도시 도시고속도로에 투자하는 것이 현명한 투자정책이라는 것을 시사한다. 우리나라도 1970년대와 1980년대에 고속도로와 국도 건설에 차관이 큰 도움이 되었다.

대도시 도로 시설과 도로율

서울시가 보유한 도로 연장은 고속국도 27.6km, 일반국도 168.9km, 특별시도 8,127.2km 등 총 8,324km로 지난 40년간 연평균 약 1.1%씩 증가했다. 간선도로에 해당하는 광로(40m 이상) 연장이 246.9km, 대로(25m~40m 미만) 연장이 767.1km를 차지하고 있으며 중로(12~25m 미만) 958.9km, 소로(12m 미만) 6,350.8km를 차지하고 있다. 자전거도로는 1,151구간 총연장 1,258.8km에 달한다. 이 중 자전거전용도로는 199개 구간 182.7km를 차지한다.

도로율은 행정구역 면적에서 공원, 하천, 녹지 등의 면적을 제외한 시가화 면적에서 도로가 차지하는 비율로 도시기반시설의 수준을 평가하는 척도로 활용된다. '도시·군계획시설의 결정·구조 및 설치기준에 관한 규칙'에서 제시하는 적정도로율은 용도지역별로 주거지역 15~30%, 상업지역 25~35%, 공업지역 8~20% 범위이다. 행정구역 면적 605.24km², 시가화 면적 371.5km²인 서울시에서 도로가 점유하는 면적은 86.06km²로 도로율 23.05%에 해당한다. 구별 도로율은 17.16%(동작구)부터 27.18%(양천구) 사이에 분포한다.

2020년 자동차 등록 대수 315.7만 대 가운데 승용차와 화물차가 각각 282.8만 대와 32.9만 대를 점유하고 있다. 서울시 주차장 317,181개소에 확보된 주차면 수는 총 4,327,614면으로 이 가운데 공영주차장이 183,441면(4.2%), 민영주차장이 4,144,173면(95.8%)을 차지한다. 2020년 등록 자가용 258.1만 대에 필요한 주택가 주차장 면수는 267.6만에 달한다. 노상주차장 11.0만, 노외주차장 55.9만, 건축물부설주차장 251.0만으로 주택가 주차장확보율은 103.6%에 이른다. 만약 지하철과 버스와 같은 대중교통이 모자란다면 도로와 주차장은 지금보다 훨씬 넓어져야 할 것인데, 실현할 수 있는 일이 아니다.

도로를 이용하는데 통행료를 내야 하나

도로 서비스는 무료인가 유료인가

최근 민자고속도로 통행료에 이어 일산대교 통행료 무료화를 놓고 뜨거운 사회적 논의가 있었다. '재정고속도로와 민자고속도로 간 통행료가 같아야 한다. 서비스를 선택한 사용자가 지불해야 할 추가 부담이다'라는 등이 논점이다.

유료도로 통행료란 다른 무료도로 이용이 가능한 운전자가 자발적으로 유료도로를 이용했을 때 도로 시설을 공급한 집단이 사용자에게 부과하는 일정 금액을 말한다. 중앙이나 지방 정부 재정만으로는 부족한 도로 건설 재원을 마련하기 위해 도로법의 특례인 유료도로법을 통하여 도로 이용자에게 통행료를 부담하게 하는 제도이다. 교통혼잡지역에서 승용차 통행수요를 억제하기 위해서 혼잡통행료를 거두는 제도가 서울 남산 1·3호 터널을 포함하여 싱가포르, 노르웨이 베르겐, 파리, 런던 등에서 시행되고 있다. 혼잡통행료는 유료도로 통행료와 구분해야 한다.

초기 유료도로 턴파이크

1286년 런던 브리지에서 처음 통행료를 받은 영국에서 1706년부터 턴파이크(Turnpike)란 이름의 비영리 유료도로 회사 설립을 위한 법들이 통과되기 시작했다. 턴파이크가 절정이던 1830년대 영국에는 1천 개 이상의 턴파이크 회사가 48,000km에 달하는 도로를 관리했으며 8천 개 이상의 요금소가 있었다. 파이크(pike)란 15~17세기 유럽에서 보병들이 기병들을 상대하는 길이 5~7m의 긴 창이다. 용도가 없어진 긴 창을 도로 입구에 걸쳐놓고 돈을 내면 창(pike)을 올려서(turn) 통과시켜 주었다. 따라서 턴파이크 도로는 유료도로(toll road)를 의미한다. 철도의 등장으로 쇠퇴하기 시작한 영국 턴파이크 도로는 1888년 지방정부법에 의해 관리 권한이 지방 정부로 넘어갔다.

영국의 영향으로 미국에서도 1792년 펜실베이니아주에 첫 번째 턴파이크 도로가 개설되었다. 19세기 전반(1792-1845) 인구가 밀집한 동부지방을 중심으로 확대된 턴파이크 회사는 코네티컷주에 50개, 뉴욕주에 67개 등이 존재하였다. 지방 정부를 대신하여 도로 유지보수와 도로 건설 영역까지 민간 턴파이크가 활성화되었다. 캘리포니아와 네바다 등 서부에서는 19세기 중후반(1850-1902)에 건설이 활발하였다. 미국 턴파이크는 양질의 도로 서비스를 제공하는 토대가 되었으나 1830년 이후 철도가 빠르게 건설되면서 통행수요가 점차 줄어들었다. 주식을 공모하여 턴파이크 자금을 확보하고 통행료 수입으로 주주에게 배당하는 영리기업인 턴파이크 기업은 수익이 줄어들어 배당금 지급이 불가능하였다. 20세기 들어 사라졌던 턴파이크 도로들은 1940년 펜실베이니아 턴파이크란 유료 고속도로를 시작으로 새롭게 태어났다. 턴파이크 도로를 사라지게 한 철도는 다시 고속도로에 의해 쇠퇴하게 된다.

제2차 세계대전 이후 유료 고속도로 시대

최초로 고속도로를 건설한 독일은 무료 고속도로로 출발하였고 영국도 무료 원칙을 근래까지 고수하였다. 제2차 세계대전이 끝나고 본격적인 자동차 시대를 맞은 유럽 국가들은 1950년대 들어 이탈리아를 시작으로 프랑스, 스페인, 포르투갈 등에서 유료도로 제도를 도입하여 건설비와 유지관리비, 수익을 담당하였다. 미국에서도 주 정부 주도로 개발한 펜실베이니아·뉴저지·매사추세츠·코네티컷 턴파이크 등과 여러 개의 파크웨이 등이 대부분 유료도로로 지어졌다. 오늘날 턴파이크·민자도로·특수차로 등 8,000km 이상의 유료도로가 34개 주에서 운영되고 있다. 그러나 아이젠하워가 서명한 1956년 연방고속도로지원법에 의해 만들어진 주간 고속도로망은 지금까지 무료로 운영되고 있다. 연방정부가 90%, 주 정부가 10%의 재원을 투입하였기 때문이다.

일본은 애초부터 6개 고속도로공단에서 100% 차입금을 동원하여 건설한 관계로 누적채무가 45조 엔에 달해 우리의 5배 이상 비싼 통행료를 받고 있다. 세계 최장 고속도로망을 단기간에 건설한 중국 역시 금리가 높은 자본을 동원하였기 때문에 실질 통행료가 우리보다 비싸다. 중국의 유료 고속도로는 정부가 대출하여 상환하는 정부 상환형(최장 20년 운영)과 기업이 투자하여 건설하는 민간 투자형(전체 50%로 최장 30년 운영) 두 가지 방식으로 건설된다. 민자도로에 가까운 구조인 셈이다.

한국의 유료도로

국가나 지방자치단체가 부족한 재원을 차입금으로 완성한 도로에 대해서는 통행료를 받아 투자비를 회수하는 유료도로 제도를 도입하게 되었다. 1968년 12월 21일 경인고속도로와 경부고속도로 서울－오산 구간이 동시에 개통되면서 통행료를 받게 되었다. 2021년 6월 말 기준 총 85개 노선 5,224km가 유료도로이다. 고속도로 50개 노선 5,018.8km와 지자체에서 관리하는 35개 구간 225.2km로 구성되어 있다.

현재 한국 고속도로 통행료는 원가 상환주의 원칙에 따라 건설비, 유지관리비, 국민경제 영향 등을 종합적으로 고려하여 책정된다. 애초에는 당해 고속도로의 건설비, 개축비, 유지수선비, 관리비 등에 든 자금의 원리금이 다 거두어질 때까지 통행료를 징수하게 되어있어서 고속도로 노선마다 통행료 징수 기간도 달랐다. 그러나 고속도로 유지관리 정책에 일관성을 부여하고 고속도로 건설재원의 원리금을 조속히 회수하고자 통행료 징수 기간을 전 노선이 통일되도록 하는 통합채산제를 1980년 5월 20일부터 실시하고 있다.

한국도로공사에서 운영하는 고속도로는 건설비의 40~50%를 국가 재정에서 지원받아 일본이나 중국보다 부채가 양호하며 통행료도 훨씬 싸다. 낮은 통행료가 가능한 이면에는 자동차 이용자들이 낸 유류세를 바탕으로 한 재정지원이 큰 몫을 하고 있다. 결국 비싼 유류비 대신 낮은 통행료를 지불하고 있는 셈이다. 한국의 민자고속도로는 건설보조금이 17.5%로 나머지를 차입에 의존한다. 미국이나 독일 고속도로 대부분이 통행료 없이 운영되는 이유는 고속도로 건설비를 공공자금으로 조달

했기 때문이다. 결과적으로 건설단계에서 차입금 의존도가 높은 민자고속도로의 통행료가 재정고속도로의 그것보다 높은 것은 당연하다. 무료와 유료 고속도로 가운데 어떤 방식이 우수하다고 단언하기는 어렵다.

도로와 같은 보편적 서비스는 지역과 건설 시기에 따른 차별이 없어야 한다. 국가 재정으로 지은 도로가 지속해서 특정한 지역에 편중되었다면 이는 보편적 서비스라고 하기 어렵다. 현재 민자도로에 대한 불만은 통행료 체계가 지역적으로 차등 될 뿐만 아니라 시간적으로도 불평등하다는데에 있다. 공교롭게도 개발이 낙후된 지역에서 불평등 현상이 집중되고 있다. 잘 나가는 지역은 일찍이 국가 재정을 투입하여 도로를 값싸게 이용하였다. 저개발 지역에 뒤늦게 공급되는 도로는 정부에 돈이 없다고 민간자본으로 짓는단다. 정작 내야 할 통행료가 잘 사는 지역보다 비싸니 공감하기 힘들다. 사람과 지역에 따른 차별이 없어야 할 보편적 서비스가 공간과 시간 차이에 의해서 문제가 생긴 것이다.

도로가 만들어낸 일자리

어떤 일자리가 만들어지나

도로 분야에는 어떤 일자리가 얼마나 있을까? 먼저 공공부문의 상근 일자리이다. 고속도로 4,000여km를 운영하는 한국도로공사 종사자 수가 8,000여 명이다. 국도, 지방도, 시도, 군도 10만여km를 관리하는 국토교통부, 도청, 시청, 군청에도 많은 공무원이 도로를 만들고 유지관리하며 민원도 담당한다. 교통업무에 종사하는 경찰도 수천 명이다. 각각 2천여 명이 근무하는 도로교통공단, 한국교통안전공단과 많은 국책·지자체 연구원에도 공공부문 인력이 종사한다.

도로 건설과 유지관리 단계에는 설계회사와 건설회사, 재료업체, 도로안전시설 업체 등이 연간 16조 원대 시장을 놓고 일한다. 도로 건설 단계에서는 설계, 건설 등 직접적으로 고용되는 일자리가 생겨난다. 도로 건설 현장에 자재와 서비스를 공급하는 철근, 시멘트, IT, 식당 등에도 일자리가 생겨난다. 도로 이용단계에서는 자동차 정비소, 주유소, 휴게소, 유지관리, 요금징수 등에서도 일자리가 생겨난다. 2021년 재정사업 고용영향평가 가이드라인에 의하면 고속도로와 일반국도 시설 운영

단계에서 1km 당 각각 2.12명과 2.53명의 고용효과가 발생한다.

물론 1년에 1백만 건 이상 발생하는 교통사고 업무를 처리하는 보험회사(2020년 수입보험료는 20.3조 원)와 병원, 한의원, 물류회사, 운전면허학원, 내비게이션 업체 등 넓은 영역에 걸쳐 많은 직종이 분포하고 있다. 자동차 여행과 오토캠핑의 확대로 숙박업 종사자도 늘어난다.

고속도로 인터체인지 주변에 공장, 놀이시설, 아웃렛, 물류창고가 들어서면서 여기에서 일하는 사람도 많아진다. 경제 용어로 고용유발효과가 생겨나는 것이다. 과거에 경제가 어려울 때 이와 같은 경제적 효과 때문에 고속도로 건설과 같은 대형 프로젝트를 실시해왔다. 로마 시대부터 1930년대 미국 대공황 시기에 도로 건설은 인기 있는 정책이었다.

그런데, 요즘 건설사업이 예전만큼 일자리를 많이 만들어내지 못하는 것은 분명하다. 임금이 빠르게 상승하자 건설사업에서 장비를 기계화하고 업무를 정보화하여 전보다 훨씬 적은 인원으로 사업을 수행한다. 기술 발전으로 생산자본이 노동력을 대체한 것이다. 현장 근로자도 외국인 노동자가 대체하여 내국인 일자리 창출에 이바지하는 능력이 더욱 떨어졌다. 한국은행에서 발표하는 산업연관표 중 교통시설건설 분야의 고용유발계수가 10억 원당 1985년 57.87에서 1990년 31.65로 대폭 감소하였고, 2018년 8.6(도로시설 건설 고용유발계수는 10.2)까지 낮아졌다.

자동차산업 일자리

도로가 개통되면 자동차가 이용한다. 자동차산업은 자동차의 설계,

개발, 제조, 마케팅, 판매를 수반하는 기업과 단체로 구성된다. 통계청에 의하면 2019년 자동차 제조업 종사자 수는 33만 6천 명을 기록했다. 연간 400여만 대를 생산하는 자동차 업계 부품업체 수는 4,600여 개에 달한다. 전자산업과 함께 양대 산업인 자동차산업은 고용유발계수가 6.81로서 반도체 산업에 비해 3배 이상 높다. 산업 성장이 고용으로 강하게 이어진다. 판매와 정비, 보험, 주유, 운송, 생산 기자재 등 전후방 산업의 간접고용까지 고려한다면 177만 명의 일자리와 연계되어 있다고 추정된다. 도로 부문과 직접 관련된 산업인 유통 부문과 운수이용 부문에 31.38만 명과 80.90만 명이 종사하고 있다.

대중교통 운수 분야 종사자

2019년 한국 운송업체 종사자 수는 115.3만 명이며 이 가운데 육상운송 및 파이프라인에 95.8만 명, 창고 및 운송업에 12.8만 명이 종사한다.

2020년 말 기준 전국에 등록된 버스 대수는 시내버스 35,309대, 농어촌버스 2,069대, 시외버스 6,511대, 고속버스 1,933대 등 총 45,822대에 달한다. 종사자 수는 시내버스 84,337명, 농어촌버스 3,582명, 시외버스 10,399명, 고속버스 3,728명 등 총 101,986명에 달한다. 전세버스는 2020년 말 기준 1,495개 업체에서 39,163대를 운영하고 있으며 4만여 명이 고용되어 있다. 1993년 10월 면허제에서 등록제로 전환 이후 신규사업자가 증가하여 전세버스 등록 대수가 1993년 7,481대에서 2014년 말 47,935대까지 폭증하였다. 전세버스의 공급과잉은 업체 간

출혈경쟁으로 이어져 대당 운송수익이 35%나 감소했고 업계가 영세화되었다. 이후 2014년 12월부터 3차례에 걸친 신규등록 및 차량 증차 제한 등의 수급 조절 조치로 꾸준히 감소하고 있다.

2021년 전국에 등록된 택시는 250,586대(법인 85,876대, 개인 164,709대)이고, 운전자 수는 241,721명(일반 77,012명, 개인 164,709명)이다. 2015년과 비교할 때 택시 대수는 비슷하였으나 운전자 수가 법인 택시를 중심으로 4만여 명 줄어들었다. 최근 코로나 여파로 승객이 줄어들자 법인 택시 운전자가 대거 이탈하면서 택시 운행 대수가 줄어든 것이다. 특히 법인 택시 기사는 30% 넘게 떠났는데 상당수 배달업체와 대리운전과 같은 유관 업종으로 이동한 것으로 보인다.

최근 우버 택시 도입을 두고 택시업계와 첨예한 논쟁이 있었는데 택시업계 사정을 들여다보면 이해가 된다. 장기간 회사택시를 운전하며 어렵게 개인택시 면허를 얻었으나 과잉 공급으로 수익률이 낮아진 마당에 여기에 편리한 모바일 서비스가 진입한다면 대리운전 못지않은 파괴적 결과가 우려되기 때문이다. 뉴욕 맨해튼에 운행되는 엘로우캡(노란택시) 13,500대의 면허 가격이 50퍼센트 감소한 배경에는 우버 진입으로 인한 수입 감소가 있었다.

마지막 일자리 택배, 배달 라이더, 대리운전

전자상거래의 발달로 증가하기 시작한 택배 시장은 코로나19 영향으로 규모가 더욱 커졌다. 국토교통부 국가물류통합정보센터에 따르면 국내 택배 시장 물동량은 2012년 14.1억 박스에서 2021년 33.7억 박스로 매년 10% 내외로 증가했다. 특히 2019년 27.9억 박스이던 것이 코로나19의 영향으로 21%나 증가하였다. 전국에 7,000여 개의 물류 시설이 있으며 생산물류발전법에 의하면 화물자동차와 이륜자동차만 배송서비스 운송 수단으로 규정하고 있는데 자율자동차나 배송 로봇으로 확대될 가능성이 있다. 배달의 민족, 쿠팡이츠, 요기요, 바로고, 생각대로 등 수십 개의 배달플랫폼을 통해 코로나19 확산 후 배달 시장 규모는 2020년 약 20조 원으로 전년 대비 122%, 지난 3년 새 여섯 배나 성장하였다. 국내 라이더 수도 급격히 늘어 50만 명으로 추산된다.

1980년대 강남 유흥업소를 중심으로 시작된 대리운전은 휴대전화의 보급과 함께 수요자 요구형 교통서비스로서 규모가 확대되었다. 카카오모빌리티와 티맵모빌리티 등 대기업 대리운전 앱이 등장하여 기존 전화 기반 시장과 경쟁하면서 시장이 성장하였다. 국토교통부 대리운전 실태조사보고서에 2020년 국내 대리운전 규모는 2조 7,672억 원으로 대리운전기사는 약 16만 4천 명이다. 2014년과 2016년 추산한 대리운전기사 수가 각각 8만 7천 명과 11만 명이었으니 꾸준한 성장세를 보여 왔다.

국가유산으로 지정된 도로와 시설

국가지정문화재로 지정된 교량과 도로

오래되고 의미 있는 도로를 기념하는 가장 좋은 방법은 공식으로 인정받는 국가유산(문화재)으로 지정하는 것이다. 문화재보호법에서는 국가지정문화재를 국보·보물·중요무형문화재·사적·명승·천연기념물·중요민속자료 7가지로 구분하고 있다. 교량이나 터널과 같이 실체가 분명한 구조물은 국보·보물이나 사적으로 지정되지만, 옛길은 명승으로 지정되어 있다. 국가지정문화재 이외에 도로 시설은 시도지정문화재로 지정되어 있다. 최초에 만들어진 길은 하드웨어이지만 세월이 쌓인 옛길은 주변과 어울린 소프트웨어와 같다. 박제되고 보존되는 죽은 길보다는 고쳐가면서 쓰는 살아있는 옛길이 낫다.

국보, 보물, 사적

대한민국 국보 350점 가운데 길이나 도로와 관련된 것은 없다. 굳이 찾자면 '경주 불국사 연화교 및 칠보교'와 '경주 불국사 청운교와 백운교' 2점으로 교량에 가까운 계단이다.

보물로 지정된 2,270점 가운데 10점이 교량으로 보성 벌교 홍교, 창경궁 옥천교, 순천 선암사 승선교, 여수 흥국사 홍교, 창녕 영산 만년교, 고성 건봉사 능파교, 고성 육송정 홍교, 함평 고막천 석교, 서울 살곶이 다리, 창덕궁 금천교이다.

순천 선암사 승선교(보물)
출처: 문화재청

서울 살곶이 다리(보물)
출처: 문화재청

사적으로 지정된 519점 가운데 서울 청계천 유적(광통교지, 수표교지와 오간수문지), 경주 춘양교지와 월정교지, 서울 한양도성이 도로관련문화재이다. 경주 춘양교지와 월정교지는 통일신라시대 교량의 구조와 축조 기술을 살펴볼 수 있는데, 삼국사기에 기록이 남아있다. 전체 길이 18.6km에 달하는 한양도성을 따라가는 한양도성길도 옛 도보 길이다.

복원된 월정교
ⓒ강정규

서울청계천유적
(광통교지, 수표교지와 오간수문(사적))

출처: 문화재청

국가지정문화재 이외에 시도유형문화재인 지방유형문화재와 지방기
념물로 지정된 도로 시설도 많다. 지방유형문화재 3,880점 가운데 교량
과 관련된 9점의 명단은 진천 농다리, 안양시 만안교, 고흥 옥하리(수구)
홍교, 옥천 청석교, 강진 병영성홍교, 대천 한내돌다리, 청주 문산리 돌
다리, 고양 강매 석교, 인천광역시 홍예문이다.

명승으로 지정된 길

조선시대에 들어 삼남대로를 비롯한 10개 대로 체제가 완성됐다. 그
러나 일제강점기를 거치며 대부분의 대로가 그 본디 모습을 상실하고
신작로가 되고 말았다. 또 이후에는 남아있던 옛길 중 다수가 임도로
활용되면서 원형이 보존된 곳이 손에 꼽히게 되었다.

명승으로 지정된 121점 가운데 7점의 옛길이 포함되어 있다. 진도의
바닷길, 구룡령 옛길, 죽령 옛길, 문경 토끼비리, 문경새재, 충주 계립령

로 하늘재, 대관령 옛길이다. 여기에 더하여 문화재청은 2021년 9월 총 6개의 옛길을 국가지정문화재(명승)로 지정 예고했다. 장성 삼남대로 갈재, 삼남대로 누릿재, 백운산 칠족령, 관동대로 구질현, 창녕 남지 개비리, 울진 십이령이다.

등록문화재

등록문화재는 지정문화재가 아닌 50년 이상 된 근대건축물, 유물 등 모든 형태의 유형문화재로서 근대 역사 문화유산을 보전하기 위함이다. 2019년 개정된 문화재보호법에 따라 국가와 지자체로 이원화되어 국가등록문화재와 (지방)등록문화재로 구분된다.

국가등록문화재로 지정된 908점 가운데 12점의 교량과 터널이 포함되어 있다. 철원 승일교, 대전 육교(상, 하행선), 영동 노근리 쌍굴다리, 파주 경의선 장단역 죽음의 다리, 화천 꺼먹다리, 태백 장성이중교, 고성 합축교, 여수 마래 제2터널, 군산 해망굴, 통영 해저터널, 밀양 상동터널, 칠곡 구 왜관터널이다.

경부고속도로 대전육교는 고속도로 시설물 가운데 최초로 2020년 국가등록문화재로 지정되었다. 길이 201m, 높이 35m의 대전육교는 1969년 건립 당시 국내에서 가장 높고 아름다운 교각으로 알려졌다. 불과 29년 후인 1999년 노선조정으로 폐도가 되어 차량 통행이 중지되었지만, 시민들의 휴식처나 영화·드라마의 촬영지로 활용되어왔다. 대전육교는 해방 이후 순수 우리 토목 기술로 제작된 근대 산업화 시기를 상징하는 역사적 구조물이란 가치를 갖는다.

(시도)등록문화재 16건 가운데 도로와 관련된 것은 한강대교가 유일하다. 한강에서 가장 오래된 인도교인 한강대교는 2020년 서울시 등록문화재 제1호로 지정되었다. 1917년 준공된 인도교는 노들섬과 노량진 간의 대교와 노들섬과 한강로 간의 소교로 나뉘어 있다. 일제강점기, 6·25전쟁, 80년대 산업화의 흔적이 남아있는 이 다리는 대한민국 근현대 역사의 산 증거이자 국내 교량 기술 발전의 복합적인 상징물로 평가받는다.

1970년대 대전육교 (한국도로공사)

출처: 국가등록문화재

한강대교

출처: 시도등록문화재

도로에서 벌어지는 스포츠 이벤트

마라톤 - 가장 많은 인원이 참가하는 스포츠 이벤트

숨이 가빠오고, 온몸의 근육이 뒤틀리다가, 영혼까지 가출해야 마무리되는 마라톤은 도로에서 가장 자주 벌어지는 인기 스포츠 이벤트일 것이다. 두세 시간 동안 주요 도로와 도시의 속살까지 중계되는 만큼 시민들과 도로에서 개최되는 최고의 이벤트라 할 수 있다. 자동차에는 불편하지만 많게는 수만 명의 선수와 자원봉사자, 시민들의 자존감을 높여주는 마라톤은 정치가들에게도 너무나 매력적인 이벤트이다. 세계적으로 유명한 마라톤대회 가운데 4년마다 열리는 올림픽과 2년마다 열리는 세계육상선수권대회는 매번 개최도시가 바뀐다. 반면에 보스턴, 뉴욕, 런던, 로테르담 마라톤 대회는 같은 도시에서 매해 대회가 열린다.

근대 아테네 올림픽을 기념하여 1897년 출범한, 가장 오래된 마라톤 대회로 유명한 보스턴 마라톤은 매년 4월 셋째 주 월요일에 열린다. 애초 보스턴과 렉싱턴 간 왕복 코스는 1925년부터 편도코스로 바뀌었다. 보스턴 교외 홉킨턴에서 출발하여 보스턴 육상경기클럽 앞에 골인한다.

1970년에 시작된 뉴욕 마라톤대회는 남부 스테이튼 섬에서 출발하여 브루클린, 퀸스, 브롱크스, 맨해튼을 통과하여 센트럴파크에 골인한다. 매년 11월 첫 번째 일요일, 스테이튼 섬에서 출발한 3만 명이 베라자노내로 다리를 빠져나가는 6분 30여 초의 장관이 펼쳐진다.

1981년 시작된 런던마라톤은 매년 4월 셋째 토요일에 개최되는데 런던 그리니치 공원을 출발하여 버킹엄궁전에서 끝나는 편도코스이다. 템스강 변, 타워 교, 웨스트민스터와 같은 런던의 명물이 코스에 포함된다.

베를린 올림픽 손기정, 바르셀로나 올림픽 황영조를 비롯하여 이봉주, 서윤복 등을 배출한 한국의 마라톤 사랑도 남다르다. 2020년에는 전국에서 크고 작은 각종 마라톤대회가 175개나 예정되었다고 한다. 국내에서 가장 규모가 큰 3대 마라톤대회는 '동아마라톤 서울국제마라톤', '조선일보 춘천마라톤', '중앙서울마라톤'이다.

긴 교량이나 터널 개통을 축하하는데 마라톤대회는 중요한 행사이다. 에펠탑보다 높은 교각 7개로 지지가 되어 세계에서 가장 아름다운 사장교로 손꼽히는 프랑스의 미요대교가 개통된 2004년 마라톤대회가 열린 바 있다. 우리나라에서도 서해대교와 죽령터널을 왕복하는 단축마라톤이 각각 2000년과 2001년에 열린 바 있다. 2009년 개통된 인천대교에서는 무려 3만여 명이 참가한 가운데 풀코스, 하프코스, 10km 마라톤이 개최되었다. 부산의 명물 광안대교에서도 1년에 두 번 마라톤대회가 열린다.

세계 3대 도로 일주 사이클 -프랑스, 이탈리아, 스페인

도로 일주 사이클 대회의 3대 그랜드투어(Grand Tour)로 투르 드 프랑스(Tour de France·프랑스 일주), 지로 디탈리아(Giro d'Italia·이탈리아 일주), 부엘타 아 에스파냐(Vuelta a Espana·스페인 일주)를 꼽는다. 세 대회 모두 매년 열리며 3주간에 걸쳐 3,000~4,000km를 달린다. 1903년 시작된 투르 드 프랑스는 7월 중 23일 일정으로 21개 구간을 달린 다음 파리 샹젤리제 거리 개선문에 입성한다. 1909년 시작된 지로 디탈리아는 5월이나 6월 중 3주 동안 21개 구간 3~4천km를 달려 로마로 들어온다. 1935년 시작된 부엘타 아 에스파냐는 8월 하순~9월 중순 3주간에 걸쳐 21개 구간을 달려 마드리드에 들어온다. 메세나 고원, 피레네 산맥, 시에라네바다 산맥이 포함된 험난한 산악코스로 유명하다.

3개 그랜드 투어는 모두 3주간에 걸쳐 21개 내외 구간으로 나누어 총 3,000~4,000km를 달린다는 유사점이 있다. 또한 출발지와 코스는 매년 조금씩 바뀌지만, 결승점은 각각 수도인 파리, 로마, 마드리드로 항상 똑같다. 선수들의 구간별 성적을 바탕으로 차별화된 색깔의 유니폼을 입히는 방식도 흥미롭다. 시작점과 코스가 매년 달라지니 지방의 참여 의지는 경쟁적이다. 봄이 깊어가는 이탈리아에서 시작된 그랜드 투어는 프랑스에서 절정의 여름을 맞으며 가을이 오는 스페인에서 장정을 마치고 다음 해를 기약한다. 유럽의 좋은 계절은 사이클과 함께 시작되고 끝난다고 보면 된다. 유럽 도로에서 마주치는 자전거 여행자들의 주행거리는 놀랄 만큼 길다. 좋은 자전거 시설, 숙련된 자전거 이용자, 그리고 이를 배려하는 자동차 운전자들이 만들어낸 부러운 도로 문화의 하나이다.

시속 40~45km 내외로 달리는 자전거경주는 미디어에 매력적인 중계 대상이기도 하다. 도로변 풍광을 파노라마처럼 보여주면서 3주에 걸쳐 열기를 끌어올리다가 수도에서 화려한 피날레를 장식한다. 구간이 시작되거나 끝나는 도시는 물론 코스 주변 마을에도 엄청난 홍보이익이 따르게 된다. 이 기간에 유럽 어디서나 종일 방송되는 유로스포츠를 통해 자국 선수들을 응원하고 장거리 자전거 투어 휴가로 연결되니 100여 년에 걸쳐 형성된 도로 문화의 절정이라 할 만하다.

한국에서도 국토를 일주하는 투르 드 코리아 대회가 2007년부터 매년 열리고 있다. 1주일에 걸친 국내 최대 규모의 자전거경주로서 도로용 사이클인 로드바이크만 출전이 허용되어 하루에 150km 내외를 달린다. 프로 선수팀이 참가하는 엘리트 루트와 프리테스트를 통과한 동호인 팀이 참가하는 스페셜 루트로 구성된다. 대한자전거연맹(cycling.or.kr)에 의하면 2019년에 투르 드 코리아 이외에 진안, 상주, 가평, 강진, 양양, 창녕 등 8개 도시에서 지역 도로 사이클 대회가 개최된 바 있다.

자동차 경주

자동차산업과 도로 산업은 불가분의 관계로 자동차가 주행 성능을 최고로 발휘하려면 좋은 도로가 꼭 필요하다. 가장 수준 높은 고속도로를 가진 나라에서 최고급의 자동차가 생산되고 있으니 도로 강국이 자동차 강국이라는 등식이 성립한다. 세계 20위권의 도로 경쟁력을 가진 우리나라에서 세계 5위권의 자동차산업을 일군 것은 예외적이다.

모나코 그랑프리, 르망 24시, 인디애나폴리스 500마일 레이스는 자동차 경주의 명문으로 꼽힌다. 1929년에 시작되어 F1 그랑프리 중 가장 역사가 깊은 모나코 그랑프리는 상설서킷이 아니라 몬테카를로·라코다민 시가지 도로 3.34km를 총 78회 돌아야 한다. 매우 아름다운 서킷으로 꼽히지만 도로폭과 코너 반경이 좁아서 추월이 힘들고 주행속도도 다른 대회보다 낮게 나온다.

르망 24시 레이스는 1923년부터 프랑스 르망시 라 샤르트 경주장에서 열려왔다. 세 명의 레이서가 교대로 길이 13.48km의 서킷을 24시간 동안 계속 달려 그 주행거리로 우열을 겨룬다. 차량의 빠르기보다 얼마나 더 멀리 가느냐를 놓고 자동차의 내구성을 겨루는 경주이다. 그 어떤 포뮬러 1 그랑프리보다 많은 70만 명의 관객을 동원하는 최대 모터스포츠 경주이다.

세계에서 가장 오래되고 규모가 큰 인디애나폴리스 500마일 레이스는 5월에 열린다. 자동차 초창기이자 변변한 도로조차 없던 1911년 미국에서 도로 개발자이자 사업가인 칼 피셔가 창설한 이 경주에는 약 40만 명의 관객들이 참가한다. 길이 2.5마일 타원형 트랙을 200바퀴, 총 500마일을 돌아 승자를 가리는데 평균 시속이 300km에 달하고 추월도 많다.

참고문헌(3부 3장)

[단행본]

강정규, ≪한국 도로 60년의 이야기≫, 2018.

국토교통부, ≪2021 도로 주요 통계≫, 2021.

국토교통부, ≪2021 도로업무편람≫, 2021.

[논문 및 보고서]

고용노동부, <2021년 재정사업 고용영향평가 가이드라인>, 2021.

국토교통부, ≪2021년도 국토의 계획 및 이용에 관한 연차보고서≫, 2021.

문화재청, 공고문_국가지정문화재(명승) 지정예고(삼남대로 갈재 등 옛길 6개
　　　소), 2021. 09.

한국교통연구원, <교통산업이 국민경제에 미치는 영향>, 2016.

[전자문헌]

문화재청, 국가문화유산포털 (https://www.heritage.go.kr) 2021. 09. 검색.

서울특별시, 도로시설물통계 (https://data.seoul.go.kr/), 2022. 03. 검색.

위키미디어 커먼스 (https://commons.wikimedia.org/)

통계청, 국가통계포털(https://kosis.kr/), 2022. 03. 검색.

한국은행 경제통계시스템(http://ecos.bok.or.kr/), 2022. 03. 검색.

[국외문헌]

World Bank, The Cost of Road Infrastructure in Low and Middle Income
　　　Countries, 2015.

마무리 글

도로는 대한민국 경제의 활성화 및 이용자 편의 등 국민에게 지대한 역할을 하는 중요한 교통시설입니다. 최근 들어 일반 국민 및 언론에게는 중복투자, 상습 지정체 등으로 인식되는 안타까운 현실에 권수안 전임 도로학회장께서 고심해 왔습니다.

본인은 한국건설기술연구원에서 33여 년을 근무하고 정년퇴직하여 여유 시간을 즐길 때쯤, 작년에 학회장으로부터 본 과업의 추진을 요청받았습니다. 도로 관련 내용을 체계적으로 집대성한 자료가 없으니, 도로학회의 역할로 체계적인 자료 수집부터 도로의 모든 것을 담은 책자 발간과 홍보가 필요하다는 것입니다.

도로이용자인 국민들과 도로를 만들고 관리하는 관계자들이 도로에 대해 이해하고 관심을 높이자는 데 의견을 같이 하였습니다. 독자 대상을 청소년과 일반인으로 하여, 재미있고 유익한 도로 이야기 책을 내기로 하였습니다. 주요 내용은 도로 역사, 도로 기술에 대한 해설, 인문 및 사회과학 측면에서의 도로 이야기 등으로 구성코자 하였습니다.

이에 따라, 1분과는 도로사와 정책으로 권영인 박사님, 2분과는 도로 기술 이야기로 손원표 박사님, 3분과는 도로 인문과 사회로 강정규 박사님을 각 분과 책임집필자로 모셨습니다. 개괄적인 목차를 만들고 필진을 선정하여 발간위원회를 구성하였습니다. 세부 분야의 많은 전문가가 참여할 수도 있으나 내용 기술의 일관성과 추진 효율성 등을 고려하여 12인으로 하고 진행하였습니다. 본업에 바쁜 가운데 참여해주신 집필 위원님들께 감사드립니다.

도로분야의 역사 기록이 되고 도로공학 기술의 소개 및 홍보가 되며 도로와 역사 문화가 함께 어우러진 글을 남길 수 있는 좋은 기회를 주신 권수안 전 학회장님, 발간되기까지 지원해주신 김성민 학회장님과 학회 회원님들께 감사드립니다. 책이 나오기까지 수고해주신 운영위원회 위원님들과 출판사 박영사의 관계자님께도 감사드립니다.

이번에 내는 도로이야기 책이 바탕이 되어서 본 집필진뿐만 아니라 다양한 필자들에 의해 수많은 도로 이야기가 지속적으로 남겨지기를 기대합니다. 고맙습니다. 사랑합니다.

도로이야기책 발간위원회 위원장 노관섭

부록

부록 1. 도로 연대표
부록 2. 일반국도와 고속국도 노선표

부록 1. 도로 연대표

156. 4.	(신라 아달라왕 3) 계립령로鷄立嶺路 개척
158. 3.	(신라 아달라왕 5) 죽령로竹嶺路 개척
487.	(신라 소지왕 9) 우역郵驛 설치
	(역참제의 기원) 관도官道를 수치修治
584.	(신라 진평왕 6) 승부乘府 설치(육상 교통 담당)
1502. 3.	(조선 연산군 8) 김익경의 제조 수차水車 시용試用
1597.	(조선 선조 30) 파발擺撥 제도 확립
1896.	(조선 건양원년) 대로 노폭 55척으로 변경(내부령 제9호)
1899. 9. 18.	경인철도 개통
1913. 5.	도로취체규칙道路取締規則 제정(총독부령 제53호)
1915. 10.	도로규칙 제정(총독부령 제111호)
1917. 10. 7.	한강인도교(구교) 준공(1926. 7. 대홍수로 재해 입음)
1921. 7.	자동차취체규칙自動車取締規則 제정(총독부령 제112호)
1921. 10. 25.	도로취체규칙 개정, 보행자의 우측 통행을 좌측 통행으로 변경
1933. 9. 7.	조선 자동차 교통령朝鮮自動車交通令 및 시행규정 공포(총독부령)
1935. 3. 31.	부산 영도대교(도개교跳開橋 도개 부분 31.3m) 준공
1938. 12. 1.	조선도로령에 의한 일반국도의 노선 고시
1939. 3. 1.	서울의 도로포장 4개년계획 수립하여 도로 포장 실시
1939. 8. 14.	서울에 인력거 등장
1948. 11. 4.	내무부 건설국 도로과(대통령령 제18호)
1961. 12. 27.	도로법 제정(법률 제871호), 사도법 제정(법률 제872호)
1961. 12. 31.	도로교통법 제정(법률 제941호)
1962. 1. 10.	도로운송차량법 제정(법률 제962호)
1962. 3. 24.	도로법 시행령 제정(각령 제569호)

1962. 6. 18.	건설부 국토보전국 도로과(법률 제1092호)	
1963. 11. 5.	유료도로법 제정(법률 제1441호)	
1964. 3. 24.	도로법 시행규칙 제정(건설부령 제14호)	
1965. 7. 19.	도로구조령 제정(대통령령 제2177호)	
1966. 4. 27.	한국도로협회 창립	
1966. 6. 12.	낙동대교 개통	
1967. 1. 21.	서울 사직터널 개통	
1967. 2. 28.	도로정비촉진법 제정(법률 제1893호)	
1967. 9. 23.	국내 최초의 유료도로인 서울의 강변 1로(제1한강교~영등포 입구간 12.6km) 개통	
1968. 2. 1.	서울~부산 고속도로 서울~수원간 기공	
1968. 7. 12.	도로정비사업특별회계법 제정	
1968. 7. 24.	건설부 도로과를 도로국으로 승격(대통령령 제3515호)	
1968. 12. 13.	고속도로 통행료 징수 규정 제정(건설부훈령 제119호)	
1968. 12. 21.	서울~인천 고속도로(29.5km) 개통	
1969. 1. 27.	한국도로공사법 제정(법률 제2083호)	
1969. 2. 20.	한국도로공사 창립	
1969. 3. 22.	서울 삼일 고가도로(연장 3,750m, 폭 16m) 개통	
1969. 4. 12.	서울~인천 고속도로에 고속버스 20대 처음 운행	
1970. 4. 15.	호남·남해 고속도로 대전~전주간 기공	
1970. 7. 7.	서울~부산 고속도로 전 노선(428km) 개통	
1970. 8. 10.	고속국도법 제정(법률 제2231호)	
1970. 8. 15.	서울 남산 1호 터널 개통	
1971. 12. 1.	영동~동해 고속도로 신갈~새말간 개통	
1972. 1. 1.	제주도 5·16 유료도로(41km) 개통	
1973. 6. 22.	경남 남해대교(국내 최초의 현수교) 개통	

1973. 11. 14.	호남·남해 고속도로 전주~순천간, 부산~순천간 개통	
1975. 10. 14.	영동~동해 고속도로(127km) 개통	
1976. 11. 21.	서울~수원간 산업도로 개통	
1977. 3. 25.	서울 남부 순환도로 개통	
1978. 10.	국토연구원(1999. 1.까지 국토개발연구원) 개원	
1981. 2.	≪한국도로사≫(한국도로공사) 발간	
1981. 10. 27.	원효대교(국내 최초 디비덕 공법 적용) 개통	
1981. 12. 31.	전국 도로 현황 전체 50,336km, 고속국도 1,245km, 일반국도 12,247km	
	자동차 보유 현황 571천대	
1983. 5. 6.	호남 고속도로 대전~광주 4차로 확장기공	
1983. 6.	한국건설기술연구원 개원	
1984. 6. 27.	88올림픽 고속도로(달성 옥포~담양 무정) 개통	
1984. 8. 11.	부산 구덕터널(국내 최장 터널 1,860m) 개통	
1984. 10. 18.	진도 연육교(국내 최초 사장교 484m)개통	
1985. 5. 17.	중부 고속도로(서울~대전) 착공	
1985. 11. 20.	올림픽대교 기공(한강 16번째 교량)	
1986. 2.	한국교통연구원(2005. 7.까지 교통개발연구원) 개원	
1986. 5. 2.	올림픽대로(행주대교~암사동 36km) 완공	
1986. 12. 3.	남해 고속도로 마산~진주간 4차로 확장 공사 기공	
1987. 12. 2.	중부 고속도로(145.3km) 개통	
1988. 4. 12.	판교~구리간 고속도로 기공	
1988. 12. 26.	도로사업특별회계 설치	
1989. 4. 16.	제11차 국제도로연맹 세계총회 서울대회 개최	
1989. 11. 15.	IBRD 6차 차관도로 포장 및 확장: 22개 구간 265.1km	
1990. 5. 4.	도로의 구조·시설 기준에 관한 규정 개정(대통령령 제13001호)	

1990. 10. 27.	자유로 1단계 착공
1990. 12. 19.	서해안 고속도로(353km), 제2경인 고속도로(15.5km) 착공
1991. 5. 13.	경부 고속도로 수원~청원간 (100.1km) 확장 착공
1991. 9. 30.	영동 고속도로 신갈~원주간(77km) 확장 착공
1991. 11. 29.	판교~구리간(23.5km)및 신갈~안산간(23.3km) 고속도로 준공
1991. 12. 20.	서울 외곽순환도로(92km) 착공
1992. 4. 17.	경인 고속도로 부평~인천간(12.3km) 확장 착공
1992. 7. 7.	도로의 날 제정 및 기념 행사
1992. 7. 15.	경부 고속도로 확장 준공
1992. 11. 13.	남해 고속도로 진주~광양간(50.5km) 확장 준공
1993. 6. 15.	경인 고속도로 부평~서인천간 8차로 확장 개통
1993. 7. 7.	경부 고속도로 수원~청원간 6~8차로 확장 개통
1993. 12. 16.	남해고속도로 광양~순천간 4차로 확장 개통
1994. 7. 6.	서해안 고속도로 인천~안산간(27.6km) 준공
1994. 9. 17.	고속도로 버스전용차선제 시행
1994. 12. 12.	영동 고속도로 신갈~원주간(77km) 확장 준공
1994. 12. 15.	중앙 고속도로 일부 구간 개통
1995. 7. 20.	서울 외곽순환고속도로 판교~학의간(8.8km) 개통
1995. 11. 24.	영동 고속도로 원주~강릉간(125.8km) 확장 기공
1995. 12. 4.	경인고속도로 다인승 차량 전용차로제 시행
1995. 12. 28.	서울 외곽순환고속도로 학의~평촌간 준공
1996. 6. 28.	부산－대구선 양산~구포간(16.3km) 신설 개통
1996. 9. 5.	제1회 한·일 도로협력회의(서울 개최)
1996. 11. 8.	호남선 고서~순천간(71.4km) 확장 개통
1996. 12. 1	제1회 한·중 도로협력회의(북경 개최)
1996. 12. 17.	서해안선 안산~안중간(42.7km) 신설 개통

1997. 1. 27.	제1회 한·미 도로협력회의(서울 개최)
1997. 4. 16.	중부내륙선 여주~구미간(154.2km) 신설 기공
1997. 9.	≪1997 도로백서≫(건설교통부) 발간
1997. 11. 3.	서울 외곽순환고속도로 김포대교(3.5km) 신설 개통
1997. 12. 31.	자동차 보유 현황 10,413천대
1998. 4. 30.	대구~포항간 고속도로(68.4km) 신설 기공
1998. 10.	제5회 ITS 서울 세계대회 개최
1998. 12.	도로정비 기본계획(1998~2010)
1999. 4. 9.	한국도로학회(2004. 5.까지 한국도로포장공학회) 창립
1999. 5.	제1차 일반국도 5개년계획(2001~2005) 고시
1999. 8. 9.	도로의 구조·시설 기준에 관한 규칙 제정(건설교통부령 제206호)
2001. 12. 21.	서해안 고속도로 전구간 개통
2002. 12. 23.	논산~천안간 고속도로 전구간 개통
2003. 10.	≪2003 도로백서≫(건설교통부) 발간
2003. 12. 8.	제1회 한·인니 도로협력회의(자카르타 개최)
2004. 12.	중부내륙 고속도로 전구간 개통
2004. 12. 31.	전국 도로 현황 전체 100,278km, 고속국도 2,923km, 일반국도 14,246km
	자동차 보유 현황 14,934천대
2005. 7.	제1회 세계도로교통박람회(ROTREX 2005) 개최
2005. 12.	도로정비 기본계획 수정계획(2006~2010)
2005. 12. 12.	통영~대전간 고속도로 전구간 개통
2006. 6.	제2차 국도건설 5개년(2006~2010)계획 및 국가지원지방도 5개년 (2006~2010)계획 고시
2007. 8.	≪한국의 아름다운 길 100선≫(건설교통부) 발간
2007. 12. 28.	서울 외곽순환고속도로 전구간 개통

2008. 2. 29.	건설교통부에서 국토해양부로 정부조직 개편(대통령령 제20722호)
2009. 2. 19.	도로의 구조·시설 기준에 관한 규칙 전부개정(국토해양부령 제101호)
2009. 5. 28.	당진~대전 고속도로, 서천~공주 고속도로 개통
2009. 7. 1.	용인~서울 고속도로 개통
2009. 11. 11.	도로안전시설 설치 및 관리 지침(국토해양부 예규 제136호)
2011. 6.	제2차 도로정비 기본계획(2011~2020)
2011. 7.	《2011 도로백서》(국토해양부) 발간
2011. 11.	《한국의 경관도로》(국토해양부) 발간
2011. 12.	한국형 도로포장 설계법 정립
2012. 2.	제3차 국도건설 5개년('11－'15) 계획 및 국가지원지방국도 5개년('11－'15) 계획
2013. 3. 23.	국토해양부 도로정책관실에서 국토교통부 도로국으로 정부조직 개편(대통령령 제24443호)
2013. 9. 6.	국가건설기준센터 개소
2014. 1. 14.	도로법 전부개정(법률 제12248호)
2014. 12. 1.	제18회 한·일 도로협력회의(도쿄 개최)
2014. 12.	《한국의 길》(국토교통부) 발간
2014. 12. 31.	자동차 보유 현황 20,118천대
2015. 2. 23.	한국도로기술사회 사단법인 설립
2015. 11.	제25회 서울 세계도로대회 개최
2015. 12. 22.	광주~대구고속도로(구 88올림픽선) 확장 개통
2016. 4. 25.	제1회 한·베 도로협력회의(세종 개최)
2016. 6. 30.	울산~포항고속도로 개통
2016. 8.	제1차 국가도로종합계획(2016~2020)
2016. 9.	제4차 국도건설 5개년('16－'20) 계획 및 국가지원지방국도 5개년('16－'20) 계획

2016. 12.	연천SOC 실증연구센터(한국건설기술연구원) 조성
2017. 1.	제1차 고속도로 건설 5개년계획(2016~2020) 고시
2017. 6. 30.	동서고속도로(서울~양양) 전구간 개통
2018. 1.	고속 및 일반국도 등 도로관리계획 고시
2018. 2.	≪2017 도로백서≫(국토교통부) 발간
2018. 12.	서울기술연구원 개원
2018. 12. 18.	도로법 일부개정(법률 제15997호)
2019. 8. 21.	제4회 한·베 도로협력회의(베트남 개최)
2019. 8. 25.	제19회 한·미 도로협력회의(워싱턴 개최)
2019. 9. 24.	제16회 한·인니 도로협력회의(서울 개최)
2019. 12. 8.	제24회 한·중 도로협력회의(세종 개최)
2020. 3. 6.	도로의 구조·시설 기준에 관한 규칙 일부개정(국토교통부령 제706호)
2020. 7. 7.	경부고속도로 개통 50주년 기념, 2020 도로의 날 개최
2020. 9. 1.	서울외곽순환선을 수도권제1순환선으로 명칭 개정
2021. 1. 12.	도로법 타법개정(법률 제17893호)
2021. 7. 7.	제30회 도로의 날
2021. 9. 24.	제2차 국가도로망종합계획(2021~2030) 고시
2021. 9. 30.	제5차 국도 국지도건설계획(2021~2025) 고시
2021. 9. 30.	제2차 도로관리계획(2021~2025) 고시
2021. 12. 31.	전국 도로 현황 전체 113,405km, 고속국도 4,866km, 일반국도 14,175km 자동차 보유 현황 24,911천대
2022. 2. 4.	제2차 고속도로 건설계획(2021~2025) 고시
2022. 7.	≪2022 도로업무편람≫(국토교통부) 발간(매년)
2022. 10.	≪도로 이야기≫(한국도로학회) 발간

출처: (상)경부고속도로 개통 축하조형탑(국가기록원),
(하)차량이 폭주하는 서울 거리(국가기록원)

부록 2. 일반국도와 고속국도 노선표

일반국도 노선표

(2021년도 말 기준)

노선번호	노선명	기점	종점	연장(km)
합계 : 52개 노선				14,175.00
제1호선	목포~신의주선	전남 목포	평북 신의주	524.14
제2호선	신안~부산선	전남 신안 장산	부산 중구	493.92
제3호선	남해~초산선	경남 남해 미조	평북 초산 초산	581.83
제4호선	군산~경주선	전북 부안 하서	경북 경주 감포	380.72
제5호선	통영~중강진선	경남 통영 도남	평북 자성 중강	599.02
제6호선	인천~강릉선	인천 중구	강원 강릉 주문진	261.60
제7호선	부산~온성선	부산 중구	함북 온성 유덕	481.72
제12호선	군산~김제선	전북 군산 옥도	전북 김제 진봉	34.20
제13호선	완도~금산선	전남 완도 완도	충남 금산 금산	305.12
제14호선	거제~포항선	경남 거제 남부	경북 포항	299.47
제15호선	고흥~남원선	전남 고흥 봉래	전북 남원 주천	147.54
제17호선	여수~광주선	전남 여수 돌산	경기 광주 도척	452.25
제18호선	진도~구례선	전남 진도 군내	전남 구례 마산	236.83
제19호선	남해~홍천선	경남 남해 미조	강원 홍천 서석	445.79
제20호선	산청~포항선	경남 산청 시천	경북 포항	222.97
제21호선	남원~이천선	전북 남원 대강	경기 이천 장호원	353.75
제22호선	정읍~순천선	전북 정읍	전남 순천	178.08
제23호선	강진~천안선	전남 강진 강진	충남 천안	384.74
제24호선	신안~울산선	전남 신안 임자	울산 남구	372.80
제25호선	진해~청주선	경남 창원 진해	충북 청주	283.76
제26호선	군산~대구선	전북 군산 옥서	대구 서구	166.81
제27호선	완도~군산선	전남 완도 고금	전북 군산	181.99
제28호선	영주~포항선	경북 영주	경북 포항	193.33
제29호선	보성~서산선	전남 보성 미력	충남 서산 대산	297.08

노선번호	노선명	기점	종점	연장(km)
제30호선	부안~대구선	전북 부안 보안	대구 서구	326.95
제31호선	부산~신고산선	부산 기장 일광	함남 안변 위익	620.98
제32호선	태안~대전선	충남 태안 소원	대전 중구	172.83
제33호선	고성~구미선	경남 고성 고성	경북 구미 선산	211.53
제34호선	당진~영덕선	충남 당진 당진	경북 영덕 영덕	279.64
제35호선	부산~강릉선	부산 북구	강원 강릉	350.48
제36호선	보령~울진선	충남 보령	경북 울진 근남	309.87
제37호선	거창~파주선	경남 거창 거창	경기 파주 문산	388.21
제38호선	태안~동해선	충남 태안 이원	강원 동해	310.98
제39호선	부여~의정부선	충남 부여 부여	경기 의정부	232.86
제40호선	당진~공주선	충남 당진 합덕	충남 공주	121.90
제42호선	인천~동해선	인천 중구	강원 동해	321.03
제43호선	세종~고성선	세종 아름	강원 고성 고성	256.87
제44호선	양평~양양선	경기 양평 양평	강원 양양 양양	132.36
제45호선	서산~가평선	충남 서산 해미	경기 가평 외서	181.71
제46호선	인천~고성선	인천 중구	강원 고성 간성	208.97
제47호선	안산~철원선	경기 안산	강원 철원 김화	114.84
제48호선	강화~서울선	인천 강화 양사	서울 종로 세종로	61.32
제56호선	철원~양양선	강원 철원 김화	강원 양양 양양	179.99
제58호선	진해~청도선	경남 창원 진해	경북 청도 매전	77.97
제59호선	광양~양양선	전남 광양	강원 양양 양양	413.51
제67호선	칠곡~군위선	경북 칠곡 왜관	경북 군위 군위	34.44
제75호선	가평~화천선	경기 가평 설악	강원 화천 사내	73.00
제77호선	부산~파주선	부산 중구	경기 파주 문산	710.46
제79호선	의령~창녕선	경남 의령 의령	경북 창녕 유어	85.41
제82호선	평택~화성선	경기 평택 포승	경기 화성 향남	22.68
제87호선	포천~철원선	경기 포천 내촌	강원 철원 철원	56.21
제88호선	영양~울진선	경북 영양 일월	경북 울진 평해	38.54

출처: 한국건설기술연구원·국토교통부, 일반국도 노선 지정 현황, 《도로 및 보수 현황 시스템》
http://www.rsis.kr/statistics_road_national.htm

고속국도 노선표

(2021년도 말 기준)

연번	노선번호	노선명	기점	종점	연장(km)
총계 : 41개 노선		〈공용중 노선 기준, 건설중 노선 등 제외〉			4,865.82
1	제1호	경부선	부산 금정구	서울 서초구	415.34
2	제10호	남해선	전남 영암군	부산 북구	273.20
3	제12호	무안~광주선, 광주대구선	광주 북구	대구 달성군	212.88
4	제14호	함양울산선	경남 함양군	울산 울주군	44.98
5	제15호	서해안선	전남 무안군	서울 금천구	336.65
6	제16호	울산선	울산 울주군	울산 남구	14.30
7	제17호	평택~화성선, 수원~광명선	경기 평택시	경기 광명시	54.07
		서울~문산선	경기 고양시	경기 파주시	35.20
8	제20호	새만금포항선	전북 완주군	경북 포항시	105.86
9	제25호	호남선, 논산~천안선	전남 순천시	충남 논산시	276.26
10	제27호	순천~완주선	전남 순천시	전북 완주군	117.78
11	제29호	세종포천선	경기 구리시	경기 포천시	50.60
12	제30호	당진~영덕선	충남 당진시	경북 영덕군	278.90
13	제32호	아산청주선	충남 아산시	충북 청주시	12.1
14	제35호	통영~대전선, 중부선	경남 통영시	경기 하남시	332.48
15	제37호	제2중부선	경기 이천시	경기 하남시	31.08
16	제40호	평택~제천선	경기 평택시	충북 제천시	126.91
17	제45호	중부내륙선	경남 창원시	경기 양평군	302.03
18	제50호	영동선	인천 남동구	강원 강릉시	234.40
19	제52호	광주원주선	경기 광주시	강원 원주시	56.95
20	제55호	중앙선	부산 사상구	강원 춘천시	370.76
21	제60호	서울~양양선	서울 강동구	강원 양양군	151.07
22	제65호	동해선	부산 해운대구	강원 속초시	222.63
23	제100호	수도권제1순환선	경기 성남시	경기 성남시	128.02

연번	노선번호	노선명	기점	종점	연장(km)
24	제102호	남해제1지선	경남 함안군	경남 창원시	17.88
25	제104호	남해제2지선	경남 김해시	부산 사상구	20.25
26	제105호	남해제3지선 (부산항신항선)	경남 창원시	경남 김해시	15.26
27	제110호	제2경인선	인천 중구	경기 성남시	69.98
28	제120호	경인선	인천 서구	서울 양천구	13.44
29	제130호	인천국제공항선	인천 중구	경기 고양시	36.55
30	제151호	서천~공주선	충남 서천군	충남 공주시	61.36
31	제153호	평택~시흥선	경기 평택시	경기 시흥시	40.30
32	제171호	오산~화성선, 용인~서울선	경기 오산시	서울 서초구	25.45
33	제204호	새만금포항선의지선	전북 익산시	전북 완주군	24.49
34	제251호	호남선의지선	충남 논산시	대전 대덕구	53.97
35	제253호	고창~담양선	전북 고창군	전남 담양군	42.50
36	제300호	대전남부순환선	대전 유성구	대전 동구	13.28
37	제301호	상주영천선	경북 상주시	경북 영천시	94.00
38	제400호	수도권제2순환선 (인천김포)	인천 중구	경기 김포시	28.88
		수도권제2순환선 (봉담동탄)	경기 화성시	경기 화성시	9.26
		수도권제2순환선 (봉담송산)	경기 화성시	경기 화성시	18.30
39	제451호	중부내륙선의지선	대구 달성군	대구 북구	30.00
40	제551호	중앙선의지선	경남 김해시	경남 양산시	17.42
41	제600호	부산외곽순환선	경남 김해시	부산 기장군	48.80

※ 고속국도 29호선 세종포천선 연장에 세종포천선의 지선으로 건설된 수도권제2순환선(양주-포천) L=6.0㎞ 포함

출처: 국토교통부, 《2022 도로업무편람》, 2022. 7.

저자 약력

강정규 공학박사 jgk5707@gmail.com
한국도로시설안전산업협회 고문, 전)한국도로공사 도로교통연구원 선임연구위원,
대한교통학회/한국ITS학회 부회장 역임
《한국도로 60년의 이야기》《세계도로기술과 정책》 저서/논문 다수
전문분야 : 도로운영 및 관리, 도로정책, 도로문화

권수안 공학박사 sakwon@kict.re.kr
한국건설기술연구원 선임연구위원
전)한국도로학회 회장, 한국건설기술연구원 산업혁신부원장 역임
도로 및 공항 포장 분야의 설계, 시공, 유지관리 관련 연구 수행
전문분야 : 도로 포장, 공항 포장, 건설기준

권영인 공학박사 ykwon@koti.re.kr
한국교통연구원 선임연구위원, 전)한국교통연구원 글로벌본부장, 도로교통실장,
동북아·북한연구센터장, 한-베 교통인프라 협력센터(베트남 하노이),
한-UAE 인프라 협력센터(UAE 아부다비) 등
전문분야 : 교통계획, 도로계획, 주차계획, 글로벌 교통협력사업

김호정 공학박사 hjkim@krihs.re.kr
국토연구원 선임연구위원
《제2차 고속도로 건설계획 수립연구》《제2차 고속도로, 일반국도 등 도로건설관리계획》
《2040 국가간선도로망 미래상 연구》 등 다수
전문분야 : 도로계획, 교통계획

노관섭 공학박사, 도로및공항기술사 ksno@hanmail.net
안녕도원 대표, 전)한국건설기술연구원 선임연구위원
《길·안전·환경》《길들여다보기》《건설문화를 말하다》(공저)
《도로연구 1·2·3》《도로론 선집》《국도 1호선을 걷다》 등 저서
전문분야 : 도로안전, 도로경관, 도로문화

백승걸 공학박사, 교통기술사 bsktrans@ex.co.kr
한국도로공사 도로교통연구원 선임연구위원(교통연구실장)
《교통계획모형과 적용》《교통정보공학론》《세계도로기술과 정책》
《교통계획》《시간과 공간의 연결 교통이야기》 등 저서
전문분야 : 교통계획, 첨단교통, 북한도로

손원표 공학박사, 도로및공항/교통기술사 wpshon54@naver.com
길 문화연구원 원장, 전)동부엔지니어링 기술연구소장
《도로공학원론》《도로경관계획론》《자연과 역사, 문화가 깃들어 있는 길》
《지속가능한 길 그 속에 깃든 모습들》 등
전문분야 : 도로경관, 도로환경, 도로문화, 교통정온화

이동민 공학박사 dmlee@uos.ac.kr
서울시립대학교 교통공학과 교수
회전교차로, 개인형이동수단, 고령자 교통, 교통이용자 등 연구 수행
《세계도로기술과 정책》《인간과 사회 그리고 미래도로》 등 공저
전문분야 : 도로공학, Human Factor, 교통안전, ITS

이유화 공학박사 ylee@kict.re.kr
한국건설기술연구원 연구위원
국토교통과학기술진흥원《노후산업단지 도로 효율성 제고 기술개발》 등
도시지역도로 설계구상 및 운영/안전 관련 연구 다수 수행
전문분야 : 도로 경제/평가/정책, 교통안전기술

장영수 공학박사 map365@naver.com
한국도로학회 부회장 전)국토교통부 도로국장, 종합교통정책관, 자동차정책관
전문분야 : 도로정책, 도로계획, 도로안전, 도로문화

장원호 공학박사, 도로및공항기술사 whchangn@naver.com
㈜ 신성엔지니어링 부사장
전)도로및공항기술사 부회장, 전)㈜ 서영엔지니어링 본부장
전문분야 : 도로계획, 도로설계, 도로문화

최준성 공학박사 soilpave@induk.ac.kr
인덕대학교 교수, 전)한국도로공사 도로연구소 책임(위촉)연구원
《토질역학 및 응용》《기초토목계측》《현장 실무를 위한 토목시공학》
《건설계측개론》《도로기술시리즈 1, 2, 3》 등 다수의 저서
전문분야 : 도로지반, 아스팔트 도로포장, 건설계측

글쓴이	강정규 권수안 권영인 김호정 노관섭 백승걸
	손원표 이동민 이유화 장영수 장원호 최준성
간지삽화	손원표

도로 이야기

초판발행	2022년 10월 4일
엮은이	한국도로학회
펴낸이	안종만 · 안상준
편 집	양수정
기획/마케팅	장규식
표지디자인	이영경
제 작	고철민 · 조영환
펴낸곳	(주)**박영사**
	서울특별시 금천구 가산디지털2로 53, 210호(가산동, 한라시그마밸리)
	등록 1959. 3. 11. 제300-1959-1호(倫)
전 화	02)733-6771
f a x	02)736-4818
e-mail	pys@pybook.co.kr
homepage	www.pybook.co.kr
ISBN	979-11-303-1612-3 93350

copyright©한국도로학회, 2022, Printed in Korea

정 가   27,000원